iKnow

D1867173

Facebook

Entdecken. Austauschen. Vernetzen.

Uwe Erhardt

DATA BECKER

Copyright	© DATA BECKER GmbH & Co. KG Merowingerstr. 30 40223 Düsseldorf
Reihenkonzeption und Produktmanagement	André Kleinsorgen
Umschlaggestaltung	Inhouse-Agentur DATA BECKER
Titelillustration	Leonard Ward
Layout	Jana Scheve
Textbearbeitung und Gestaltung	Thorsten Schlosser, Kreuztal (www.buchsetzer.de)
Textmanagement und Produktionsleitung	Claudia Lötschert
Druck	Media-Print, Paderborn

Alle Rechte vorbehalten. Kein Teil dieses Buches darf in irgendeiner Form (Druck, Fotokopie oder einem anderen Verfahren) ohne schriftliche Genehmigung der DATA BECKER GmbH & Co. KG reproduziert oder unter Verwendung elektronischer Systeme verarbeitet, vervielfältigt oder verbreitet werden.

ISBN 978-3-8158-3702-3

Wichtiger Hinweis

Die in diesem Buch wiedergegebenen Verfahren und Programme werden ohne Rücksicht auf die Patentlage mitgeteilt. Sie sind für Amateur- und Lehrzwecke bestimmt.

Alle technischen Angaben und Programme in diesem Buch wurden vom Autor mit größter Sorgfalt erarbeitet bzw. zusammengestellt und unter Einschaltung wirksamer Kontrollmaßnahmen reproduziert. Trotzdem sind Fehler nicht ganz auszuschließen. DATA BECKER sieht sich deshalb gezwungen, darauf hinzuweisen, dass weder eine Garantie noch die juristische Verantwortung oder irgendeine Haftung für Folgen, die auf fehlerhafte Angaben zurückgehen, übernommen werden kann. Für die Mitteilung eventueller Fehler ist der Autor jederzeit dankbar.

Wir weisen darauf hin, dass die im Buch verwendeten Soft- und Hardwarebezeichnungen und Markennamen der jeweiligen Firmen im Allgemeinen warenzeichen-, marken- oder patentrechtlichem Schutz unterliegen.

Folge uns auf Facebook und Twitter:

www.facebook.com/iKnowBuecher
www.twitter.com/iknow_how

Besuche unseren Internetauftritt:

www.iKnow.de

Inhalt

1. Willkommen bei Facebook

Die noch sehr junge Welt von Facebook ist ein wahres Phänomen, ja, man kann fast sagen, eine mythische Erscheinung, die die Massen, vor allem der jüngeren Generation bewegt und zusammenführt.

Gegner und Mahner vergleichen Facebook mit einem Virus, einem parasitären Bakterium, das die Menschen verdirbt und krank macht. Andere wiederum (aktuell die Mehrheit) schwärmen vom Potenzial und den nahezu unbegrenzten Möglichkeiten des größten Social Networks der Welt. In Berührung mit Facebook kam ich zum ersten Mal durch Erzählungen und Berichte meiner beiden erwachsenen Kinder.

Was man da so alles machen könne, wurde mir berichtet. Man trifft zunächst in erster Linie Freunde, Nachbarn, Kollegen, Verwandte und deren Freunde, Nachbarn etc. Mit der Zeit kommen dann auch Kontakte mit Menschen aus ganz Deutschland und aller Welt zustande, die man ohne Facebook niemals kennengelernt hätte. Mit etwas Glück trifft man gar mal auf einen richtigen Prominenten und mit noch mehr Glück könne man sogar Freundschaft schließen mit einem dieser Prominenten, wobei Facebook-Freundschaft nicht unbedingt dem entspricht, was du bisher unter Freundschaft verstanden hast. Will sagen, du bist zwar offizieller Facebook-Kumpel von Brad Pitt, aber dieser nimmt nicht wirklich Notiz von dir.

Man benötigt keine Zeitung mehr, denn die Informationen fließen ohnehin schneller und exklusiver über Internet als über die herkömmlichen Medien. Nachrichten von Katastrophen, Revolten und geheimen Abstimmungen gelangen immer öfter zuerst via Facebook & Co. an die Öffentlichkeit.

Die wichtigsten Gründe scheinen aber die Präsentation der eigenen Persönlichkeit zu sein sowie die Vernetzung mit Menschen und Institutionen, die den persönlichen Interessen dienlich sind.

Über 600 Millionen Nutzer sind inzwischen dabei. So gut wie jeder Promi und praktisch jede Marke hat eine eigene Fanseite. Natürlich auch die iKnow-Reihe. Für die Demokratiebewegungen in den autoritären arabischen Staaten in Nordafrika und dem nahen Osten kommt Facebook eine überaus wichtig Rolle in der Übermittlung von Nachrichten, Bildern und Videos zu.

Was also ist dran am größten Social Network der Welt. Warum sollten du und auch ich dabei sein?

Verwirrung und auch ein ganz klein wenig Verärgerung machte sich in mir breit. Schlich da etwas Großes und Bedeutendes einfach an mir vorbei? Das Internet war mir ja nicht fremd, für meine Recherchen surfe ich manchmal stundenlang im Web herum. Aber Facebook kam mir dabei, zumindest bewusst, nicht unter.

Zu meiner Beruhigung offenbarte sich in Gesprächen mit Freunden und Bekannten, dass ich nicht der Einzige war, der Facebook noch nicht kannte. Beispiele wie diese bezeugen das: „Also Facebook ist ein Wort mit acht Buchstaben, hat wohl was mit Büchern und dem Gesicht zu tun. Ich bin mir eigentlich sicher, dass es keine Kosmetik ist." An anderer Stelle erschall Gelächter und dieser Kommentar: „Facebook? Was um alles in der Welt ist das? Ich habe echt keine Ahnung, um was es dabei geht. Oder was man(n) damit machen kann?"

Aha! Alles klar, es besteht Aufklärungsbedarf. Also klemme ich mich nun dahinter und werde die Facebook-Welt erforschen, wobei du mich gerne begleiten darfst.

Doch bevor wir die neue Welt betreten, möchte ich dich auf eine kurze geschichtliche Exkursion mitnehmen und mit ein paar Stichworten auf die Geburtsstunde und das rasante Wachstum des jungen Social Networks eingehen.

Von der Studibude zum Global Network: die Facebook-Story

Der Name Mark Zuckerberg dürfte inzwischen selbst denjenigen geläufig sein, die von seiner Erfindung Facebook noch nie etwas gehört haben, geschweige denn, es nutzen.

Der heute 26-Jährige entwickelte Facemash, den Vorgänger von Facebook anno 2003 an der Harvard University in Cambridge, Massachusetts.

Hatte die richtige Idee zur richtigen Zeit: Was nicht so bekannt ist: Zuckerberg wollte unbedingt in einer der „berüchtigten" Studentenverbindungen aufgenommen werden. Mit Facemash gab er sozusagen seine Bewerbung ab. (Foto: Wikipedia.de)

In Zusammenarbeit mit seinen Kommilitonen Dustin Moskovitz, Chris Hughes und Eduardo Saverin evolutionierte Zuckerberg das Facemash zum Facebook. Ursprünglich nur gedacht als interne Austauschplattform für die Harvard-Studenten, ausgehend von der Idee, die Studierenden in einem virtuellen Raum zusammenzubringen, in dem sie sich vorstellen und miteinander kommunizieren könnten, verbreitete sich der Facebook-Virus rasend schnell über den nordamerikanischen Kontinent, ließ sich dabei auch nicht von den Grenzen der beiden Ozeane Atlantik und Pazifik aufhalten und zog gleich eines virtuellen Alexander des Großen hinaus in die Welt, um sie für sich zu erobern.

Der riesige Erfolg lässt sich vielleicht am ehesten damit erklären, dass Facebook wie noch niemals eine Website zuvor derart konsequent die Idee einer allgemeinen Vernetzung von Menschen weltweit im Web dermaßen vorangetrieben hat.

Dabei gab und gibt es keinerlei Beschränkungen der Themen und Sachgebiete. Ausgenommen sexistische und kriminelle Angebote.

Darüber hinaus traf Facebook offensichtlich voll den Nerv des modernen Zeitgeistes, nämlich das Bedürfnis der Menschen, sich öffentlich mitzuteilen, zu präsentieren und in Kontakt mit Gleichgesinnten zu kommen.

Die aktuellen Marktzahlen (Stand April 2011) sprechen jedenfalls für sich:

Weltweit gibt es über 600 Millionen aktive Nutzer. Seit seiner Einführung in Deutschland im Jahre 2008, als es erstmals in deutscher Sprache erschien, wuchs die Zahl der User rasant und stieg auf über 13 Millionen. Tendenz: extrem ansteigend!

Ein Volltreffer im Web-Zeitalter

Das kommt sicher nicht von ungefähr. Nirgendwo sonst ist es möglich, so schnell und so direkt Informationen und Inhalte an den Mann bzw. die Frau zu bringen. Und dabei spielt es keine Rolle, ob diese geschäftlicher oder privater Natur sind. Wenn ich meiner nach Brasilien ausgewanderten Tante Martha ganz aktuell die neuesten Bilder meiner kleinen Tochter in Form eines Fotoalbums übermitteln will, bietet Facebook die geeignete Plattform dafür. Auch wenn theoretisch 600 Millionen Menschen dabei zugucken könne, wenn ich dem nicht einen Riegel vorschiebe – mehr dazu in Kapitel 3.

Oder ich habe einen Song gehört, von dem ich jetzt nicht weiß wie der heißt oder wer den geschrieben hat. Dann stelle ich den Liedtext als Statusmeldung ein oder – für die ganz Mutigen unter uns – ein Video, indem ich den Refrain trällere, und ich werde außer wohlwollendem Gelächter garantiert den Song, den Songtext, Interpret und Band innerhalb weniger Minuten aus unterschiedlichsten Quellen präsentiert bekommen. Sicher geht das heute über das iPhone leichter. Aber mit einem Video in Facebook macht das Ganze noch mehr Spaß.

Facebook verbindet weltweit 600 Millionen

Weltweit halten rund 600 Millionen Menschen via Facebook Kontakt mit Freunden, Kollegen und Bekannten. Jeder Facebook-User hat im Schnitt 130 Kontakte, erstellt pro Monat 90 Inhalte, verbringt rund 55 Minuten täglich auf der Seite und klickt monatlich neun Mal den *Gefällt mir*-Button an. Insgesamt werden auf Facebook pro Monat weltweit über 30 Milliarden Inhalte (mit-)geteilt. In Deutschland gibt es etwa 13,4 Millionen aktive Facebook-User.

(Stand: März 2011)

So verfahre ich auch beim Lernen auf eine Prüfungsarbeit, bei Recherchen oder vielem mehr. Der Möglichkeiten sind viele und sie sind fast unbegrenzt.

Ein lohnenswertes Geschäft

Facebook befindet sich stramm auf dem Weg ins Börsengeschäft. Inzwischen wurden wie geplant 1,5 Milliarden US-Dollar bei den Investoren eingesammelt. Somit ist Zuckerbergs kleines Kind bestens gerüstet, um schnell weiterzuwachsen. Das Start-up-Unternehmen werde mit 42 Milliarden Dollar bewertet, teilte Facebook bereits mit. Das entspricht etwa dem aktuellen Wert von Daimler – erstaunlich, oder?

Darüber hinaus vergeht kaum ein Tag, an dem nicht über Facebook oder dessen Gründer in Presse und TV berichtet wird. Neben den üblichen Negativschlagzeilen werden auf der anderen Seite auch immer öfter die positiven Seiten dieses Social Networks aufgezeigt. Wie zum Beispiel die Tatsache, dass Artikel mit positiven Überschriften in einem weitaus größeren Maß geteilt werden als Negativmeldungen. Ein Beweis für die tendenzielle optimistische Grundeinstellung der Mehrheit der Facebook-User.

Vorhang auf: Facebook im Kino

Es gibt sogar schon einen Kinoilm über Facebook. Das Werk „The Social Network“ des Thrillerexperten David Fincher („Der seltsame Fall des Benjamin Button“) beschreibt die Entstehungsgeschichte von Facebook in dessen Mittelpunkt selbstverständlich der junge Harvard-Student Mark Zuckerberg steht. Immerhin wurde der Film, der nicht nur für Facebook-Fans sehenswert ist, bei der Oscarverleihung mit drei Trophäen bedacht

Aber nicht nur Fun und Party bewegen die Facebook-Familie. Auch bei politischen und gesellschaftlich relevanten Themen ist man aktiv. Ob S21, anstehende Wahlen, Dioxin Skandal, Aids, Krebs, Politskandale à la von Guttenberg und viele weitere Themen. Schnell finden sich neue Gruppen, lebendige Diskussionen werden gestartet, und man tauscht sogar Lösungsmöglichkeiten aus.

Über 584.000 Menschen schlossen sich im März 2011 binnen weniger Tage der Facebook-Initiative „Wir wollen Guttenberg zurück“ an. Die Gegenbewegung kam hingegen nur auf knapp 60.000 „Fans“.

Deshalb solltest du bei Facebook mitmachen

Bevor wir nun die Facebook-Welt betreten, vorab ein paar gute Gründe, die dafür sprechen, sich anzumelden, ein Profil zu erstellen und bei Facebook aktiv dabei zu sein.

Die zehn wichtigsten Gründe für die Erstellung eines Facebook-Profils inklusive der Gefahren, die daraus resultieren könnten:

1 Über Facebook kannst du wunderbar den Kontakt vor allem zu jenen Freunden aufrechterhalten, die du nur noch selten bis gar nicht mehr siehst.

2 Facebook versetzt dich in die Lage, Freunde, ehemalige Arbeitskollegen und vielleicht sogar Verwandte wiederzufinden, von denen du womöglich nie wieder etwas gehört hättest.

3 Du kannst jede Menge netter Leute treffen, die du im realen Leben nie kennenlernen würdest.

4 Du kannst all deinen Freunden schnell und direkt mitteilen, welche Bücher, Filme, Songs, Urlaubsorte, Produkte und Marken du magst.

5 Andersherum kannst du auf Hinweise deiner Freunde reagieren, die dich mit Tipps bei der Suche nach dem tollsten Buch, dem besten Film usw. unterstützen.

6 Du kannst deine Freunde auf aktuelle Veranstaltungen aufmerksam machen, die du entdeckt hast oder selbst organisierst.

7 In Facebook kannst du dich mit anderen Menschen, die gleiche oder ähnliche Interessen haben, zusammenschließen, austauschen und öffentlich diskutieren.

8 Stelle Fotos und Videos in dein Profil, die zeigen, wie es bei dir zu Hause aussieht, was für einen Hund du hast oder was du am Wochenende erlebt hast. Natürlich kannst du auch bei anderen in deren Video- und Fotoarchiven stöbern.

9 Wenn du geschäftlich tätig bist, kannst du deine Produkte und Dienstleistungen genau der Zielgruppe anbieten, die du erreichen möchtest.

10 Facebook bietet Entspannung und Unterhaltung mit vielen innovativen Spielen und dem Experimentieren mit interessanten Anwendungen.

Man beachte mögliche Folgen:
Die Öffentlichkeit, von der du ja hier in Facebook eigentlich profitieren solltest, birgt auch ein paar Gefahren. Wenn dich zum Beispiel dein(e) Ex über Facebook ausfindig gemacht hat und dich daran erinnert, weshalb du erfolgreich untergetaucht bist (1), oder Leute wiedertriffst, die du lieber nie wieder gesehen hättest (2), und es dazu noch mit Zeitgenossen zu tun bekommst, um die du im realen Leben einen weiten Bogen machen würdest (3). Bitter mag vielleicht auch die Erkenntnis sein, dass sich überhaupt niemand für deine Beiträge zu interessieren scheint (4). Getoppt wird das noch von der unangenehmen Wahrheit, dass deine sogenannten Freunde überhaupt keinen Geschmack haben (5). Dass du den letzten Rest deiner Freunde verloren hast, bemerkst du erst, als du ganz allein beim zweiten Monatstreffen der Altdosensammler teilnimmst, zu dem du aufgerufen hattest (6), danach gleich einer neuen Gruppe beitrittst und kurz darauf die Erstürmung deines Hauses durch das BKA und deine Festnahme hinnehmen musst, weil deine neuen Freunde irgendwie mit dem Staat nicht zurechtkommen (7). Den neuen Job, den du nach deiner Entlassung glücklicherweise ergattern konntest, bist du schon wieder los, weil auf dem Video, das du eingestellt hast, zu sehen ist, wie du die perfekte Arschbombe zelebrierst, du aber offiziell an diesem Tag mit 40° Fieber im Bett lagst (8). Aufgrund dessen stellt dich auch niemand mehr ein, aber das macht ja nichts, weil du eine supertolle, innovative Idee für E-Commerce hast und planst, dich damit selbstständig zu machen. Leider posaunst du jede Einzelheit und jedes Detail darüber prahlerisch über die Facebook-Statusmeldungen hinaus und musst dich deshalb nicht wundern, dass plötzlich ein anderer mit deiner Idee zum Millionär wurde (9). Frustriert wendest du dich vom Internet ab, um wieder draußen in der Realität auf echte Menschen zu treffen, nur um festzustellen, dass außer dir keine Seele mehr unterwegs ist, weil inzwischen jeder „on“ ist und sich mit den neuesten Spielen und Applikationen beschäftigt, von denen du gar nicht wusstest, dass es die überhaupt gibt (10).

Was auch immer passiert – lächle.
(©iStockphoto.com/salihguler)

2. Erste Schritte in der Facebook-Welt

Schnellstart in ein neues virtuelles Leben

Die meisten User melden sich an, weil sie von Bekannten oder Freunden dazu eingeladen wurden. Viele Wege führen zu Facebook. Du bekommst eine Einladung per Mail, beim Halbzeitbier im Stadion oder bist einfach im Internet darüber gestolpert. Wie auch immer, vor den Spaß hat Facebook die Anmeldung gestellt, die für manch einen schon eine erste Hürde darstellt, Trotzdem ist das kein Hexenwerk, wie du mir nach der kleinen Einführung sicher zustimmen wirst.

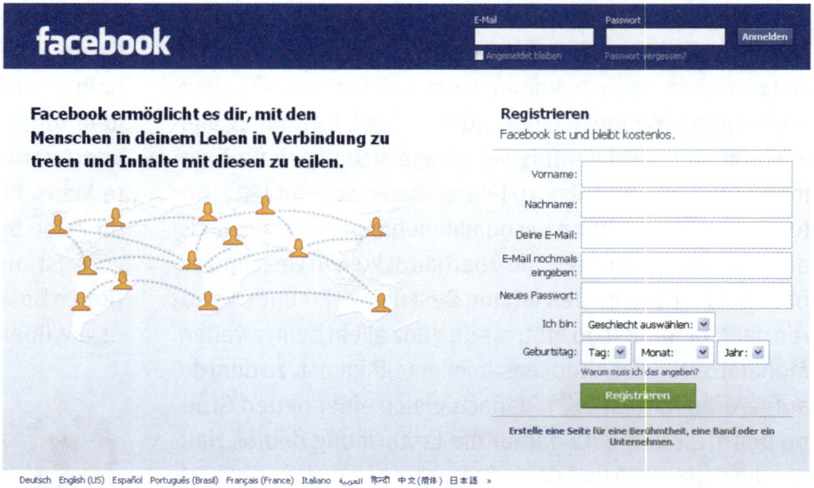

Wenn du Anweisungen auf dem Startbildschirm gefolgt bist, dann Willkommen neuer Facebook-User. So schnell geht das.

Hier bin ich: kostenlos registrieren

Schon auf der Startseite sticht uns die Meldung ins Auge, dass Facebook schon immer kostenlos war und es auch bleiben wird. Sicher wirst du im Laufe der Zeit auf die eine oder andere Anwendung treffen, die ihren Preis hat, aber dafür auch einen hohen Nutzen für den Interessierten in sich birgt. Dazu später mehr.

Die Registrierung in sechs Schritten

1 Die Nutzungsbedingungen von Facebook verbieten zwar die Anmeldung mit einem sogenannten Nickname also einem Spitznamen. Das heißt aber nicht, dass du deinen echten Namen preisgeben musst. Wenn du dich unter einem falschen Namen anmeldest, verstößt du gegen die Facebook-Regeln. Keine Sorge: Deshalb wirst du nicht gleich wieder gelöscht. Da hätten die Facebook-Macher viel zu tun. Ein Nickname kann allerdings echten und sinnvollen Kontakten im Weg stehen Wenn du einen Spitznamen verwendest, entstehen häufig Missverständnisse, und du wirkst nicht authentisch Ich überlasse es dir, wie du es hältst. Letztendlich sind gewisse persönliche Preisgaben in einem sozialen Netzwerk unabdinglich. Ob nun Nickname oder Echtname. Verlangt werden in jedem Fall ein Vor- und ein Nachname.

2 Weiter geht's dann mit der E-Mail-Adresse, die selbstverständlich echt sein muss, sonst würde das alles keinen Sinn machen. Du solltest aber nicht die E-Mail-Adresse deines Arbeitgebers verwenden. Womöglich verstößt das gegen eine Betriebsvereinbarung und könnte dich deinen Job kosten. Bist du selbst Unternehmer und möchtest dich mit deiner Firmen-E-Mail-Adresse anmelden, dann wirst du feststellen, dass E-Mail-Adressen, die mit *info@* oder kontakt@ beginnen, nicht angenommen werden. Folgender Tipp hilft dir in diesem Fall weiter:

Willst du deinen eigenen Namen nicht verwenden, dann musst du schon ein wenig Einfallsreichtum beweisen: *Asterix48* oder *Conan der Barbar* funktionieren nicht, da Facebook solche Fantasienamen von vornherein herausfiltert. Heißt du Hans Müller, dann kannst du dich aber zum Beispiel einfach Hansi Derda nennen.

Richte dir bei deinem Provider eine zweite E-Mail-Adresse ein. Zum Beispiel dein Spitzname@domain.de und leite die Mails dann auf deine Info@-Adresse um. So landen alle deine Mails, die an Spitzname@domain.de gesendet wurden letztendlich doch bei deiner Haupt-E-Mail-Adresse.

Der Sinn von alldem ist, die Community so realistisch wie möglich zu halten. So ganz perfekt funktionieren die Filter aber nicht, und es gibt keine Garantie dafür, dass die als real eingegeben Daten tatsächlich der Wirklichkeit entsprechen.

Interessant: Facebook überprüft E-Mail-Adressen und Namen und hat schon Freemailer ausgesperrt. Wahrscheinlich haben Freemail-User Facebook schon zu oft geärgert.

3 Bestätige deine E-Mail-Adresse noch einmal. Nur zu deiner eigenen Sicherheit und zur Überprüfung, falls du dich vertippt haben solltest.

4 Das Passwort muss mindestens sechs Zeichen lang sein. Aus Sicherheitsgründen wähle lieber ein längeres, das aus unterschiedlichen Zeichen und Buchstaben besteht.

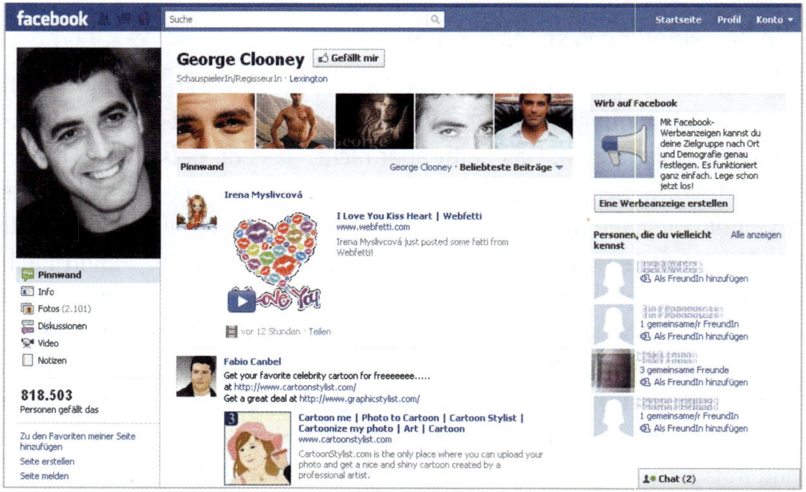

Auch die Namen werden überprüft. Als George Clooney oder Angelina Jolie wirst du nicht so ohne Weiteres durchgehen. Also, so realistisch wie möglich bleiben. Am besten meldest du dich doch mit deinem Echtnamen an. Wer was zu verbergen hat, ist bei Facebook ohnehin fehl am Platz.

Ein Passwort wie Erna98, weil du Erna anno 1998 geheiratet hast, ist nicht sehr sinnvoll. Wähle am besten eins aus, das mit dir so viel gemeinsam hat wie ich mit Angela Merkel. Nämlich nix! Garniere es mit Satzzeichen und Ziffern. Verwende zum Beispiel ein achtstelliges Passwort mit sechs fixen Zeichen/Buchstaben. Zwei Zeichen werden variiert – zum Beispiel mit „fa“ für Facebook, „tw“ für Twitter usw. Beispiel 8qsdfa7b.

Vielleicht denkst du dir jetzt: Wie soll ich mir ein richtig sicheres Passwort denn um Himmels Willen merken? Zuerst einmal musst du dir das nicht merken. Schreib es auf, versteck es an einem nur dir bekannten sicheren Ort und lass die Zeit für dich arbeiten. Denn nach einer geraumen Weile, nach häufigen Wiederholungen, wirst du dir dieses Passwort merken können. Je öfter die Wiederholung, desto schneller brennt es sich ins Gedächtnis ein. Hast du aber ein Gießkannenähnliches Gedächtnis, dann bleibt dir immer noch die Möglichkeit, schon bei der Registrierung das Angebot deines Browsers in Anspruch zu nehmen und ihn das (neue) Passwort speichern zu lassen.

5 Danach kommt die unvermeidliche Frage nach deinem Geschlecht (das hat sicher statistische Gründe und ist eben obligatorisch).

6 Abschließend musst du noch dein Alter angeben. Du musst mindestens 13 Jahre alt sein. Facebook darf aus (US-)rechtlichen Gründen keine User unter 13 Jahren annehmen.

Gib in das Feld den sogenannten Captcha ein. Das ist eine (manchmal unleserliche) Buchstabenkombination, die verhindern soll, dass automatisierte Programme, Robots u.Ä. in das Netzwerk gelangen.

Nach der Registrierung kommt die Sicherheitsüberprüfung. Vor allem dient es dir zur Absicherung deiner Daten, so dass die Gefahr, „gehackt“ zu werden, auf ein Minimum reduziert wird.

Die Registrierung ist nun abgeschlossen. Betreten wir jetzt ganz unvoreingenommen und voller Neugier die uns noch gänzlich unbekannte Facebook-Welt.

Profil zeigen: minimal oder ausführlich?

Eigentlich das Wichtigste für dich. Mit den Angaben, die du in deinem Profil erstellst, trittst du in der Facebook-Öffentlichkeit, also vor rund 600 Millionen Menschen auf. Hier zählt nicht nur das Profilfoto allein, vielmehr ist es ebenso wichtig, ein wenig über deine Persönlichkeit, deine Vorlieben und Interessen zu verraten. Gib der Facebook-Welt dort draußen ein wenig Info über dich. Du wirst sehen, wie schnell dadurch deine Kontakte wachsen.

Bob Becker gewährt in seinem Profil beispielsweise ausführlichen Einblick in seine Vorlieben, Hobbys, Interessen, Beziehungen und Aktivitäten.

Facebook-Profile entsprechen der Wirklichkeit

In einer Studie der Johannes Gutenberg-Universität Mainz resümieren die Macher, dass sich die Mehrheit der Facebook-User tatsächlich mit ihrer wahren Identität präsentieren.

Analysiert wurden dazu die Profile von 236 Studenten aus Deutschland und den USA. Die Wissenschaftler charakterisierten darüber hinaus die Persönlichkeit der Studenten anhand von fünf Merkmalen (Offenheit, Verträglichkeit etc.), die in einem weiteren Test überwiegend korrekt zugeordnet werden konnten.

Drei Schritte zur Profilerstellung: Freunde finden, Profilinformationen und Profilfoto

1 Freunde finden

Nun beginnt nämlich der eigentliche Spaß auf Facebook: Freunde finden. Denn Facebook ohne Kontakte ist wie eine Bar ohne Getränke: völlig nutzlos.

Dazu zeigt Facebook dir eine Liste aller Kontakte an, die ebenfalls über einen Facebook-Account verfügen. Wer sich jetzt freut, weil er plötzlich so viele neue Freunde hat, sollte erst einmal durchatmen und mit Köpfchen an die Sache herangehen: Nicht alle Kontakte sind wertvolle bzw. sinnvolle Kontakte.

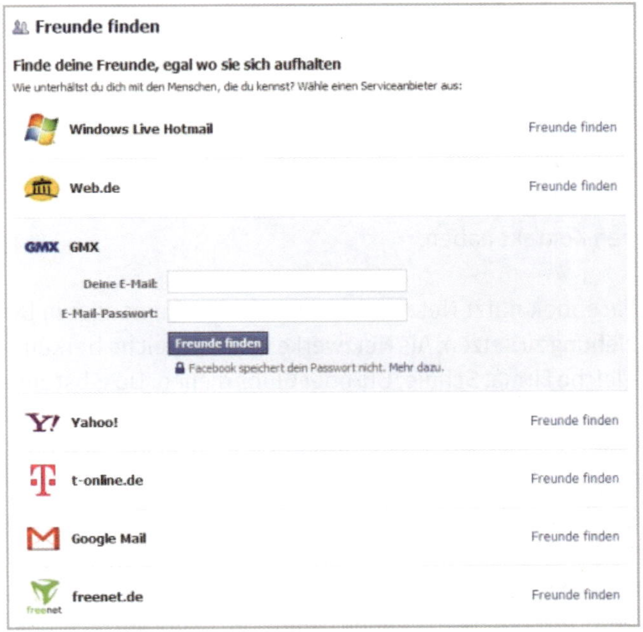

Facebook erlaubt dir, Kontakte aus den Adressbüchern deiner Onlinemailkonten zu importieren. Die dafür nötigen Passwörter speichert Facebook dabei nicht. Auch deine Messengerkontakte kannst du als Freunde bestimmen.

Facebook weiß nicht, ob die vorgeschlagenen Kontakte real und aktiv sind. Wenn ein Profil kein Bild enthält, kann es sich auch um eine Karteileiche handeln: um jemanden, der sich eingeloggt und den Account nie wieder angefasst hat.

Bei der (pauschalen) Einladung an alle Mailkontakte zeigt Facebook auch alle Kontakte ohne Facebook-Account an. Wer sich unbeliebt machen möchte, wählt die Option *Alle auswählen*. Also pickt man sich besser diejenigen heraus, von denen man annehmen kann, dass sie nichts gegen einen Kontakt haben.

Facebook nutzt Netzwerke, um Nutzer miteinander in Beziehung zu setzen. Als Netzwerke können gleiche Herkunft, gleiche Firma, Schule, Uni oder Clubs dienen. Du gibst zum Beispiel an, wo du studiert hast, wo du zur Schule gegangen bist oder wer deine Arbeitgeber gewesen sind, und schon präsentiert dir Facebook alte Kommilitonen, Schul- und Arbeitskollegen. Zum einen sucht man die wichtigsten Netzwerke aus, an denen man teilhaben möchte. Und zum anderen gibt man die eigene Stadt an. Facebook ordnet das Profil in das entsprechende Landesnetzwerk ein. Achtung: Einmal gewählt, ist die Stadt nicht mehr einfach zurückzusetzen, nur zu ersetzen. Damit ist der Anmeldungsprozess erst einmal beendet. Lücken kann man später immer noch ausfüllen. Auch (neue) Freunde kannst du jederzeit während deines Facebook-Daseins finden und hinzufügen.

So sieht die Freundes-Vorschlagsliste von Facebook aus, erstellt nach deinen Angaben.

So fügst du ausgewählte Kontakte als FreundIn hinzu:

- Namen anklicken.
- Als FreundIn hinzufügen.
- Bestätigung abwarten.

2 Profilinformationen

Mit dem zweiten Schritt der Profilerstellung dringst du noch tiefer in die Facebook-Materie ein. Leichter kannst du alte Schulkameraden, Kommilitonen und Kollegen nicht wiederfinden! Facebook gleicht deine Einträge mit denen der anderen User ab und bietet dir Übereinstimmungen als mögliche neue Freunde an. Im Gegensatz zum Freundefinder wie auf Seite 45 beschrieben, werden dir hier solcherlei Kontakte angezeigt, die in dein Profilraster passen und nichts mit deinen persönlichen E-Mail-Kontakten zu tun haben. Man staunt nicht schlecht, wenn man sieht, wie viele alte Schulfreunde und Kommilitonen sich bereits in Facebook tummeln. Und schon haben wir Punkt 2 der Top-10-Liste, die für ein Facebook-Profil sprechen (siehe Seite 10), erfüllt.

Vorsicht beim (aktuellen) Arbeitgeber: Diesen solltest du besser erst nach Rücksprache mit dem Chef angeben. Denn du trittst bei Facebook dann automatisch als Vertreter deiner Firma auf. Solltest du unbedingt bedenken.

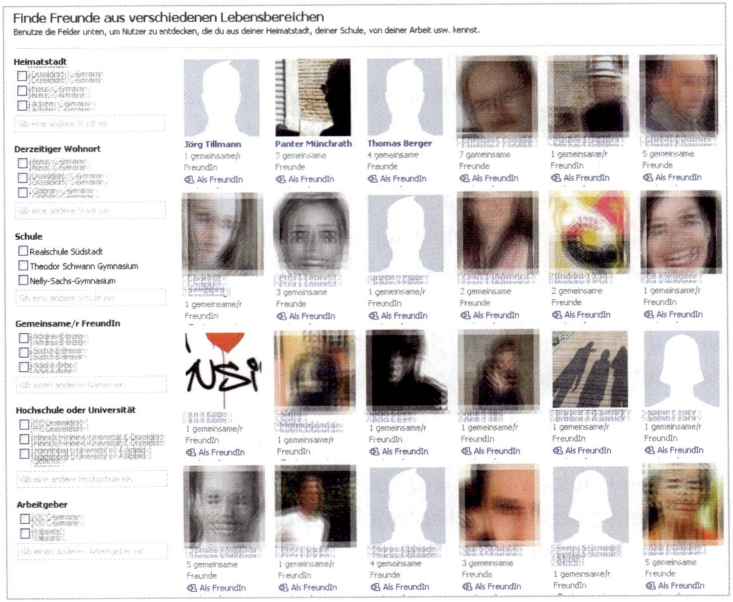

Gleich nach den Angaben über deine alte Schule wirst du mit Sicherheit eine Liste von Freundesvorschlägen angeboten bekommen.

3 Profilfoto

Der letzte Schritt zur Anmeldung beeinflusst deinen optischen Auftritt im Social Network. Lade ein Profilfoto hoch. Bei Twitter wirst du als Neuling zunächst mit Eierkopf dargestellt, bei Facebook als Silberlocke. Das Foto muss nicht zwingend dich abbilden. Wenn du willst, kannst du auch deinen Hund, deine Katze, deinen Hauselefanten oder eine beliebige Fantasiegrafik als Profilbild einstellen. Je nach Gusto ist ein jeder frei, sich zu präsentieren, wie er nur will. Um es anderen (Freunden, Kollegen etc.) zu erleichtern, dich zu identifizieren (vor allem wenn du keinen ganz seltenen Namen trägst), solltest du ein möglichst aktuelles Foto von dir verwenden. Das gilt übrigens auch, wenn du via Facebook auf der Suche nach einem Partner oder einem (neuen) Arbeitgeber bist.

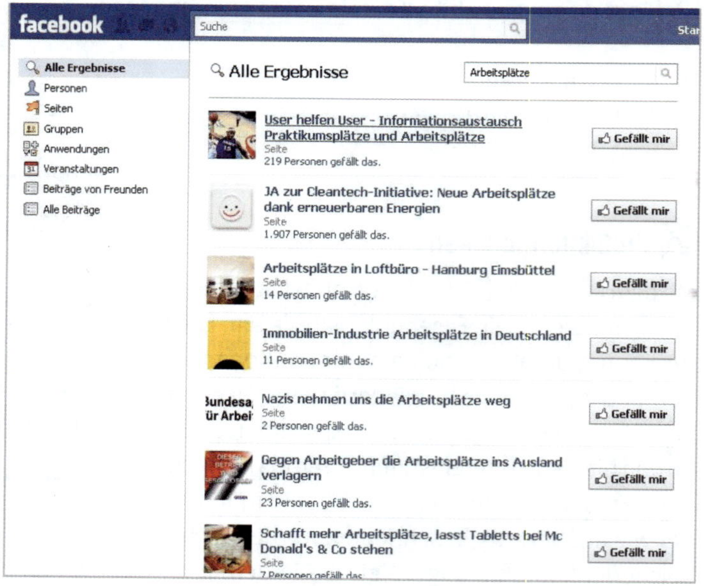

Spezielle Informationen und Hilfe bei deiner Arbeitsplatzsuche können dir spezielle Gruppen, Seiten und Veranstaltungen bieten. Mehr dazu in Kapitel 5.

Es kommt in der Tat nicht selten vor, dass Facebook-User über Google von Arbeitgebern „gefunden" werden. Ebenso eignet sich Facebook bestens als Informations- und Hilfeportal für Arbeitssuchende.

Mit einem ehrlichen Auftritt und einem sympathischen Profilfoto fand schon der eine oder die andere den Partner fürs Leben. Facebook ersetzt vielleicht nicht gerade die Singlebörsen, aber durch die rege Kommunikation, Interessensgleichheiten und Sympathie können so manche zarte Blüten wachsen und gedeihen.

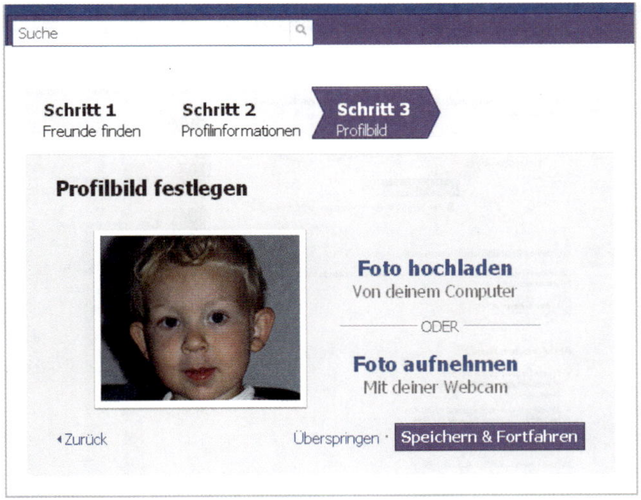

Hast du gerade kein passendes Foto zur Hand? Kein Problem: Nimm solange etwas anderes, was dich in irgendeiner Weise repräsentiert: zum Beispiel ein Foto aus deiner Jugendzeit oder von deinem Haustier o. Ä. Im Moment sind Comic-Helden als Avatar angesagt.

Profilbilder bei Facebook werden mit maximal 200 Pixel Breite und 600 Pixel Höhe dargestellt. Andere Größen werden auf die Breite bzw. Höhe skaliert. Es empfiehlt sich deshalb, das Bild in der finalen Größe bei Facebook hochzuladen. Damit verringert man die Qualitätsverluste bei einer möglichen Skalierung auf ein Minimum. Weitere Hinweise und Tipps zum Profilfoto findest du über die Hilfethemen im Bereich *Konto* oben rechts auf der blauen Facebook-Leiste.

Wenn du dich für ein „echtes" Profilfoto entscheidest, auf dem du zu sehen und zu erkennen bist, dann setze kein klassisches Bewerbungsfoto ein – das passt besser zu Xing. Ebenso solltest du Ganzkörperfotos vermeiden, denn die Profilbilder werden sehr klein ausgegeben. Am besten ist ein Porträtfoto in weboptimierter Qualität.

Die Registrierung musst du jetzt noch endgültig abschließen, indem du auf den Link in der E-Mail klickst, die du von Facebook bekommen hast. Unter Umständen ist es nötig, den Bestätigungscode einzugeben. Bei meiner Anmeldung war dies allerdings nicht notwendig. Nachdem das geschehen ist, bestätigt Facebook deine Registrierung. Ab jetzt bist du ein vollwertiges Mitglied der Facebook-Familie. Der nächste Schritt führt dich zum allerersten Mal wirklich in die faszinierende Facebook-Welt hinein.

Fülle dein Facebook-Profil mit Leben

Wenn alles glatt ging, bist du jetzt zum ersten Mal auf deiner persönlichen Facebook-Seite gelandet. Sieht alles gar nicht so spannend aus, stimmt's? Nach allem, was man bisher über Facebook gehört und gelesen hat, fragt man sich unwillkürlich: Ist das alles? Hier ist ja gar nichts los. Wo sind denn die Millionen Facebook-User hin? Irgendwie hat es was von einer Geisterstadt. Aber keine Sorge, das ändert sich schnell!

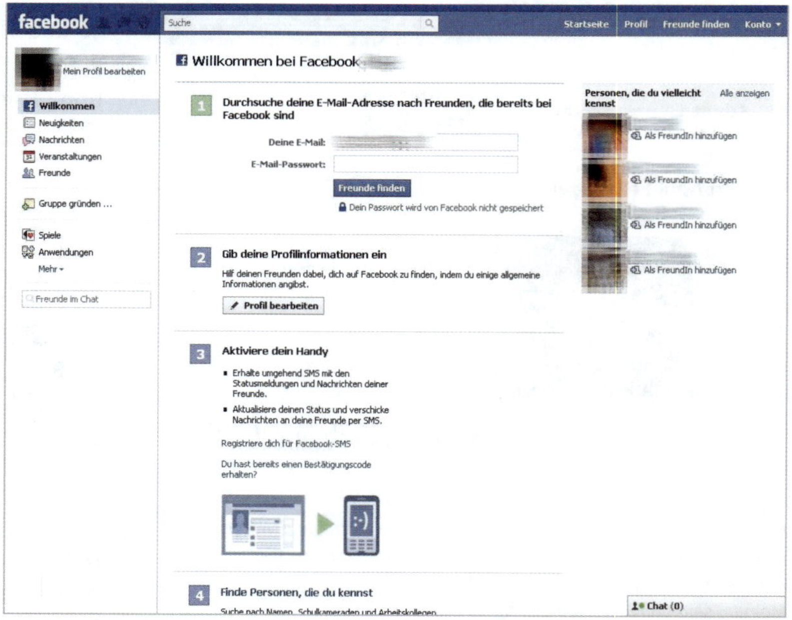

Das sieht einfach nur deshalb noch so verwaist aus, weil du noch ganz am Anfang stehst und über keine Kontakte verfügst. Je mehr du in deinen Profilinformationen über dich erzählst, desto schneller füllt sich deine Startseite mit Leben.

Der erste Schritt dazu besteht darin, deinem neuen virtuellen Ich richtig Leben einzuhauchen, indem du festlegst, wie viele und welche Informationen du über dich preisgibst. Je nachdem welche Absichten und Ziele du verfolgst, ist es wichtig oder eben völlig wurscht, ob du deine Adresse, deine Handynummer, deinen Beziehungsstatus, deinen Beruf oder deine persönlichen Hobbys und Interessen angibst. Willst du nur ein bisschen spielen, dann lege so wenig wie möglich über dich offen. Suchst du ernsthafte Kontakte, wie z. B. beruflicher Natur, dann trete ehrlich und seriös auf. Dasselbe gilt auch für die Suche nach Kontakten, die dein Privatleben bereichern sollen.

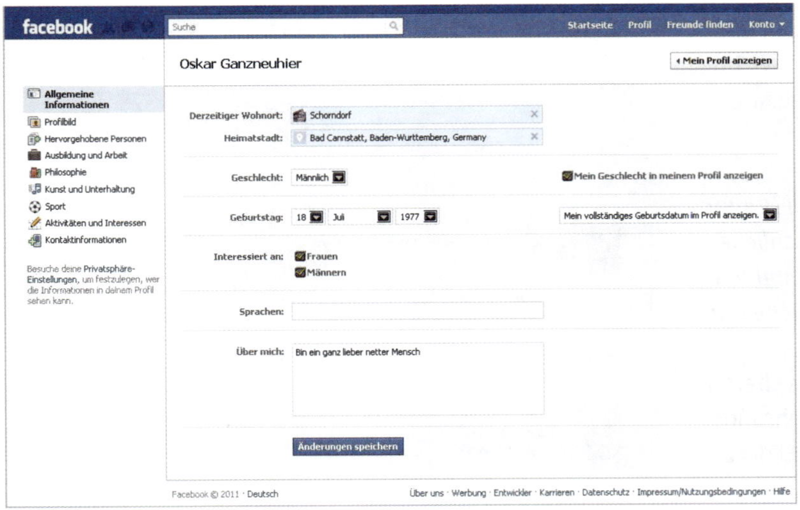

Auf den nachfolgenden Seiten führe ich uns durch das Mysterium der Profilbearbeitung. Ich habe da schon etwas mehr Übung.

Nichts spricht dagegen offenzulegen, ob du Männlein oder Weiblein bist. Genauso verfährst du bei der Veröffentlichung deines Geburtsdatums. Ich war überrascht und erfreut, zu meinem letzten Geburtstag über 30 Glückwünsche via Facebook erhalten zu haben – von Leuten, die mich sonst garantiert vergessen hätten – wie ich sie übrigens (ohne Facebook) auch!

Ein leeres Profil wirkt trist und wenig vertrauenerweckend. Wenn man sich schon die Mühe macht, einem sozialen Netzwerk beizutreten, sollte man sich auch aktiv am Gemeinwesen beteiligen, sich einbringen und Spuren hinterlassen. Ein kompletter Lebenslauf ist nicht notwendig. Es reicht, wenn du in dem zweiten Button auf der blauen Leiste ein paar Basisinfos eingibst.

In dem Reiter *Profil* klickst du auf *Profil bearbeiten* und gelangst zu dem Formular für persönliche Angaben.

Hier wird es interessant: Gib als Erstes deinen Wohnort und die Stadt bzw. das Dorf an, wo du aufgewachsen bist, Ein kleines Kästchen rechts bietet dir die Möglichkeit, dein Geschlecht im Profil anzuzeigen oder nicht.

Vielleicht beherrschst du neben Deutsch noch weitere Sprachen, dann gib das auch an.

Unten auf dieser Seite findest du noch das Kästchen *Über mich*. Wenn dir zu Anfang die richtigen Worte fehlen, um dich selbst zu beschreiben, dann hilft dir vielleicht dieses Beispiel weiter:

Meine Stärken: Ich bin ein guter Zuhörer mit viel Humor und Verständnis für fast alles. Mir ist nichts Menschliches fremd. Gutes Essen und guter Wein gehören zu meinem Lebensstil und stellen gleichzeitig meine Schwäche dar.

Ansonsten lass es vorerst einfach noch offen. Im weiteren Verlauf der Profilerstellung finden sich noch mehr Möglichkeiten, um deine Persönlichkeit entsprechend darzustellen (jederzeit anpassbar).

Erst vor Kurzem hat Facebook die Profildarstellung überarbeitet. Alle Informationen über dich findest du – in Stichworten, die dich auf die entsprechende Seite verlinken, um Einstellungen vorzunehmen – zusammengefasst unter deinem Namen. Auch deine Freunde erfahren so auf einen Blick das Wichtigste über dich. Welche Informationen tatsächlich angezeigt werden, hängt natürlich davon ab, welche Daten von dir zuvor eingetragen und freigegeben wurden.

Niemand kann sich nun rausreden, er habe deinen Geburtstag vergessen. Vorausgesetzt du hast dein Geburtsdatum „öffentlich" gemacht. Wer freut sich nicht über so viele Glückwünsche?

Mehr Bilder

Im Vergleich zum alten Profil hat Facebook Anfang 2011 die neue Seite optisch aufgewertet. Direkt unter den wichtigsten Daten zu deiner Person tauchen daher jetzt auch schon die ersten Bilder auf. Facebook wählt hier zufällig fünf Bilder aus, auf denen du markiert wurdest. Später werden hier per Zufallsauswahl Fotos aus deinen Alben angezeigt. Darunter kommen dann die ersten Statusmeldungen.

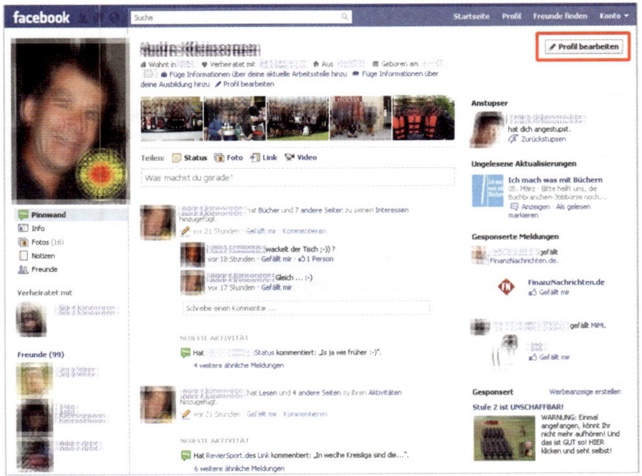

Mit dem neuen Profil-Update kannst du dich noch detaillierter darstellen. Zum Beispiel mit einem Fotoalbum, das optisch ein bisschen was über dich verrät, oder besondere Beziehungen und Vorlieben etc.

Otto Normal-Facebook-User im Profil

Der durchschnittliche Facebook-User hat übrigens 130 Freunde im größten Social Network der Welt, sendet acht Freundschaftsanfragen pro Monat, verbringt 55 Minuten pro Tag auf Facebook, klickt neun Mal im Monat den „Gefällt mir"-Button, schreibt 25 Kommentare pro Monat, wird Fan von vier Fanseiten pro Monat, wird zu drei Events im Monat eingeladen und ist Mitglied in 13 Gruppen.

(Quelle: Facebook)

Hervorhebung deiner Beziehungen

Deine wichtigsten Kontakte kannst du jetzt besonders hervorheben. Zudem ist es möglich, bei einem Besuch der Profilseiten von Freunden schneller Gemeinsamkeiten zu entdecken. Neben den gemeinsamen Freunden werden auch gemeinsame Veranstaltungen, an denen man teilnehmen wird, sowie gemeinsame Gruppen, Fotos und Pinnwandeinträge angezeigt.

Sieht doch alles schon viel lebendiger aus, nicht wahr? Über den Button *Profil bearbeiten* kannst du während deiner Facebook-Existenzzu jedem Zeitpunkt deine Profileinstellungen verändern oder ergänzen. Ob religiöse oder politische Ansichten oder deine Philosophie. Was auch immer dir wichtig ist, was deine Freunde über dich wissen sollten, stellst du hier ein. Am linken Rand findest du die sogenannte Sidebar, über die du direkt die entsprechenden Themen erreichst. Facebook wird dich im Weiteren sowieso immer wieder daran erinnern, dein Profil zu ergänzen.

So sieht dein Profil nach Fertigstellung aus. Zwar noch sehr unvollkommen, aber um sich nur mal so umzuschauen, ist das völlig ausreichend. Gleichzeitig ist das jetzt auch deine Startseite.

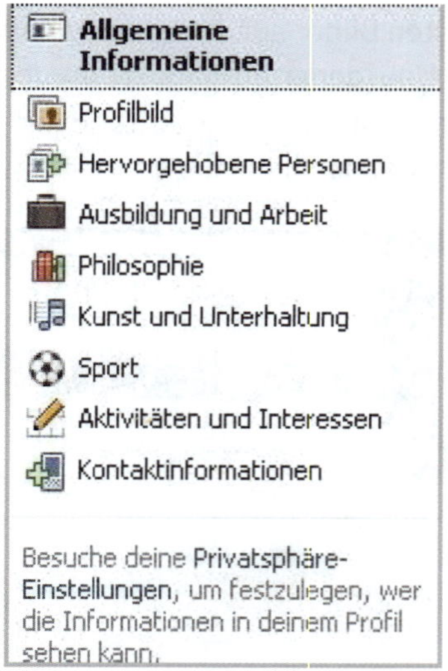

Die Sidebar ist deine persönliche Schaltzentrale. So wie hier bei deiner Profilerstellung werden in Zukunft alle deine wichtigsten Funktionen unter deinem Profilbild abgelegt. Übersichtlicher geht's nicht mehr.

Einloggen, umsehen, staunen

Kurzer Rundflug über die Startseite

Da du noch ein Facebook-Greenhorn bist, tut sich auf deiner Startseite noch nicht allzu viel. Zu sehen gibt es dafür aber schon allerhand.

Mit der Mouse-over-Funktion erhältst du beim Überflug über die einzelnen Bereiche bereits ein paar wertvolle Kurzinfos.

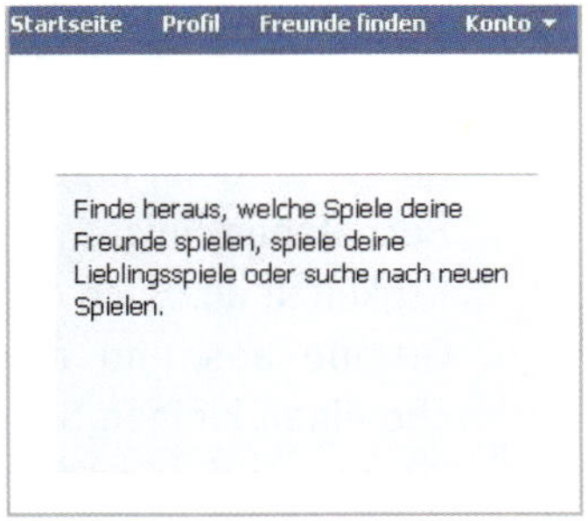

Dieser Hinweis erscheint beispielsweise, wenn du in den Sidebars mit dem Mauszeiger über SPIELE *verweilst.*

Wir starten jetzt durch zu einem kleinen Rundflug über die Startseite (siehe Bild auf Seite 28). Schnall dich an und mach es dir bequem. Der Mauszeiger ist unser Flieger. Zur ersten Zwischenlandung setzen wir oben links an, direkt auf dem Facebook-Logo **1**. Die blaue obere Leiste ist *der* Orientierungspunkt, der während deines Aufenthaltes, egal wo du dich befindest, immer eingeblendet bleibt. Klicke auf das Facebook-Logo und du kehrst zur Startseite zurück.

Neben dem Logo befinden sich die drei Benachrichtigungs-Icons **2**:

Ganz links, das Symbol mit den zwei Köpfen zeigt an, ob eine oder mehrere Freundschaftsanfragen an dich eingegangen sind. Das mittlere Bild mit den Sprechblasen, informiert dich über eingegangene private Nachrichten. Im Prinzip ist das deine Facebook-interne Mailbox. Der dritte Icon mit der Weltkugel zeigt an, ob allgemeine Benachrichtigungen eingegangen sind, z. B. der Kommentar eines Freundes auf deiner Pinwand. Ein rotes Fähnchen, das mit einer Ziffer versehen ist, verrät dir, ob und wie viele neue Nachrichten oder Freundschaftsanfragen seit deiner letzten Anmeldung eingegangen sind. Mehr zu Freundschaftsanfragen findest du auf Seite 47, zu den Benachrichtigungen auf Seite 85 und zu den Nachrichten auf Seite 134.

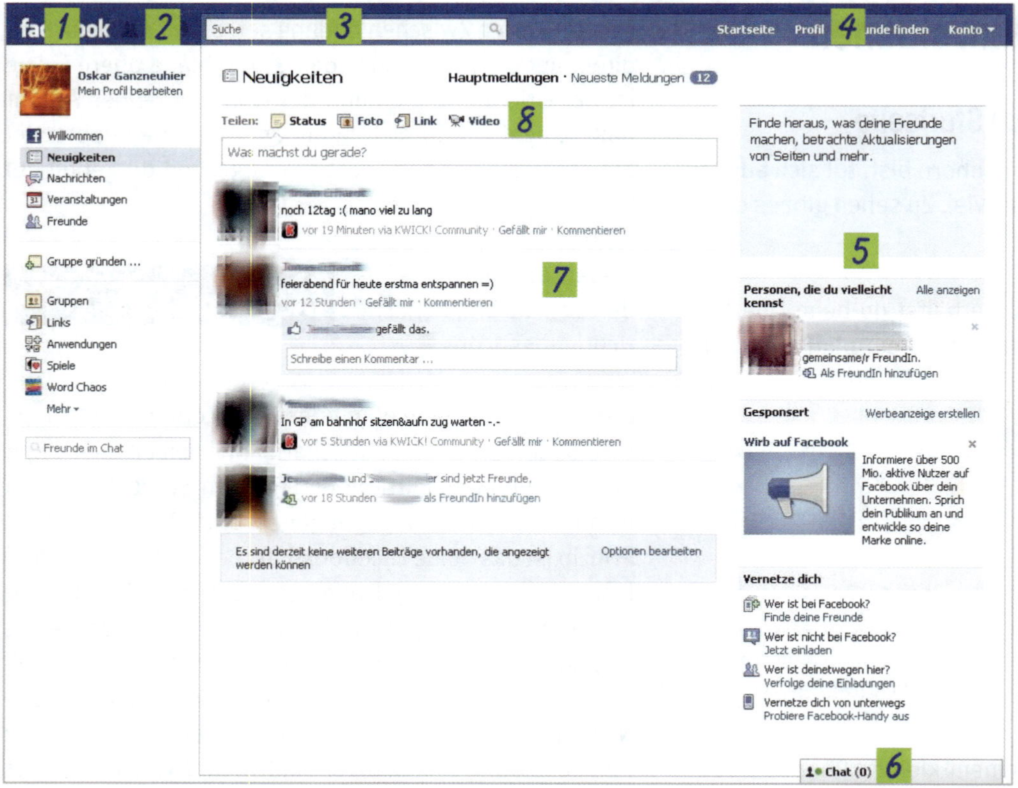

Ein rotes Fähnchen bedeutet für dich, dass etwas Neues eingegangen ist. Ob auf deiner Pinnwand, in deiner Nachrichtenbox oder eine allgemeine Benachrichtigung aus einer Gruppe. Klicke direkt auf das Symbol, um die Neuigkeit abzurufen.

Im Suchfeld 3 kannst du gezielt nach Personen, Gruppen, Seiten oder Anwendungen suchen. Ein Freund hat dir eine bestimmte Gruppe wärmstens empfohlen, und du bist jetzt neugierig und willst darüber mehr in Erfahrung bringen? Dann gib in der Suchfunktion den Namen der Gruppe ein, und Facebook bietet dir schon beim ersten Buchstaben einige Möglichkeiten an. Such die Gruppe aus und mache einen kleinen Spaziergang auf deren Seite. Genauso verfährst du auch bei der Suche nach Personen oder Orten. Ich selbst bin schon über die witzigsten, originellsten und skurillsten Personen oder Gruppen gestolpert: Nur ein Beispiel sei hier genannt: „Kann dieser Esel mehr Fans als der FC Bayern München haben?“ Das ist in Facebook tatsächlich so möglich. Wie solche Gruppen entstehen, und wie schnell sie Kultstatus erreichen, damit befassen wir uns eingehend in Kapitel 5.

Die Befehlszeile 4 besteht aus den drei Anwendungen *Startseite*, *Profil* und *Freunde finden*. Daneben liegt die Funktion *Konto*. Hier kannst du alle deine Einstellungen aktualisieren.

Von hier aus fliegen wir mit unserer Maus am rechten Bildrand nach unten über den Infobereich 5. Facebook präsentiert dir hier verschiedene Möglichkeiten der Nutzung. Nähere Informationen zu Veranstaltungen, zu denen du eingeladen wurdest, sind hier zu finden.

Ganz unten, ziemlich klein und unauffällig ist die Chatbox 6 eingeblendet, über die du direkt mit deinen Freunden kommunizieren kannst. Diese kleine Box bietet dir eine Möglichkeit zur direkten Kontaktaufnahme mit deinen Freunden, sofern sie online sind. Wer alles online ist, zeigt dir auf der linken Bildschirmseite der Bereich *Freunde im Chat*, unter dem alle verfügbaren, mit dir befreundeten Personen abgebildet sind. Mit einem Klick auf den Namen öffnet sich das kleine Chatfenster unten, in dem du jetzt deine Grüße und Nachrichten übermitteln kannst: Könnte da etwa jemand heimlich mitlesen? Nein, keine Angst, das bleibt unter euch!

Grünes Licht heißt: Dein Freund ist online, und ihr könnt ungestört losplaudern. Wie du in Facebook zum Chatter wirst, kannst du ab Seite 138 nachlesen.

Wir starten jetzt durch und überfliegen den mittleren Teil des Bildschirms **7**. Das ist der eigentliche Inhaltsbereich er virtuelle Marktplatz, hier findet das umtriebige Facebook-Leben so richtig statt. Deine Freunde teilen sich hier öffentlich mit – ob der neue Film von Spielberg zu empfehlen ist, wie die letzte Klassenarbeit gelaufen ist, welches coole Musikvideo gerade bei YouTube aktuell der Renner ist oder was sonst noch so anliegt. Und nicht nur deine Freunde haben etwas zu sagen, sondern auch deren Freunde und die ganze Facebook-Gesellschaft, sofern sie ihre Statusmitteilungen auch für Fremde sichtbar einstellen. Andersherum kannst du dich ebenso auslassen, um zum Beispiel eine neue Diskussion über den Sinn und Zweck der schwäbischen Kehrwoche zu starten.

In der Mitte unterhalb der Suchfunktion liegt die Statusleiste **8**. Über die Funktionen *Status*, *Link*, *Fotos* und *Videos* kannst du dich mitteilen und mit einem Link auf eine interessante Website verweisen, Fotos anhängen oder sogar ein Video beifügen.

Das zentrale Element bei Facebook ist die als *Was machst du gerade*? bezeichnete Form der Statusmeldung. Hier lässt der Facebook-User je nach Einstellung die ganze Welt an seinem Leben teilhaben. Meldungen wie: „Ihr könnt mir heute alle gestohlen bleiben, weil ich im Büro so viel zu tun habe“, kommen nicht selten vor. Am besten sind kurze knackige Infos, wie „Wow, Inception war ein geiler Film“. Sehr oft entstehen im Anschluss daran nette Diskussionen. Über den *Gefällt mir* Button kann die Facebook-Familie deutlich machen, ob die Statusmeldung mehrheitsfähig ist und ob dein Beitrag Beifall verdient hat.

Das zentrale Element bei Facebook: Die Statusleiste wartet auf deine Eingabe zur Frage „Was machst du gerade?“.

Die Facebook-User prahlen gerne mit ihren Entdeckungen im Web. Mit einem angehängten Link machen sie es ihren Freunden leicht, ihre Begeisterung zu teilen. Sie müssen nur noch den Link anklicken.

Genauso einfach ist es aber auch, ein Foto oder ein Video anzuhängen. Dazu im Detail später mehr ab Seite 108.

Die Sidebars – deine Schaltzentrale

Linker Hand unter dem Facebook-Logo befinden sich die schon einige Seiten zuvor angesprochenen Sidebars. Sie stellen deine eigentliche Pilotenkanzel dar. Du bist der Kapitän deines Facebook-Fliegers und agierst von dieser Schaltzentrale aus. Was genau dort angezeigt wird, hängt davon ab, welche Anwendungen du installiert hast und welche Einstellungen für dieses Startmenü gespeichert wurden. Die wichtigsten Befehle sind:

- **Profilbild, mein Profil bearbeiten.** Ein neues Bild hochladen oder Bild bearbeiten. Klicke auf *Profil bearbeiten* und ändere die Einstellungen für dein Profil. Ein sympathisches Profilfoto sagt mehr als tausend Worte. Du kannst viel Text sparen, wenn du dich auf deinem Foto deinem Charakter entsprechend präsentierst. Freundlich und authentisch!

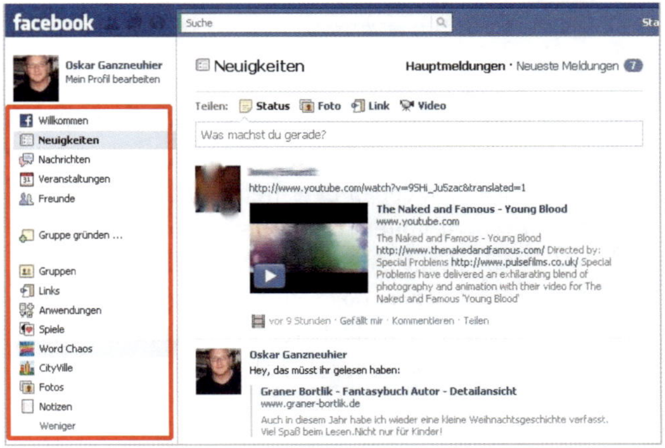

Deine Schaltzentrale: Oben sitzt der Pilot, also du, darunter in Blöcken aufgeteilt die einzelnen Funktionen für dein persönliches Profil, deine Gruppen und Gruppenmitgliedschaften sowie die Fanseiten und am Ende die Anwendungen und Spiele.

- **Neuigkeiten.** Dieser Befehl ist aktiviert, sobald du die Startseite öffnest. Im Inhaltsbereich werden die neuesten Meldungen und Hauptmeldungen angezeigt. Meldungen bedeutet hierbei all das, was deine Freunde und du öffentlich mitzuteilen habt.
- **Nachrichten.** Hier kommst du direkt auf deine persönliche Nachrichtenseite, also deine interne Facebook-Mailbox.

Richte dir eine kostenlose Facebook-E-Mail-Adresse ein. Das hat den Vorteil, dass alle externen Nachrichten und Themen, die dein Facebook-Leben betreffen, nur über diesen Account laufen. Das bringt mehr Übersicht und erhöht die Sicherheit. Wie das geht, erklärt dir Facebook selbst, wenn du im Menü *Konto* auf den Hilfebereich klickst und danach auf *Nachrichten*.

- **Veranstaltungen.** Dieses Icon bringt dich zur Liste der bevorstehenden Geburtstage deiner Freunden und Veranstaltungen, an denen du teilgenommen hast oder noch teilnehmen wirst.
- **Fotos.** Klicke auf *Fotos* und du bekommst eine Übersicht über alle Fotos oder Videos, die du oder deine Freunde hochgeladen haben. Durch die ständigen Neuerungen und Aktualisierungen lohnt sich immer ein Blick darauf. Spaß ist garantiert.
- **Anwendungen.** Zeigt an, welche Anwendungen du und deine Freunde installiert haben. Das können Spiele sein oder auch Programme usw. Anwendungen wie das Öffnen einer Glücksnuss und den Inhalt daraus der Öffentlichkeit mitzuteilen bringen Spaß und regen zum Nachdenken und Diskutieren an.

- **Spiele:** Bringt dich zu den Spielen, die du gerade mehr oder weniger erfolgreich bestreitest. Bei fast jedem Spiel kannst du deine Freunde einladen, um dir zu helfen, wenn du festsitzt. Nutze diese Möglichkeiten.

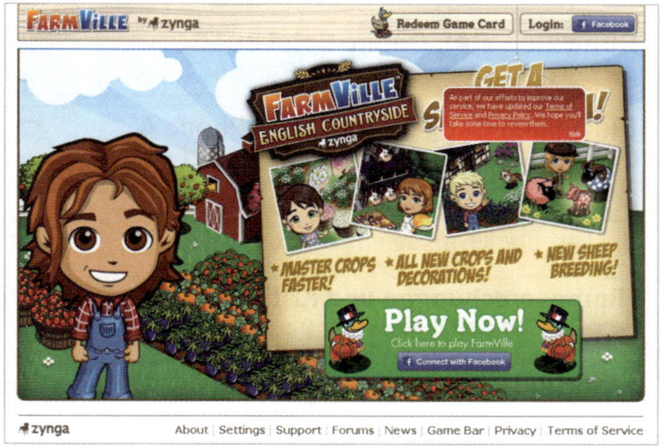

Der absolute Spieleklassiker in Facebook. Wurde als Nummer-1-Spiel inzwischen von CityVille abgelöst. Trotzdem immer noch Kult. Mehr dazu in Kapitel 6 ab Seite 213.

- **Willkommen:** Über allen anderen Sidebars steht der Willkommen-Button. Allerdings nur so lange, bis du mindestens zehn Freunde gefunden hast. So will Facebook dich daran erinnern und dabei helfen, ein eigenes Freundesnetzwerk aufzubauen.

- **Aber:** Da kann noch mehr stehen. Zum Beispiel ein Twitter-Icon oder ein YouTube-Icon. Das geschieht, wenn du eine Verknüpfung von beispielsweise Twitter zu Facebook herstellst. Auf Seite 208 findest du die Anleitung dafür.

Auf die vielen Möglichkeiten der einzelnen Funktionen im Speziellen werde ich in den nachfolgenden entsprechenden Kapiteln genauer eingehen.

Neuigkeiten, Hauptmeldungen, neueste Meldungen

Der eigentliche Inhaltsbereich ist sehr treffend mit dem Wort *Neuigkeiten* überschrieben. Denn in der Tat wird hier alles angezeigt, was deine Freunde oder du gepostet haben. Neuigkeiten jeglicher Art: Klatsch, Tratsch, Spendenaufrufe, die aktuellen Zwischenstände in der Fußball-Bundesliga oder wo du oder ein Freund gerade bei einem Spiel oder einer Anwendung feststecken. All das wirst du hier nachlesen können. Je mehr Facebook-Freunde du hast, umso mehr „musst" du täglich schmökern. Auch Spiele und neue Anwendungen, die ihr erzeugt habt, werden angezeigt. Eben alles, was uns, Deutschland und die Facebook-Welt so bewegt.

Anmerkung: Im noch jungen Jahr 2011 überstürzten sich bereits die Ereignisse. Fußball WM ist out. Selbst Katastrophen wie Haiti und das Desaster im Golf von Mexiko wurden in den Schatten verbannt. Die Revolten in den nordafrikanischen Staaten, der Krieg in Libyen und nicht zuletzt die Dreifachkatastrophe in Japan beherrschen inzwischen die Facebook-Diskussionsszene. Unzählige Gruppen zum Thema Atomausstieg wurden gegründet. Nochmal so viele für und gegen Guttenberg. In Anbetracht einer solchen Entwicklung dürfen wir gespannt sein, welche Themen sich zu den Top Ten in diesem Facebook-Jahr herauskristallisieren werden. Ich gebe die Hoffnung nicht auf, dass auch wieder schöne und hoffnungsvolle Themen darin Einzug halten werden.

Der Inhaltsbereich funktioniert wie ein RSS-Reader, also wie eine Art Newsticker. Über Facebook wirst du automatisch über alle Neuigkeiten deiner Freunde, der Spiele, deiner Gruppen, der Anwendungen und deiner Seiten informiert.

Top 10: Was die deutschen Facebook-User 2010 am meisten bewegte

1. **Die WM in Südafrika**
   Das Fußballfieber packte jeden
2. **Farmville – DAS Online Spiel 2010**
   Zeitvertreib mit digitalen Möhren und Kühen
3. **Die beiden Gadgets iPad und iPhone 4**
   Onlinepräsenz und Erreichbarkeit ist eben Kult
4. **Kampf gegen Krebs**
   Die Facebook-Familie engagierte sich stark
5. **Filmbesprechungen und Kritiken**
   Jeder wollte seine Meinung mitteilen
6. **Stars und Sternchen**
   Fabian Brandner, Menowin Fröhlich - wer?
7. **Stars und Sternchen 2**
   Justin Bieber - oh weia!
8. **Erdbeben in Haiti**
   Auch die Facebooker wollen helfen
9. **HMU = hit me up**
   Neudeutsch für: Freunde treffen
10. **Deepwater Horizon**
    Die Ölkatastrophe im Golf von Mexiko

Klickst du auf *Hauptmeldungen* werden bevorzugt Nachrichten von Freunden, Gruppen oder Seiten angezeigt, die du in der Vergangenheit häufig mit dem *Gefällt mir*-Button als positiv bewertet hast. Mit der Zeit kristallisieren sich Favoriten für dich heraus, die Facebook als „mitdenkendes Medium“ für dich herausfiltert. Damit beweist sich die Sinnhaftigkeit des *Gefällt mir*-Buttons.

Hast du die Einstellung *Neueste Meldungen* gewählt, bekommst du Meldungen in chronologischer Reihenfolge, unabhängig von deren Wichtigkeit und Bedeutung für dich. Das ist zu empfehlen, wenn du nichts versäumen willst.

Die aktuelle Einstellung ist schwarz hinterlegt, wie in diesem Fall die Hauptmeldungen. Du kannst jederzeit zwischen Hauptmeldungen *oder* Neueste Meldungen *hin- und herspringen.*

Es steht dir auch die Option zur Verfügung, offene Postings von bestimmten Freunden oder Gruppen einfach auszublenden. Zieht dich ein „Freund“ beispielsweise unentwegt damit auf, dass dein Lieblingsverein gerade gegen den Abstieg kämpft, oder nervt dich jemand mit der 25. Glücksnuss des Tages, dann bewege deine Maus rechts neben den Namen oder die Gruppe des Meldenden, und es erscheint ein kleines x. Einmal daraufgeklickt, öffnet sich ein kleines Fenster, das dir verschiedene Optionen anbietet:

Unter dem x wähle die Option Diesen Beitrag verbergen. *Wenn du aber mal so richtig sauer bist auf deinen Kumpel, dann verbiete dir alle Beiträge von der Nervensäge indem du* Alle Beiträge von ... verbergen *anklickst oder seine Beiträge grundsätzlich als Spam markierst.*

Das Ganze kannst du selbstverständlich auch wieder rückgängig machen. Wirst doch nicht für immer sauer auf deinen Freund sein, oder? An Stelle des gerade noch angezeigten Beitrags steht jetzt ein kleiner Hinweis, dass diese Meldung bzw. alle Beiträge des Freundes nicht mehr angezeigt werden. Klicke auf *rückgängig machen*, um den oder die Beiträge wieder lesen zu können.

Irgendwann wirst du deinem Freund sicher verzeihen. Nach einem Bierchen dürfte sich alles wieder eingerenkt haben. Jede Aktion in Facebook kann rückgängig gemacht werden. Das ist zwar nicht ganz lebensnah, aber ungemein praktisch

Solltest du tatsächlich einmal den Überblick über die verborgenen Berichte von Freunden verloren haben, dann steht dir eine weitere Möglichkeit zur Verfügung, dir einen besseren Überblick zu verschaffen:

Der kleine Pfeil neben dem Reiter *Neueste Meldungen* öffnet ein Aufklappfenster, in dem ganz unten ein Link *Optionen bearbeiten* steht. Nach einem Klick auf diesen Link öffnet sich ein Pop-up-Fenster, das sich *Bearbeite deine Newsfeed-Einstellungen* nennt.

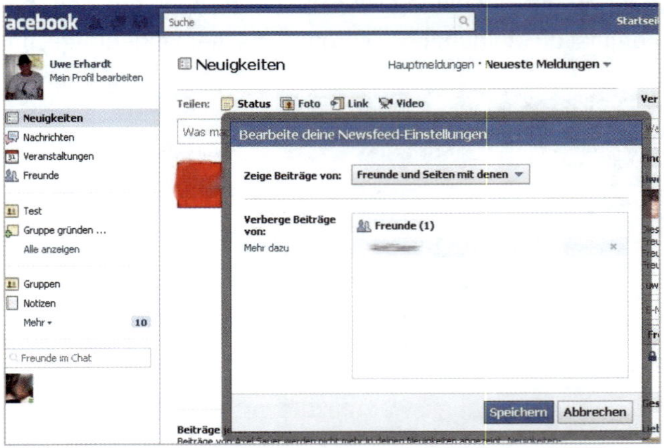

Verbannte Freunde bringst du mit einem Klick auf das x und SPEICHERN *wieder zurück in dein Facebook-Leben.*

Vielleicht stellst du dir ja jetzt die Frage: Warum sind diese Einstellungen so wichtig für mich? Schließlich sind das doch alles Freunde oder zumindest weitläufige Bekannte? Da sollte mich doch wirklich alles interessieren, was die da so posten. Vielleicht treibt dich auch eine wissenschaftliche Neugier an, alles mitzubekommen, was im Facebook Stream so veröffentlicht wird ...

Die Antwort ist: Auch Freunde können wie aus oben genannten Gründen einfach mal nerven. Im Real Life kommt so was doch auch mal vor. Dazu kommt, dass dich im Laufe deines Facebook-Lebens mit Sicherheit unzählige Freundschaftsanfragen von wirklich interessanten Leuten erreichen werden, die du vielleicht über reale Freunde empfohlen bekommen hast. Meist wirst du diese Anfragen akzeptieren. Und vielleicht sind auch die meisten Beiträge dieser Leute für dich höchst interessant und du liest sie immer sehr aufmerksam. Ich habe aber schon die Erfahrung gemacht, dass einfach auch sehr viel Schrott gepostet wird oder Dinge diskutiert werden, die mich nicht die Bohne interessieren. Trotzdem würde ich die Freundschaft desjenigen nicht aufkündigen, sondern dann eben die Option wählen, entsprechende Beiträge auszublenden.

Was machst du gerade? Deine erste eigene Statusmeldung!

Zuerst konnte ich mir darunter nicht so richtig etwas vorstellen. Was heißt Statusmeldung? Welchen Status melde ich da? Meinen privaten, beruflichen, politischen oder wirtschaftlichen? Ich dachte mir, wieso soll ich diesen Status hier noch mal angeben, wo doch mein Profil schon genug über mich aussagt?

Der Satz *Was machst du gerade*? erklärt aber schon fast alles. In der Tat darf und soll ich hier auch schreiben, was ich gerade mache. Es ist völlig belanglos, um was es dabei geht. Ein ganz lapidares: „Ich habe heute schlechte Laune, baut mich mal auf", kommt genauso gut an wie eine fundierte Filmkritik, worüber du dich gerade ärgerst oder deine persönliche Interpretation des Universums. Was immer dir einfällt, was immer du mitzuteilen hast. Hier ist der Ort dafür, hier spielt das Facebook-Leben.

Du kannst einen eigenen Stream starten und z. B. während eines Fußballspiels den Live-Kommentator spielen. Du wirst (anhand der Reaktionen) staunen, wie viele Menschen mittlerweile vor dem Radio sitzen und parallel in den Social Networks unterwegs sind. Deine Möglichkeiten sind so gut wie unbegrenzt. Lass deiner Fantasie freien Lauf. Vielleicht steckt in dir ein unentdeckter Poet und du möchtest deine Gedichte einem großen Publikum präsentieren. So manch ein Künstler wurde auf diese Weise bereits entdeckt. Diese Statusmeldungen bieten sich wunderbar dafür an, ein wenig Werbung in eigener Sache zu machen.

Es gibt Menschen in Facebook, die jeden Schritt kommentieren, den sie tun. Sie erzählen, was ihre Katze gerade gemacht hat, dass sie gerade einen Kaffee gekocht haben, dass sie jetzt zur Post müssen, die aber 3 km entfernt ist, ach dass sie sehr viel arbeiten, fleißig, strebsam und erfolgreich sind.

Auch das gehört zu Facebook. Man nennt das auf Social Media-Deutsch „Ambient Intimacy“. Die Statusmeldungen stellen wie schon erwähnt das eigentliche Herzstück von Facebook dar. Hier spielt das virtuelle Leben, und jeder kann sich auslassen, wie er nur will. Über die Sinnhaftigkeit der Meldungen bzw. deren Nutzlosigkeit spaltet sich die Facebook-Gemeinde.

Während die einen, verwundert über ein dermaßen offen nach außen getragenes Privatleben nur ungläubig den Kopf schütteln, sehen es andere als wichtige Darstellung ihres selbst und rufen selbstbewusst: „Genau deswegen sind wir doch hier!“

Ambient Intimacy: Umgebungsvertrautheit

Der permanente Informationsfluss über die eigenen körperlichen und seelischen Befindlichkeiten und was man gerade so macht, stoßen nicht überall auf Begeisterung. Leisa Reichelt und Jeff Jarvis haben hierfür den Begriff „ambient intimacy“ geprägt, was man mit „Umgebungsvertrautheit“ übersetzen könnte.

Ein permanentes Abbild des aktuellen Tageszustands ermöglicht es, in Kontakt zu bleiben bzw. sich näher kennenzulernen. Eine Vertrautheit, die zumindest die Grenzen einer flüchtigen Bekanntschaft übersteigt. Stets ist man darüber informiert, wer gerade beruflich unterwegs ist, wie der neue Haarschnitt aussieht oder wer sich von der letzten Erkältung wieder erholt hat. Trotz Zeitverschiebung oder räumlicher Distanz ist man sich nah. Beim nächsten Treffen ist man dann bereits schon auf dem neuesten Stand.

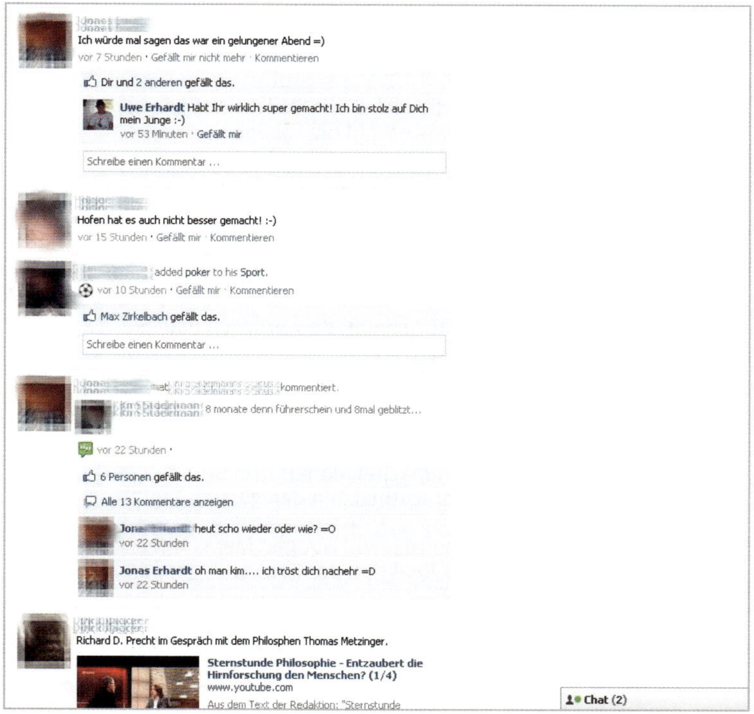

Nur keine falsche Scham. Lass dich so richtig aus, wenn du eine Meldung auf deiner Pinnwand veröffentlichst. Es sind dir keine Grenzen gesetzt.

Um dem eigentlichen Sinn und Zweck eines Social Networks gerecht zu werden, ist nun mal eine weitestmögliche Offenlegung und Zurschaustellung der eigenen Person notwendig. Man kann jetzt natürlich darüber streiten, ob denn die Menschen in Facebook sich tatsächlich so geben, wie sie im Real Life sind. Ebenso kann man darüber diskutieren, ob ein Unternehmer jeden einzelnen Schritt seines Tuns als Statusmeldung ins Netz stellen muss. Wie auch immer, die Statusmeldungen sind so etwas wie der Spiegel des Online-Ichs. Dabei spielt es erst einmal keine Rolle, wie weit dieses virtuelle Ich dem Real-Ich entspricht. Denn In Facebook sind wir im Prinzip nur mit unserem Online-Ich vertreten. Trotzdem solltest du darauf achten, was du schreibst und von dir gibst. So kann ein vielleicht gar nicht böse gemeinter Satz wie „Da hat sie aber jetzt voll daneben gelangt", sehr schnell zum Ende einer guten Freundschaft führen.

Nachdem du deine Mitteilung geschrieben hast, klicke auf *Teilen*, um sie zu veröffentlichen.

Vor dem Absenden ist zu überlegen, wer deine Meldung lesen soll und darf. Hinter dem kleinen Schlosssymbol verbirgt sich ein Pop-up-Fenster, in dem du zwischen den Optionen *Alle*, *Freunde von Freunden*, *Freunde* und *benutzerdefiniert* wählen kannst.

Um dich dem großen Publikum zu zeigen, wähle *alle*. Wenn du aber über deinen Chef ablästerst, dann teile das lieber ausschließlich deinen Freunden mit. Obwohl du auch dann nicht sicher sein kannst, was letztendlich alles durchsickert (zu Google & Co.).

Eine Statusmeldung ist ruck, zuck veröffentlicht. Dann gibt's aber kein Zurück mehr.

Top 10: Die originellsten Facebook-Statusmeldungen

1. „Wenn Leute, die sich trennen, Freunde bleiben wollen, meinen sie wohl die Facebookvariante."
2. „Ich habe eigentlich gerade nichts zu sagen, aber dass wollte ich euch wenigstens mitteilen."
3. „Bin auf dem Weg ins Badezimmer geblitzt worden, wollte putzen – jetzt ist der Lappen weg."
4. „Hey, die Sonne scheint, da werde ich mal in kurzen Hosen fernsehen."
5. „Mein Gehalt lässt nur einen Schluss zu: Ich habe meinen Beruf zum Hobby gemacht."
6. „Hausaufgabenmachen dauert drei Stunden, Hausaufgabennichtmachen den ganzen Tag!"
7. „Mein WLAN heißt jetzt "Google_Messwagen_23, bin auf die Reaktion der Nachbarn gespannt."
8. „Sitze am Fenster und lächle Frauen an. Keine lächelt zurück! Das Leben im 7. Stock ist hart."
9. „Gestern meine letzte Zigarette geraucht – für mindestens neun Monate :-)"
10. „Gehe jetzt mal duschen..."

Persönliche Favoriten des Autors • Aktuelle Top 10 unter www.iknow.de

Mit einer freundlichen Statusmeldung gibst du einen guten Einstand als Neuling ab.

Übrigens kann dir so eine Statusmeldung eine gehörige Anzahl von Freundschaftsanfragen einbringen. Facebook stellt ja so etwas wie ein überdimensionales Podium zum öffentlichen Meinungsaustausch zur Verfügung. Vorausgesetzt, die Meldung wurde für alle lesbar eingestellt, werden interessante Beiträge mit Sicherheit auch von Leuten kommentiert, die (noch) nicht zu deinem Freundeskreis zählen. Einladungen einer bestimmten Interessensgruppe, gar die Gründung einer neuen Gruppe, Links zu interessanten Websites, Verweise zu anderen Facebook-Seiten werden dich möglicherweise erreichen. Schneller als du denkst, wächst deine Freundesliste locker auf über 100 Personen an. Dieser rege Austausch ist in dieser Form nur in einem Social Network wie Facebook möglich, wo sich weltweit schon über 600 Millionen Menschen tummeln.

Deshalb aber auch diese Warnung: Du weißt nie, wer alles mitliest. Daher mache keine despektierlichen Äußerungen über Dritte.

Freunde in Facebook finden

Was sind Freunde?

Wir befassen uns hier mit Freunden, bzw. der Suche nach ihnen. Was aber bedeutet Freundschaft im Zeitalter von Facebook eigentlich?

Und wie definiert sich Freundschaft in einer Welt wie Facebook? Die einen adden einfach jeden, so wie Joe aus New York. Andere wiederum suchen sich ihre Freunde sehr gezielt aus und halten ihre Freundesliste bewusst klein.

Freundschaft im Zeitalter von Facebook

„Nur der Entschluss zur Freundschaft, nicht die Freundschaft, kommt schnell zustande“, wusste schon Platon vor über 2000 Jahren. Und sein Schüler Aristoteles befand: „Vollkommen aber ist die Freundschaft guter und an Tugend einander ähnlicher Menschen.“ Dichter und Orientalist Friedrich Rückert meinte dazu: „Dein wahrer Freund ist, wer dich sehn lässt deine Flecken, und sie dir tilgen hilft, eh Feinde sie entdecken.“

Ob nun Philosophen der Antike oder deutsche Dichter: Freundschaft gilt zu allen Zeiten als Beweis für Loyalität in guten wie in schlechten Zeiten und ist kein Mittel zum Zweck. Freundschaft in Facebook kann und darf aber auch mal oberflächlicher sein.

Wie bitte? Wer ist Joe? Was hat das mit dem Thema zu tun? Nun, Joe hat den Ehrgeiz, eine Million „Freunde“ zu gewinnen. Als studierter Computerexperte und Fußballtrainer gibt sich der kurz geschorene Mann auf seiner Website aus, um Glaubwürdigkeit zu signalisieren. Sein Umfeld erkläre ihn für verrückt, er aber möchte für eine Dissertation nachweisen, dass so ein Projekt funktioniert. Vor nicht mal 20 Jahren, erinnert Joe seine Leser im Internet, gab es weder E-Mail noch Live-Chats, Video-Chats oder Skype. Damals ging man noch auf Partys, wenn man neue Leute kennenlernen wollte. Joes Projekt nutzt das Schneeballsystem von Kettenbriefen. Jeder Adressat schreibt drei weitere an, dann geht's weiter auf Facebook.

Who is Joe?

and... why would anyone do this?

Joe was born April 17, 1969 in Binghamton, NY (not by choice) and lived his life there until he was 18. Shortly after his 18th birthday and graduation from high school he set sail for Europe, which was a life long dream. He has spent his time traveling throughout the world, and has spent at least one month in just about every country in Europe, Eastern Europe, the Middle East and Africa.

He is married with 2 wonderful children, has 4 dogs, lots of reptiles, and loves various arts of the praying mantis family. He does hold a masters degree in computer science, and earns his living selling high end computer clusters, though he is more of an expert in the computer storage market. The biggest love of his life, apart from his wife and children, is soccer. He has been training youth for over 18 years now in Europe, and is a licensed trainer by the Bavarian Football Association.

Es müssen ja nicht gleich über eine Million Kontakte sein. Aber Joes Beispiel zeigt, was er unter „adden“ versteht. Nämlich so gut wie jeden zum Freund machen. Ob daraus wertvolle Kontakte entstanden sind, wird uns Joe hoffentlich irgendwann mal mitteilen: www.squidoo.com/1millionFBfriends.

Man könnte jetzt aus Joes Beispiel schließen, dass die Bedeutung einer Freundschaft in Facebook oberflächlicher Natur ist. In vielen Fällen mag das auch zutreffen. Doch selbst in einem Social Network geht das Menschliche nicht verloren. Auf Basis der hier gefundenen Kontakte wurden auch schon Ehen geschlossen. Wieder andere zählen Facebook-Bekanntschaften zu ihren besten Freunden. Wenn man die stetig steigende Zahl der Singlehaushalte betrachtet, so verwundert das nicht. Immer mehr Menschen finden Anschluss über Singlebörsen, Chatrooms oder eben Social Networks wie Facebook!

Freunde und Bekannte in Facebook aufstöbern

Sofern du nicht die Facebook-Hilfe zu Beginn in Anspruch genommen hast, führt der einfachste Weg, alte Freunde und Bekannte aus fast schon vergessenen Zeiten wiederzufinden, über die Suchfunktion in der blauen Facebook-Leiste. Allein durch die riesige Anzahl der Mitglieder stehen die Chancen nicht schlecht, tatsächlich auf den schon vor zwanzig Jahren nach Kanada ausgewanderten Cousin oder die Jugendliebe aus der Grundschule zu treffen bzw. wiederzufinden. Sofern sich durch Heirat nichts geändert hat, kannst du den Namen in die Suchfunktion eingeben, und Facebook antwortet sofort mit einigen Vorschlägen. Ein Fenster öffnet sich und zeigt die Suchergebnisse an. Es werden aber nicht nur Personen angezeigt, sondern auch entsprechende Gruppen und Seiten.

Über einen Klick auf *Personen* in der Sidebar kann die Suchfunktion gefiltert werden. Facebook listet dann zum Beispiel nur wirkliche Personen auf. Ist er oder sie dabei? Wenn ja, Glück gehabt. Starte eine Freundschaftsanfrage über die Option *Als FreundIn hinzufügen*.

Sehr bald wirst du eine Bestätigung mit einer persönlichen Nachricht deines Cousins oder deiner Grundschulliebe bekommen. Möglicherweise werdet ihr euch sogar bald real treffen.

Allein über die Eingabe des Namens finden sich längst verlorene Freunde wieder.

Schwieriger wird es, wenn die Suchperson Müller, Meier oder Schmidt heißt, nicht unter ihrem wahren Namen registriert ist oder (wie schon oben erwähnt) durch Heirat oder Ähnliches jetzt einen anderen Namen trägt.

Über die Filterfunktion *Ort, Ausbildung und Arbeitsplatz* kannst du die Suche dennoch eingrenzen und mit etwas detektivischem Geschick einen Treffer landen.

- **Ort**: Wenn du zum Beispiel Stuttgart eingibst, dann werden die Personen angezeigt, die in ihrem Profil Stuttgart als Wohn- oder Geburtsort eingetragen haben.
- **Ausbildung**: Gib den Namen eurer alten Schule ein und anschließend das Abschlussjahr, und die Suche wird weiter eingegrenzt. Es werden immer weniger Müllers, Meiers oder Schmidts.
- **Arbeitsplatz**: Damit ist der Name des Arbeitgebers gemeint, falls ihr alte Kollegen seid oder dir der Arbeitgeber der gesuchten Person noch in Erinnerung ist.

Nach diesen Filterungen wäre es gelacht, wenn du die betreffende Person nicht finden würdest. Sollte es dennoch nicht funktionieren, gibt es zwei mögliche Gründe dafür: Entweder ist der oder die Gesuchte kein Facebook-Mitglied oder er/sie will sich einfach nicht finden lassen. In Kapitel 3 werden diese Einstellungen ganz genau erklärt.

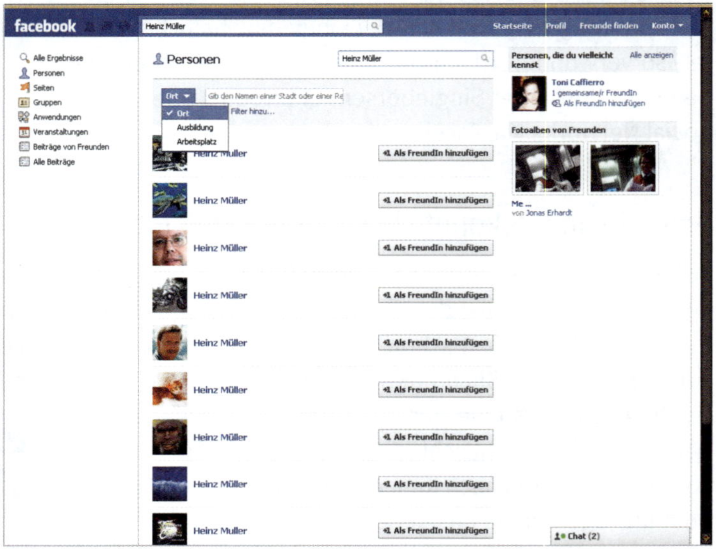

Grenze deine Suche weitestmöglichst ein, indem du alle dir bekannten Parameter eingibst.

Darüber hinaus kannst du Freunde via Skype, Hotmail, ICQ etc. suchen und finden. Noch einmal der Hinweis auf den Facebook-Freundefinder: Oben in der Facebook-Leiste befindet sich der Button *Freunde finden*.

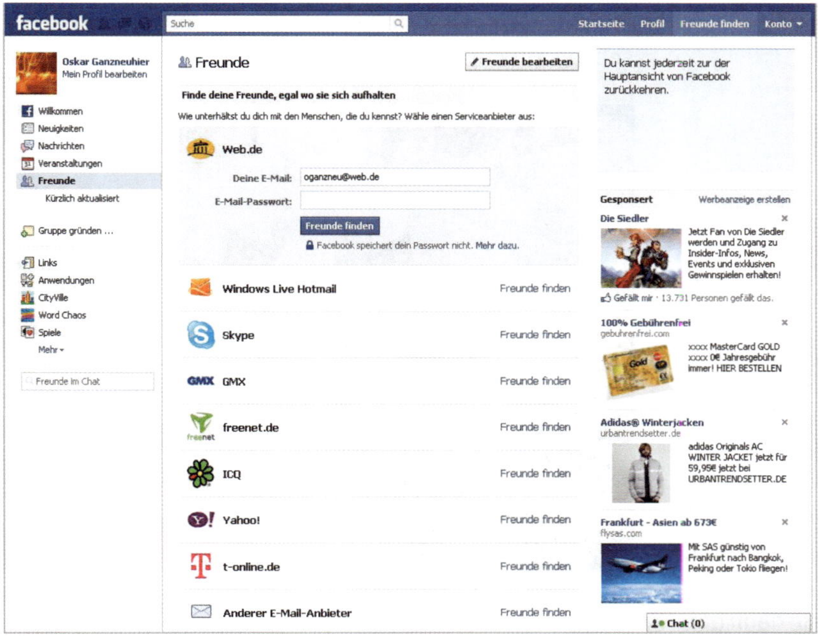

Im Freundefinder-Fenster werden die gängigsten Mail-Provider angezeigt.

Deutsche Datenschützer konnten Facebook inzwischen dazu bewegen, den Freundefinder zu entschärfen. Die Funktion blieb zwar erhalten, doch soll jeder Nutzer die Kontrolle über die von ihm importierten Adressen behalten. Im Klartext heißt das, dass ohne dein ausdrückliches Einverständnis Facebook keinen automatischen Zugriff auf deine E-Mail-Verzeichnisse bekommt.

Bei deiner Registrierung in Facebook lege dir über einen Anbieter, z. B. GMX, einen E-Mail-Account an. Im dortigen E-Mail Verzeichnis trage nur die Personen ein, von denen du weißt, dass sie einer Einladung gegenüber aufgeschlossen sind.

Über die Sidebar *Freunde* kommst du auf deine Freundesliste. Dann auf *Freunde bearbeiten*, und ein kleiner Link namens *Freunde einladen* bringt dich zu einem Formular, das so ähnlich aufgebaut ist wie ein E-Mail-Postfach:

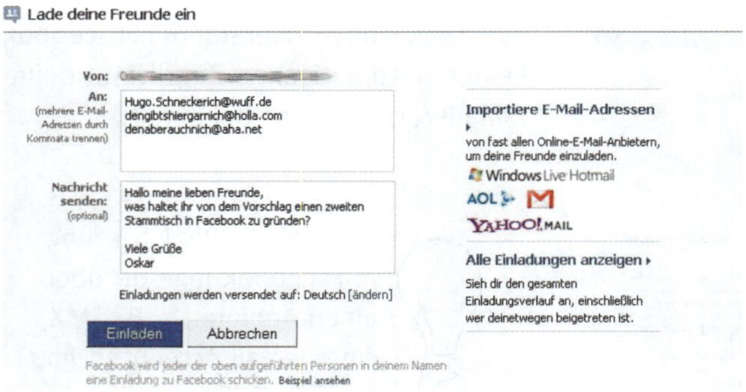

Facebook „leiht“ dir kurzfristig ein E-Mail-Postfach um dir die Möglichkeit zu geben, Freunde von „draußen“ zur Facebook-Mitgliedschaft zu bewegen.

Der Vorgang wird mit *Einladen* abgeschlossen, und du bekommst eine Bestätigung zu dieser Aktion. In den meisten Fällen sind die so Eingeladenen noch keine Mitglieder, und neben den Namen taucht dann ein weiterer Link auf, der sich *Freunden vorschlagen* nennt. Mittels dieser Option hast du die Möglichkeit, die Neulinge, falls sie denn der Einladung zustimmen, deine bereits im Facebook bestehenden Kontakte als neue Freunde vorzuschlagen. So fühlt sich der Neuankömmling gleich herzlich willkommen.

Schau ab und zu nach, was aus deinen Einladungen geworden ist, indem du auf der Seite *Lade deine Freunde ein* auf *Alle Einladungen anzeigen* gehst. Hier kannst du nachlesen, ob auf die Einladung bereits reagiert wurde.

Hast du deine besten Freunde aus der wirklichen Welt in Facebook noch gar nicht gefunden, dann lade sie doch per Mail ein und animiere sie, Mitglied zu werden. (© Andres Rodriguez –Fotolia.com)

Richtiger Umgang mit Freundschaftsanfragen

Wir sind ja nicht die Einzigen, die unterwegs sind, um alte oder neue Freunde aufzustöbern. Sehr wahrscheinlich wird auch der umgekehrte Fall eintreten, dass du selbst von anderen gefunden wirst. Ich habe dich ja schon mit den drei Symbolen für die drei verschiedenen Benachrichtigungsarten auf der blauen Facebook-Leiste bekannt gemacht. Auf dem Symbol ganz links mit den zwei Köpfen erstrahlt ein rotes Schild mit einer Ziffer, sobald eine oder mehrere Freundschaftsanfragen für dich eingegangen sind.

Nicht verwirren lassen: Das rote Schildchen über dem Weltsymbol zeigt in diesem Beispiel eine weitere eingegangene Benachrichtigung zu einem anderen Thema an.

Ein Klick darauf öffnet die Liste mit den Freundschaftsanfragen. Du hast jetzt die Wahl, die Anfrage zu bestätigen oder zu ignorieren. Auch wenn Facebook und Facebook-Zeitgenossen allgemein behaupten, es sei unhöflich, eine Freundschaftsanfrage zu ignorieren oder einen Freund aus der Freundesliste zu entfernen, solltest du dich nicht zieren, genau das zu tun, falls nötig. Es sei denn, du willst mit Joe aus New York in einen „Freunde-adden-Wettbewerb“ treten. Du weißt doch noch? Der Zeitgenosse, der eine Million Freunde adden will. Sinnvoller ist es, sich eine Gruppe von echten Freunden zuzulegen. Da kommt man gar nicht umhin, die eine oder andere Anfrage abzulehnen. Lass dich also nicht verunsichern. Du bist nicht unhöflich, wenn du die Anfrage eines dir völlig Unbekannten einfach ignorierst.

Hast du eine interessante Freundschaftsanfrage erhalten, dann musst du sie nur noch bestätigen. Ein alter Freund aus längst vergangenen Tagen hat dich aufgestöbert, und die Freude ist natürlich riesengroß.

Du hast die Wahl, die Bestätigung auf später zu verschieben, indem du Nicht jetzt anklickst.

Du kannst deine Bestätigung auch kommentieren! Am besten mit einer kurzen, persönlichen Notiz, die sich auf eure Verbindung bezieht. Das ist der ideale Start einer neuen Facebook-Freundschaft.

Übrigens wurde als einer der häufigsten Gründe, sich ein Facebook-Profil anzulegen, bei unterschiedlichen Umfragen „Alte Freunde wiederfinden" angegeben.

Nach der Bestätigung bekommst du das Angebot, den neuen Freund in eine deiner Freundeslisten aufzunehmen. Gleich im Anschluss erkläre ich, wie du solche Listen anlegst.

Das Ignorieren einer Freundschaftsanfrage ist nicht mehr so einfach wie noch vor kurzer Zeit. Facebook hat die Sache etwas verkompliziert. Der Auswahllink *Ignorieren*, was einer direkten Absage gleich kam, wurde ersetzt durch den Link *Nicht jetzt*. Offensichtlich will Facebook, dass man über jede Anfrage nachdenkt und es sich zweimal überlegt, bevor man absagt. Sicher nicht ganz uneigennützig und mit dem Hintergedanken, so viele Menschen wie nur möglich zu vernetzen. Trotzdem besteht weiterhin die Möglichkeit, eine Freundschaftsanfrage zu löschen. Leider geht das nur über ein paar Umwege. Dazu gehst du folgendermaßen vor:

1 Klicke auf *Nicht jetzt*, und es öffnet sich dieses kleine Fenster:

Wenn dir die Person noch gänzlich unbekannt ist, kannst du mit einem Klick auf seinen Namen dessen Profil besuchen und dir erst mal ein Bild von demjenigen machen.

2 Klicke auf den Link *Anfragenseite*, und du kommst zu einer ganz neuen Seite, die da heißt *Anfragen*. Hinter dem Link *Verborgene Anfragen anzeigen* verstecken sich alle Freundschaftsanfragen, die du mit *Nicht jetzt* markiert hattest. Neben der gesuchten Person finden sich jetzt die beiden Buttons *Bestätigen* und *Anfrage löschen*. Jetzt lass den Mauszeiger gnadenlos auf *Anfrage löschen* krachen, und der unliebsame Möchtegernfreund ist verschwunden.

Du musst keine Angst haben, jemanden mit der Löschung einer Freundschaftsanfrage vor den Kopf zu stoßen. Denn der von dir Verschmähte bekommt deine Ablehnung gar nicht mit.

Eigentlich doch nicht so schlecht, sich die Absage noch einmal zu überlegen. Vielleicht ist dir ja der Antragsteller doch sympathisch.

Maßgeschneiderte Freundeslisten anlegen

Sehr schnell kann es vorkommen, dass du über 100 Freunde zusammenbringst, auch wenn diese hohe Zahl ursprünglich nicht in deiner Absicht lag. Sehr wahrscheinlich hast du deine Freunde aus allen möglichen sozialen und gesellschaftlichen, beruflichen und privaten Schichten rekrutiert. Dazu kommen mit großer Wahrscheinlichkeit deine Lieblingsvereine, Musikbands, Comedians, Schauspieler, Unternehmen, Marken, politische, kulturelle und religiöse Institutionen und Organisationen, deren Verlautbarungen und Veröffentlichungen dir wichtig sind.

10 Facebook-Freunde für einen Whopper

Mit einer ungewöhnlichen Marketing-Kampagne ist es Burger King in den USA gelungen, die Aufmerksamkeit der Medien auf sich zu ziehen. Wer bereit ist, zehn Kontakte aus seiner Facebook-Freundesliste zu streichen, erhält im Gegenzug von der Fastfood-Kette einen Burger-Gutschein im Wert von 3.69 US-Dollar.

Für die PR-Aktion will Burger King 25.000 Whopper verschenken. Dies kommt der Streichung von 250.000 Facebook-Kontakten gleich. Für viele User ist es die Möglichkeit, einige unliebsame Kontakte loszuwerden und gleichzeitig noch einen Burger zu kassieren. Dafür müssen Interessierte zuerst die Burger-King-Applikation auf dem eigenen Facebook-Profil einbinden.

In der Regel werden die User nicht informiert, wenn sie aus einer Liste gestrichen wurden. Anders verhält es sich mit der Burger-King-Applikation: Gut sichtbar wird im Facebook-Feed verkündet, wer für den Burger geopfert wurde.

Um das alles übersichtlich und einfach einzuordnen, erstellst du am besten eigene Freundeslisten. Auch hier wieder der irreführende Begriff *Freunde*, zumindest was den Bereich der Institutionen und Organisationen betrifft. Aber über diese Listen können wir nun den Freundesbegriff relativieren und die Personen und Organisationen entsprechend einordnen.

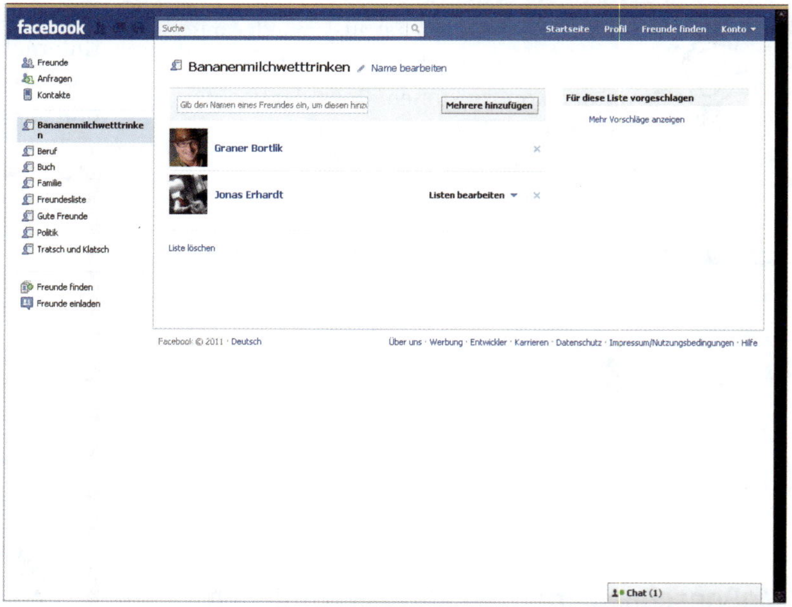

Wenn du möchtest, kannst du innerhalb der Liste Hierarchien erstellen. Mit den beiden Bananenmilch-Vorständen ganz oben.

Viele Wege führen zur Freundesseite, über die wir diese Liste erstellen können. Nehmen wir für dieses Beispiel die Sidebar links: *Freunde*. Hast du die Freundesseite geöffnet, klicke auf *Freunde bearbeiten*, und du erhältst eine vollständige Übersicht über deine bestehenden Kontakte. Oben rechts befindet sich der Button *Liste erstellen*. Ein Klick darauf öffnet ein neues Fenster, in welchem alle deine Freunde mit Profilbild und Namen aufgelistet sind. Alles Weitere geht sehr einfach: Nehmen wir an, du möchtest eine neue Liste erstellen, die alle Leute beinhaltet, die mit deinem Hobby „Bananenmilchwetttrinken“ zu tun haben. Du gehst die Profile durch und klickst jeden an, der dazu gehören soll. Sind alle relevanten Personen markiert, schließt du mit *Liste erstellen* ab. Voilà! Schon sind alle potenziellen Bananenmilchwetttrinker auf einer Liste zusammengefasst.

Maximal sind 100 Freundeslisten möglich. Du kannst eine Person auch mehreren Listen zuordnen. Viele passen ja zum Beispiel sowohl zu deinem Sportverein als auch zu deinen besten Freunden.

Hast du bereits eine stattliche Anzahl von Freunden gesammelt, wird es schon mühseliger, jeden einzeln auszuwählen und zuzuordnen. Um jemand Bestimmtes auszusuchen, benutze die Suchfunktion und trage den Namen desjenigen in das entsprechende Kästchen ein.

Nachdem Listen angelegt wurden, kannst du die Zuordnung eines Freundes zu den diversen Listen sehr einfach ändern. Oder neue Freunde gleich nach der Bestätigung in die Listen einordnen.

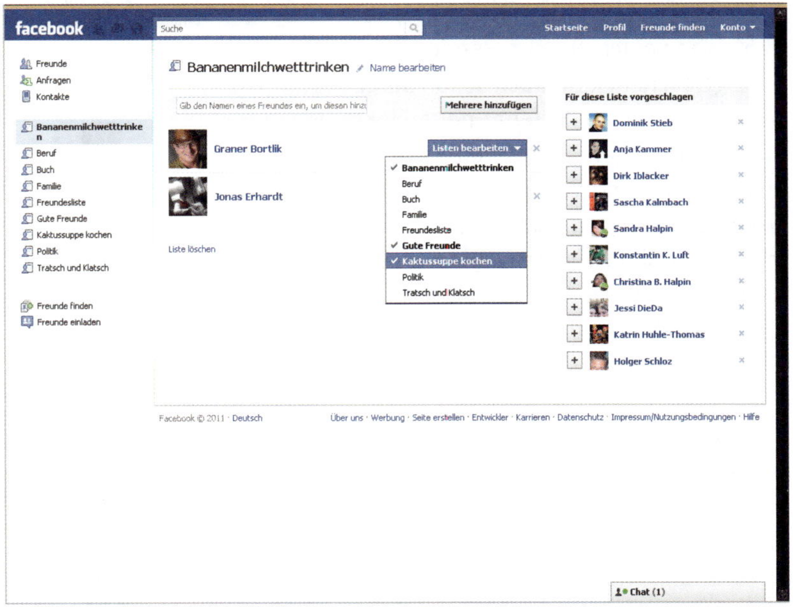

Durch einen Klick auf das Häkchen kannst du deinen Freund auch von der Liste entfernen und in eine andere verschieben.

In der Zeile der betreffenden Person findet sich rechts am Ende eine Aufklappliste, die, wenn man den Mauszeiger darüber bewegt, anzeigt, in welche deiner Listen diese Person bereits von dir eingetragen wurde. Ein Klick auf das kleine Dreieck zeigt alle deine Listen an. Willst du nun die Person einer weiteren Liste hinzufügen, dann klicke auf den Listennamen – und fertig.

Sobald Freundeslisten erstellt sind, werden sie in verschiedenen Bereichen angezeigt. Sicher ist dir auch schon aufgefallen, dass in der Sidebar neue Links angezeigt werden. In unserem Falle die Listen *Bananenmilchwetttrinker*, *Gute Freunde* und *Kaktussuppe kochen* wie im oberen Bild zu sehen. Wenn du auf einen der Listennamen klickst, werden in der Tabelle nur die Mitglieder dieser Liste angezeigt.

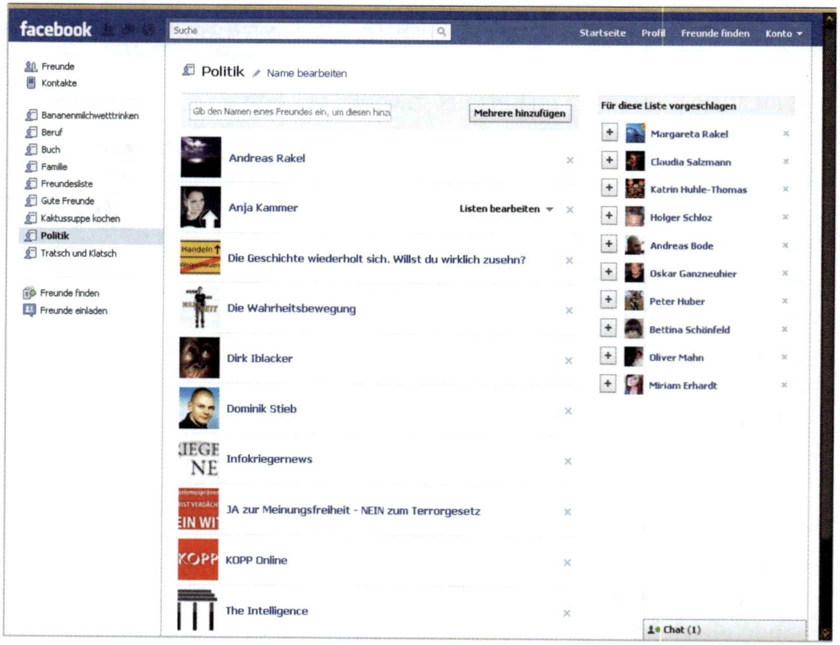

Alle deine Kontakte lassen sich in jede beliebige Liste einordnen. Hat sich das Thema einer Liste geändert, lässt sie sich mittels der Funktion Name bearbeiten *problemlos umbenennen.*

Innerhalb der Listen kannst du über die beiden Buttons *Liste bearbeiten* und *Liste löschen* Veränderungen vornehmen oder gleich die ganze Liste wieder löschen. Wie man Freunde zu Listen hinzufügt oder entfernt, haben wir ja im vorigen Absatz besprochen.

Möchtest du den Listennamen aus welchen Gründen auch immer ändern, dann steht dir dafür die Funktion *Name bearbeiten* zur Verfügung. In dem dahinter verborgenen Feld überschreibst du einfach die alte Bezeichnung und gibst der Liste einen neuen Namen. Mit einem Klick auf das kleine Symbol mit der Liste und dem Kopf schließt du die Eingabe ab.

Eine Liste zu löschen, ist noch einfacher: Ein Klick auf *Liste löschen* (unterhalb des letzten Namens in dieser Liste), und ein kleines Pop-up-Fenster öffnet sich. Facebook fragt zur Sicherheit noch einmal nach, ob du die Liste auch wirklich löschen willst. Durch einen weiteren Klick auf *Bestätigen* wird die Liste unwiderruflich entfernt. Keine Sorge: Nur die Liste ist jetzt terminiert, nicht die Freunde die darin verzeichnet waren.

Montags enden Facebook-Freundschaften!

Es gibt nichts, was es nicht gibt. Eine Studie des Grafikers, Autors und obsessiven Datensammlers David McCandless beweist es. Mit seinem Team hat er über 10.000 öffentliche Statusmeldungen auf Facebook ausgewertet. Bemerkenswert ist das Ergebnis, wann virtuelle Freunde miteinander Schluss machen. Am häufigsten gehen Facebook-Beziehungen kurz vor Weihnachten sowie an Montagen in die Brüche. Warum das so ist, bleibt (noch) im Dunkeln.

Ein weiterer Grund zur Aufkündigung von Freundschaften ist langweiliges Geschwätz. Wer die Pinnwand seiner Freunde mit uninteressantem und unnötigem Kram zumüllt, muss mit einer baldigen Kündigung eben dieser Freundschaften rechnen. Das besagt zumindest eine Studie von Christopher Sibona von der Universität von Colorado. Via Twitter befragte er 1.500 Facebook-Nutzer nach ihrem Hauptgrund, jemanden zu „entfreunden". Wenig überraschend: Auf Platz eins steht das häufige Posten von langweiligen Inhalten. Auf Platz zwei: Posts über polarisierende Themen wie Religion oder Politik, gefolgt von gewalttätigen oder rassistischen Bemerkungen.

Andere Untersuchungen ergaben, dass zu wenige Freunde unattraktiv machen – zu viele allerdings auch. Nun ja, eine Freundesanzahl im hohen dreistelligen Bereich finde ich etwas befremdlich. Aber: Bei einer Freundesanzahl von ungefähr 300 erscheint man der Studie zufolge am attraktivsten. Je höher oder niedriger die Zahl, umso mehr steigt oder fällt der Attraktivitätswert.

Genauso wichtig scheint die äußere Erscheinung zu sein. Wer überwiegend gutaussehende Freunde zu seiner Sammlung zählt, der erscheint auch selbst viel attraktiver. Interessant: Das eigene Aussehen fällt dabei gar nicht so sehr in Gewicht.

Top 10: Die besten Tipps für deine ersten Schritte in der Facebook-Welt

1. **Registrierung**
   Echten Vor- und Nachnamen verwenden
2. **Profilfoto**
   Ein realistisches Foto wirkt sympathisch und ehrlich
3. **Grundeinstellungen**
   Erzähle etwas über dich
4. **Schule angeben**
   Um von alten Freunden gefunden zu werden
5. **Suchfunktion**
   Unterstützt deine Fahndung nach Freunden
6. **Sidebars**
   Deine persönliche Schaltzentrale
7. **Statusmeldungen**
   Kernstück und Herz von Facebook
8. **Freundschaft**
   Nicht jeden als Freund akzeptieren
9. **Freunde finden**
   Deshalb sind wir auf Facebook
10. **Freundeslisten**
    Freunde einfach filtern und einordnen

3. Facebook auf Nummer sicher

Ein wichtiges, ein heikles Thema: Datenschutz und Sicherheit. Viel wurde schon erzählt über Datenmissbrauch im Internet, und nicht selten geriet Facebook als das weltweit größte soziale Netzwerk in Verdacht, schludrig mit den Daten seiner Nutzer umzugehen. Manche Artikel gingen sogar soweit, Facebook zu unterstellen, regelrecht auf Datenfang zu gehen.

Zeit online wusste beispielsweise am 18.10.2010: „Facebook-Apps spähen unerlaubt Nutzerdaten aus“ und „Geld schlägt Hoffnung“. Im folgenden Kommentar wurde aufgezeigt, was passieren könnte, wenn Facebook an die Börse geht. Die Unterschrift lautete: „Keine gute Aussicht für Facebook-Nutzer: Fürs schnelle Börsengeld könnten Datenschutz und Privatsphäre auf der Strecke bleiben.“

Solche Warnungen kommen nicht von ungefähr. Selbst das Facebookprofil von Mark Zuckerberg wurde bereits Opfer einer Hackerattacke. Nachdem dort Anfang 2011 seltsame Mitteilungen auftauchten, nahm Facebook die Seite vorerst ganz aus dem Netz.

Auf der Facebook-Seite von Mark Zuckerberg waren Mitteilungen erschienen, laut denen Facebook künftig seine Profite für wohltätige Zwecke, wie der Bekämpfung der Armut und des Hungers, investieren wollen. Im letzten Eintrag stand: „Let the hacking begin“ und „Why not transform Facebook into a social business in the way Nobel Price winner Muhammad Yunus described it?“ Abschließend erschien in der Mitteilung der Tag "#hackercup2011" ein Hinweis auf den Facebook Hacker Cup, der derzeit läuft und Hacker aus aller Welt dazu auffordert, gegeneinander anzutreten.

Facebook nahm kurze Zeit nach Veröffentlichung der Botschaften die Seite von Mark Zuckerberg vom Netz. Zuckerberg hat auf Facebook allerdings mindestens eine weitere Website, die weiterhin online war.

Die Facebook-Website des französischen Präsidenten Nicolas Sarkozy wurde übrigens in derselben Woche ebenfalls gehackt. In einem grammatikalisch holprigen Satz wurde verkündet, Sarkozy wolle sich 2012 nicht erneut zur Wahl zum französischen Präsidenten stellen. Die Facebook-Seite wurde nach dem Angriff offline genommen.

Es wäre das erste Mal in der Geschichte gewesen, dass ein Präsident seinen Rücktritt via Facebook bekannt gegeben hätte. Hacker hatten Anfang 2011 das Konto des französischen Präsidenten Nicolas Sarkozy geknackt und dort eine Fake-Meldung platziert.

Das und ähnliches liest und hört man leider immer wieder. Nun ja, wir sind ja alle freiwillig hier und nirgendwo, weder zu Hause, auf der Straße noch im Büro können wir hundertprozentig sicher sein.

> „Wer die Sicherheit zu Gunsten der Freiheit ersetzt, der hat beides nicht verdient" (Benjamin Franklin).

Bei der Menge an Informationen, Daten, Namen und Zahlen, die tagtäglich im Netz unterwegs sind, sollte der bestmögliche Schutz eine Selbstverständlichkeit sein.

Tatsache ist, dass es für unerfahrene Netzuser verdammt schwer ist zu verstehen, wie und wo bestimme Einstellungen in sozialen Netzwerken wirken und *was* sie bewirken. Das betrifft nicht nur Facebook, sondern alle sozialen Netzwerke. Alle sind (wie übrigens auch Onlineshops, Singlebörsen oder Communitys) potenzielle Angriffsziele von Hackern und Datendieben. Angreifbar sind wir überall, auch (das sollte man nie vergessen) in der realen Welt. Der wirksamste Schutz im Internet ist ein sorgsamer Umgang mit deinen persönlichen Daten.

Dieses Kapitel handelt davon, wie man in Facebook einen möglichst hohen Sicherheitsstandard erreichen kann.

Deine Privatsphäre bei Facebook

Was Facebook unter Privatsphäre versteht

Sinn eines Social Networks wie Facebook ist, so viele Menschen wie nur möglich zu vernetzen. Das kann nur optimal gelingen, wenn der Einzelne auch etwas über sich verrät und ein paar Hintergründe, persönliche Interessen und Vorlieben preisgibt. Wie sonst sollen dich deine alten Freunde aus der Vergangenheit jemals finden, wenn du als Max Müller auftrittst, aber sonst keinerlei Angaben über dich machst?

Verschweigen darf man natürlich nicht, dass es sie nun mal gibt, die Spinner, Stalker, Spammer und Datendiebe. Menschen, die alles andere als Gutes im Sinn haben. Sie alle zählen zu den Onlinerabauken.

In einem Interview Anfang dieses Jahres bekannte der Facebook-Gründer Mark Zuckerberg ganz offen: Würde er (Mark Zuckerberg) in der heutigen Zeit nochmals ein Facebook bauen, wäre dieses wohl noch offener und weniger auf Privatsphäre ausgelegt als das bisherige. Die Nutzer hätten sich daran gewöhnt, mehr Informationen zu veröffentlichen und diese mit einem größeren Nutzerkreis zu teilen. Das letzte Privacy Update für alle 600 Millionen Nutzer war ein Schritt in Richtung dieser neuen sozialen Norm.

Welche Gefahren lauern und dich wirklich bedrohen könnten, möchte ich dir im Einzelnen vorstellen:

Den Wohnort preiszugeben ist in Social Networks üblich und mitunter auch nützlich/sinnvoll! Zum Beispiel zur besseren Einordnung von Statusmeldungen oder für schnelle Hilfe in Notfällen.

Ein Hilferuf über Facebook hat eine Zwölfjährige aus Minnesota (USA) Anfang 2011 vor einer Vergewaltigung durch den Ex-Freund ihrer Mutter bewahrt. Geistesgegenwärtig nutzte das Mädchen seinen iPod Touch, um einer Freundin via Facebook mitzuteilen, dass ihre Mutter sofort nach Hause kommen müsse!

Mit einer gesicherten Privatsphäre-Einstellung stellt solch eine Veröffentlichung kein Problem dar (nur Freunde und Bekannte sehen das).

Verbirg deine E-Mail-Adresse und falls du bereits virtuell von einem Stalker belästigt wirst, sperre ihn aus dem Freundeskreis aus. Wenn dieser gar nicht zu deinen Freunden gehört, melde ihn bei Facebook. Mehr dazu auf Seite 77.

Ein weiteres Übel ist das sogenannte Spamming. Gefahr geht davon aber nicht wirklich aus. Allerhöchstens nervende E-Mails über die Vorzüge einer Investition in eine Affenbrotbaumplantage im Senegal oder Ähnliches. So etwas lässt sich am einfachsten dadurch minimieren, indem man seine E-Mail-Adresse bei Veröffentlichungen verbirgt und sie ansonsten nur an persönlich bekannte Menschen herausgibt.

Kursieren Bilder von dir im alkoholisierten Zustand, oder hast du die eine oder andere abfällige Bemerkung über deinen bisherigen Arbeitgeber gemacht, so könnte es dir passieren, dass du deinen neuen Traumjob nicht bekommen wirst. Auch wenn du sonst die Nr. 1 gewesen wärst. Auch wenn Facebook eine Plattform für Fun und Spaß ist, sollte man dennoch ein gewisses Niveau nicht unterschreiten.

Denn immer mehr Personaler durchforsten Social Networks aktiv nach zukünftigen Mitarbeitern. Xing ist dabei Anlaufstelle Nr. 1. Aber auch Facebook haben die Headhunter inzwischen als Jagdgebiet für sich entdeckt und erschlossen. Facebook als öffentliches Portal kann dir auf der Suche nach einem neuen Job einen gewissen Vorteil verschaffen. Vorausgesetzt, du trittst einigermaßen seriös auf.

Traumjob gesucht? Dieser iKnow-Ratgeber führt dich in die Geheimnisse der perfekten Selbstdarstellung in Xing, Monster & Co. ein, unterstützt dich dabei, deine Stärken potenziellen Arbeitgebern überzeugend online vorzuführen und dich auf zeitgemäße Art zu bewerben: iKnow Karriere-Turbo Web 2.0 • 256 Seiten • € 14,95 • ISBN: 9783815837092.

Ein paar Lücken der eher harmloseren Art existieren wohl, die man aber nicht Facebook-typisch nennen darf. Ich habe zum Beispiel festgestellt, dass auch Leute, die nicht mit mir befreundet sind, Zugriff auf meine Fotos und meine Wall haben. Das liegt meines Erachtens daran, dass Facebook mich schlecht bis kaum über die Einstellungsmöglichkeiten informiert hat.

Leider gibt es auch in Facebook immer wieder nervige Zeitgenossen, die eine lebendige Diskussion durch eitlen Spott und Schabernack zu stören versuchen. Sogenannte Trolle. (© iStockphoto.com/1905HKN)

Informiere alle anderen Teilnehmer über den Troll und nenne ihn beim Namen. Ignoriere seine Beiträge und reagiere niemals auf einen Kommentar, füttere ihn nicht und entziehe ihm jede Aufmerksamkeit. Sollte das alles nicht fruchten, dann melde diese Person.

Allen Warnungen und Unkenrufen zum Trotz stellt Facebook an sich keine große Gefahr dar. Wenn du erst mal gelernt hast, wie man sich am besten schützt, gleitest du völlig angstfrei und schwerelos über das glitzernde Eis dieses Social Networks, und mit der Zeit gelingen dir sogar gekonnte Sprünge und Pirouetten.

Wer mein Profil, meine Fotos und Beiträge sehen darf

Wenn du nicht möchtest, dass jeder deine Beiträge und im Besonderen dein Profil und deine Fotos zu sehen bekommt, lässt sich das mit ein paar Grundeinstellungen mühelos einrichten. Darüber hinaus besteht sogar die Möglichkeit, kurz vor dem Absenden einer Meldung individuell einzustellen, wer das letztendlich sehen soll/darf.

Letzteres bietet sich an, wenn du Informationen einstellen möchtest, die nur für bestimmte Gruppen und Personen sinnvoll und interessant sind. So belästigst du deine anderen Freunde nicht mit Dingen, die sie gar nicht interessieren. Ja – und es gibt sicher auch mal das eine oder andere zu sagen, das bestimmte Personen oder Gruppen nicht unbedingt erfahren müssen. Geheimnisse zu teilen und zu bewahren ist auch in Facebook keine Sünde. Ein bisschen elitär möchte doch jeder sein und hier dürfen wir das auch. Solange dadurch kein Schaden angerichtet oder die Würde Dritter verletzt wird, ist das überhaupt kein Problem.

Es ist im Prinzip problemlos, ein „offenes" Profil zu zeigen. Wenn du nicht die Absicht hast, irgendwelche kriminellen Dinger zu drehen, musst du dich doch auch nicht verstecken. Wer wie viel aus deinem Profil herauslesen darf, kannst du über die Privatsphäre-Einstellungen ziemlich einfach regeln. Dazu mehr ab Seite 63.

Besonders heikel ist die Veröffentlichung von Fotos. Insbesondere dann, wenn du nicht allein darauf abgebildet bist. Eine vorherige Rücksprache mit denjenigen Personen, die auf deinen Fotos abgelichtet sind, ist unabdingbar und schreibt nicht nur die Höflichkeit vor, sondern auch das Gesetz. Wenn Onkel Sepp während der letzten Gartenparty halbnackt auf dem Tisch Limbo getanzt hat und du stellst das ins Internet, könnte das den alten Onkel ziemlich sauer werden lassen (wenn er es überhaupt mitbekommt – und das wird jeden Tag wahrscheinlicher, denn auch die ältere Generation entdeckt und erobert die Social

Networks). Das könnte nicht nur den Familienfrieden stören, sondern unter Umständen rechtliche Konsequenzen nach sich ziehen. Je nachdem wie Onkel Sepp zu dir und den Umständen steht.

Auch deine Statusmeldungen und Beiträge solltest du vor der Veröffentlichung noch einmal überprüfen. Dazu zählen auch Kommentare zu Fotos, Videos oder Links, die mit angehängt sind. Ebenso Kommentare zu Veröffentlichungen deiner Freunde und Gruppen.

Das Abbilden von Dritten auf Fotos ist okay, jedoch solltest du sie, bevor du sie auf Bildern markierst, unbedingt um Erlaubnis bitten.

So markierst du Personen auf Fotos:

1 Suche in deinem Fotoalbum das oder die Fotos aus, in denen du Personen markieren willst, und wähle *Jemanden auf diesem Foto markieren.*

2 Wenn dein Mauszeiger über das Bild geht wird er zum Kreuz, damit wählst du die Person bzw. den Ausschnitt, der markiert werden soll. Klicke auf das Gesicht oder den Körper, und ein Rahmen wird um den Ausschnitt gezogen.

3 Eine Liste mit all deinen Freunden wird angezeigt. Durch das Ankreuzen des entsprechenden Namens wählst du die Person aus und markierst sie auf dem Bild.

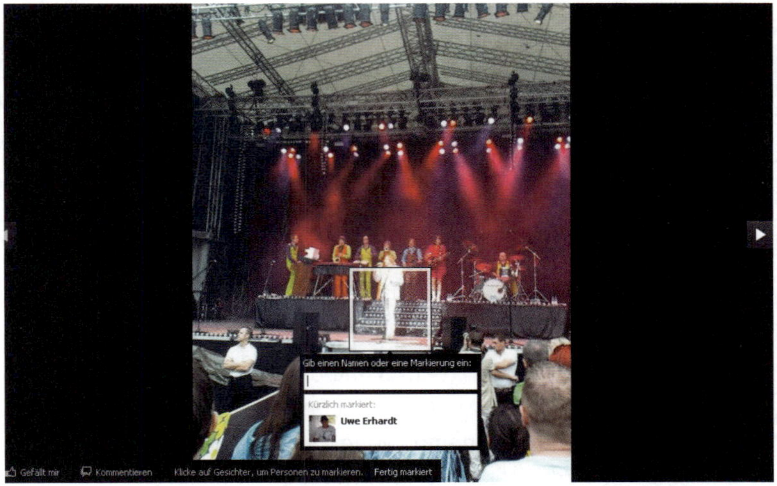

Wenn jemand herausragendes geleistet hat oder aus der Masse von Menschen hervorgehoben werden soll, ist eine Markierung überaus sinnvoll.

Übrigens geht danach als Statusmeldung durch die Facebook-Welt, dass dein Freund auf einem Foto markiert worden ist.

Wenn du ein Bild mit markierten Personen veröffentlichst, werden die markierten Personen namentlich erwähnt. Wenn Personen auf dem Foto abgebildet sind, die nicht zu deinem Freundeskreis gehören oder gar nicht in Facebook angemeldet sind, musst du sie nicht aus dem Bild löschen. Dennoch solltest du zur Sicherheit diesen Personenkreis nicht namentlich markieren.

Die Rechtsprechung besagt dazu (ausschnittsweise): „Bildnisse dürfen nur mit Einwilligung des Abgebildeten verbreitet oder öffentlich zur Schau gestellt werden. Die Einwilligung gilt im Zweifel als erteilt, wenn der Abgebildete dafür, dass er sich abbilden ließ, eine Entlohnung erhielt. Nach dem Tode des Abgebildeten bedarf es bis zum Ablaufe von 10 Jahren der Einwilligung der Angehörigen des Abgebildeten. Angehörige im Sinne dieses Gesetzes sind der überlebende Ehegatte oder Lebenspartner und die Kinder des Abgebildeten und, wenn weder ein Ehegatte oder Lebenspartner noch Kinder vorhanden sind, die Eltern des Abgebildeten." § 22 KunstUrhG.

Den kompletten Gesetzestext findest du im Internet: *http://www.gesetze-im-internet.de/kunsturhg/__22.html.*

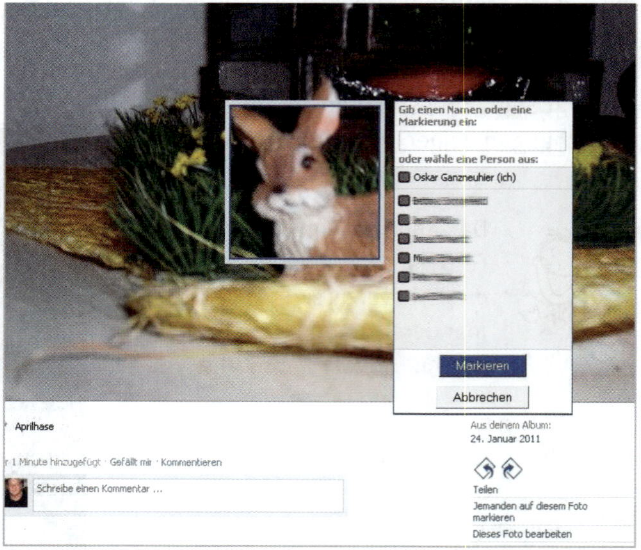

Passend zur Osterzeit: Der Hase schaut sich schon mal nach passenden Verstecken um.

Solange du nicht gegen Gesetze verstößt, bist du aber absolut frei, was deine Beiträge betrifft. Du hast das Recht, zu allem und jedem frei deine Meinung zu äußern. Du hast sogar das Recht, Mitmenschen mit deinen Kommentaren so lange zu nerven, bis sie dich entweder blockieren, von der Freundesliste verbannen oder gar melden.

Die Grundeinstellungen für deine Privatsphäre

1 Klicke oben rechts in der blauen Facebook-Leiste auf den Befehl *Konto* und danach auf *Privatsphäre-Einstellungen*.

2 Der Link *Benutzerdefinierte Einstellungen* unten auf der Seite führt dich zum nächsten Fenster, in dem du die Einstellungen für deine eigenen Veröffentlichungen konfigurierst. Hier stellst du auch ein, welche Inhalte andere über dich veröffentlichen dürfen.

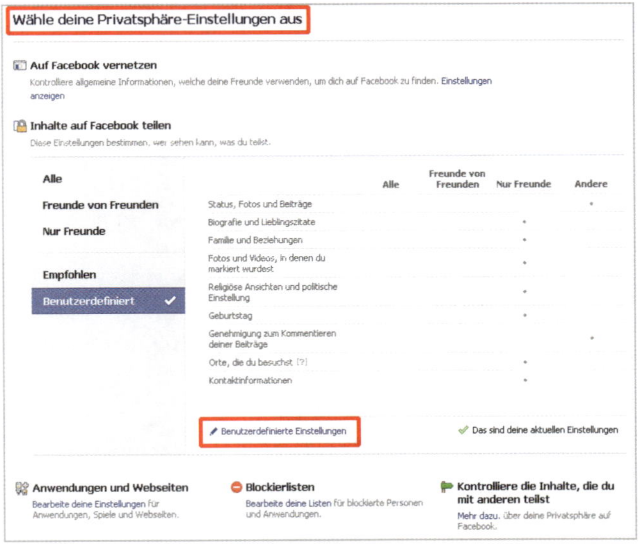

3 Facebook zeigt dir eine Liste an, in der deine aktuellen Einstellungen gespeichert sind. Hier kannst du individuell festlegen, wer Dinge, die du mit anderen Personen teilst, Dinge, die sich an deiner Pinnwand befinden, und Dinge, in denen du markiert wurdest, sehen und kommentieren darf.

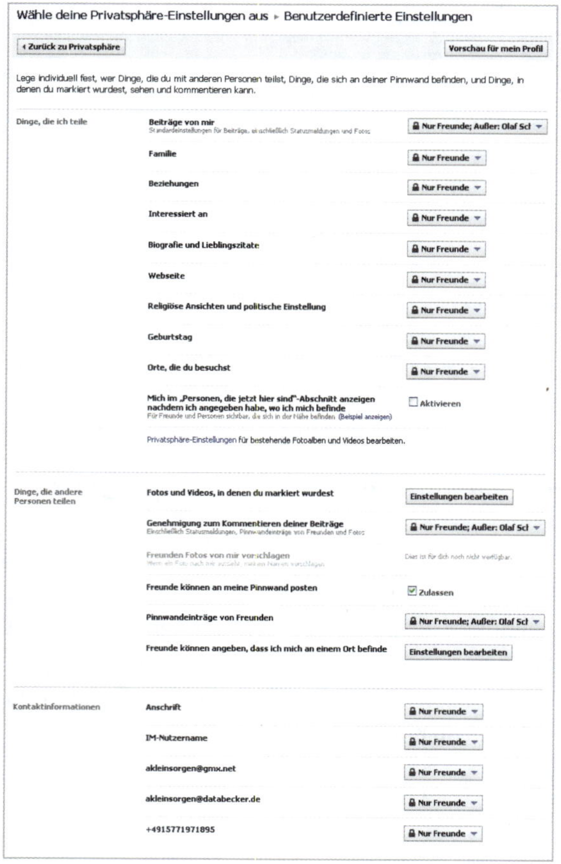

Du kannst deine Einstellungen zur Lesbarkeit auch individuell vor jeder Veröffentlichung von Beiträgen, Fotos oder Videos verändern. Hierzu klickst du vor dem Abschicken deiner Botschaft rechts auf das kleine Schlosssymbol und bestimmst erst jetzt, wer zum erlauchten Empfängerkreis gehört.

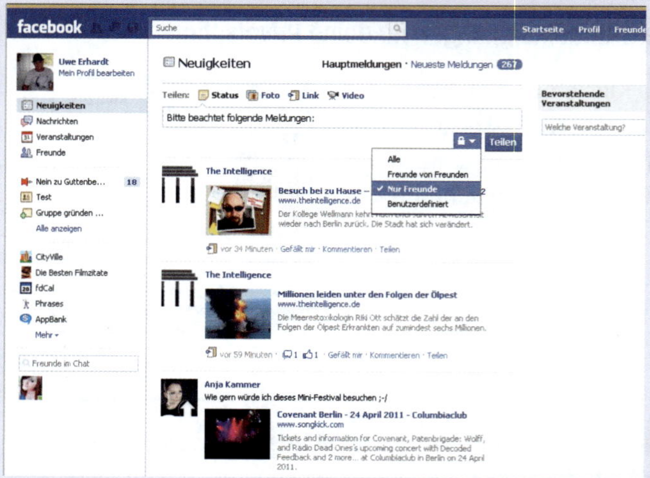

Diese Statusmeldungen erfüllen für mich als Vater auch eine guten Zweck: Ich weiß meistens, wo meine Tochter gerade ist und was sie so macht (wenn Tochter den Papa nicht ausschließt ...).

4 Um deine Beiträge nur für ausgewählte Leute sichtbar zu machen, klicke auf den entsprechenden Button rechts von *Beiträge von mir*. Hier kannst du wählen zwischen *Alle* (was bedeutet, dass dein Beitrag wirklich für alle lesbar ist, sogar außerhalb von Facebook), *Freunde von Freunden*, *Nur Freunde* oder *Benutzerdefiniert*.

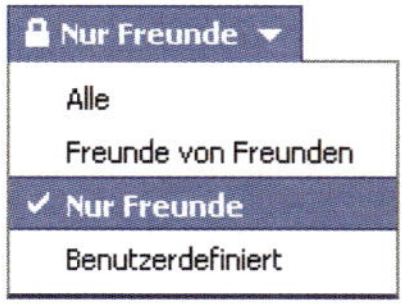

Über die benutzerdefinierte Einstellung kannst du einzelne Personen aus einer Gruppe gezielt davon ausschließen, zum Beispiel Fotos von dir ansehen zu können.

Ein völlig anderer, sehr bemerkenswerter Aspekt sind die verschlüsselten Botschaften. Ja, so etwas gibt es in Facebook wirklich! Sie sollen hier nicht unerwähnt bleiben. Die Webseite *Facebook-secrets.net* hat es sich zur Aufgabe gemacht, sonderbare, scheinbar sinnlose Statusmeldungen genauer zu betrachten und kam dabei zu dem Schluss, dass viele davon verschlüsselte Botschaften sind.

Wer würde schon auf die Idee kommen, dass cm-Angaben die Frauen in Meldungen angeben, ihren Beziehungsstatus bzw. ihre momentane seelische Verfassung verraten? 10 cm = „Ich bin heute verliebt", oder 30 cm = „Lust auf shoppen". Mit Automarken funktioniert das auch: Smart = Single, Toyota = verheiratet. Für jeden Beziehungsstatus das passende Auto. Sehr originell.

Vor einem Jahr ging das durch die Facebook-Welt: Weibliche Facebook-User spielten ein Spiel, das vor allem die Männer verwirrte und zur Frage verleitete: Was soll das? Die Frauen schrieben einfach nur die Farbe ihres BHs in die Statusmeldung, sonst nichts. Begonnen hat diese Bewegung mit einer Kettenmail, die sich die Frauen verschwörerisch gegenseitig weiterleiteten. Über 100.000 Frauen haben sich der Fanseite „Breast Cancer Awareness" angeschlossen. Zu welchem Zweck? Offensichtlich sollte damit das Bewusstsein für die Gefahren des Brustkrebses geschärft werden.

In diesem Jahr haben sich die Frauen ein neues Spiel ausgedacht: „Auf welchen Platz legen wir unsere Handtasche ab, wenn wir nach Hause kommen?“. In der Statusmeldung soll es so formuliert werden: „ich mag es auf …“ Ob wir Männer uns noch mal so verwirren lassen?

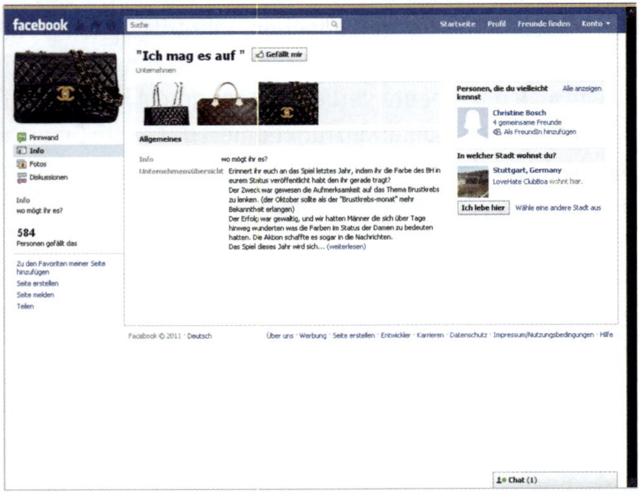

Die „Ich mag es auf“-Fanseite in Facebook. Ein wunderbares Beispiel einer gelungenen Fanseite. Mit diesem Thema beschäftigen wir uns eingehend in Kapitel 5.

Aber auch wir Männer haben unsere geheimen Codes. Und welche Themen haben wir so? Das Wichtigste ist natürlich: Sex (für viele nach Fußball erst das Zweitwichtigste!) Die Automarke verrät die Zufriedenheit mit dem derzeitigen Sexleben: Von Bugatti = sehr zufrieden, bis Golf = unzufrieden. Oje, was mag dann erst mein Peugeot 206 bedeuten?

Das sind nur ein paar Beispiele, die zeigen sollen, wie spielerisch und augenzwinkernd die User mit ihren Statusmeldungen umgehen. Selbstverständlich kannst du auch ganz normale Sätze völlig klar und unverschlüsselt veröffentlichen. Und nicht jede Automarke oder BH-Farbe hat eine geheime Zweitbedeutung. Ein Einfaches „Hallo, wie geht's euch?“ genügt schon, um eine Reaktion hervorzurufen. Im Endeffekt geht es hier um die zwischenmenschliche Kommunikation.

Privatsphäre-Einstellungen optimal einrichten

Nun aber wieder medias res: Wie funktioniert das mit den Sicherheitseinstellungen genau? Der Schutz deiner Privatsphäre sollte ja schließlich oberste Priorität haben. Kehren wir also zurück zu den Privatsphäre-Einstellungen.

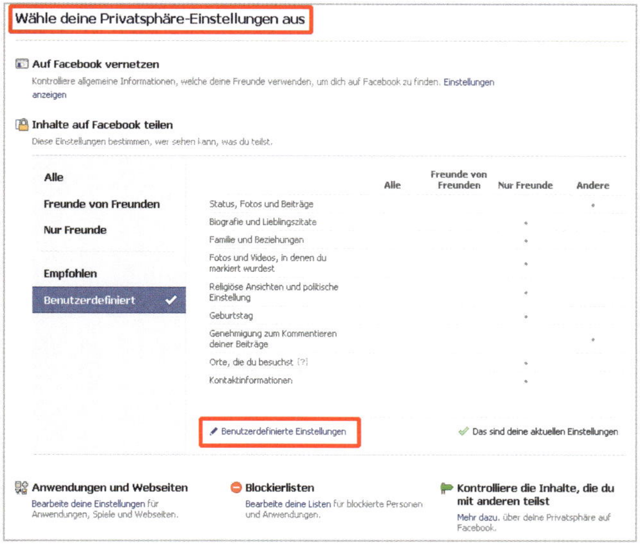

Du erinnerst dich: Die Startseite für die Einstellung deiner Privatsphäre ist immer die „Inhalte auf Facebook teilen"-Seite.

Oben darüber befindet sich ein Link der da heißt: *Auf Facebook vernetzen*. Im Bereich *Inhalte teilen* wird dargestellt, welche Personengruppen in Bezug auf deine unterschiedlichen Aktivitäten in Facebook die Möglichkeit haben, diese zu verfolgen.

Facebook bietet dir die Einstellung *Empfohlen* an. Mit dieser Grundkonfiguration trittst du *sehr* öffentlich auf. Sinnvoll sind die benutzerdefinierten Einstellungen, die du für dich zu jedem Thema individuell einstellen kannst.

Die Bedeutung der unterschiedlichen Einstellungen der vier Kategorien:

1 **Nur Freunde:** Alle deinen veröffentlichten Mitteilungen können nur von deinen Freunden gesehen werden.

2 **Freunde von Freunden:** Auch die Freunde deiner Freunde dürfen sehen, was du zu sagen und zu zeigen hast.

3 **Alle:** Diese Einstellung wählst du, wenn du der Meinung bist, dass die ganze Facebook-Welt (und auch darüber hinaus) unbedingt wissen sollte, was du zu sagen hast.

4 **Benutzerdefiniert:** Möchtest du, dass nur ausgewählte Personen deine mit der Super-8-Kamera gedrehte Komödie sehen oder deine Version der „Ode an die Freude" genießen dürfen, dann ändere die Einstellung auf *Benutzerdefiniert*.

Als kleines Praxisbeispiel zeige ich dir, welche Einstellungen ich vorgenommen habe. Du musst natürlich nicht alles nachmachen, denn wie der Kölner so schön sagt, tickt jeder Jeck anders:

- Beiträge, die ich erstelle, inklusive Statusmeldungen und Fotos sehen nur meine Freunde. Im Moment bin ich noch eher zurückhaltend unterwegs und offenbare mich lieber nur mir bekannten Menschen.
- Meinen *Familienstatus* dürfen auch nur meine Freunde sehen. Wobei ich aus Rücksicht auf meine Familienmitglieder dies auch nur gewissen Personen gestatte. Wie das geht, erkläre ich am Ende meiner Ausführungen.
- Unter *Beziehungen* ist mein Beziehungsstatus gemeint: Verheiratet, Single etc. Von mir aus kann jeder wissen, dass ich verheiratet bin, ich verrate aber nicht mit wem.
- *Interessiert an* soll aussagen, warum ich eigentlich hier bin. Tja, um neue Kontakte zu knüpfen und Gleichgesinnte zu treffen, öffne ich mich für *Alle*.

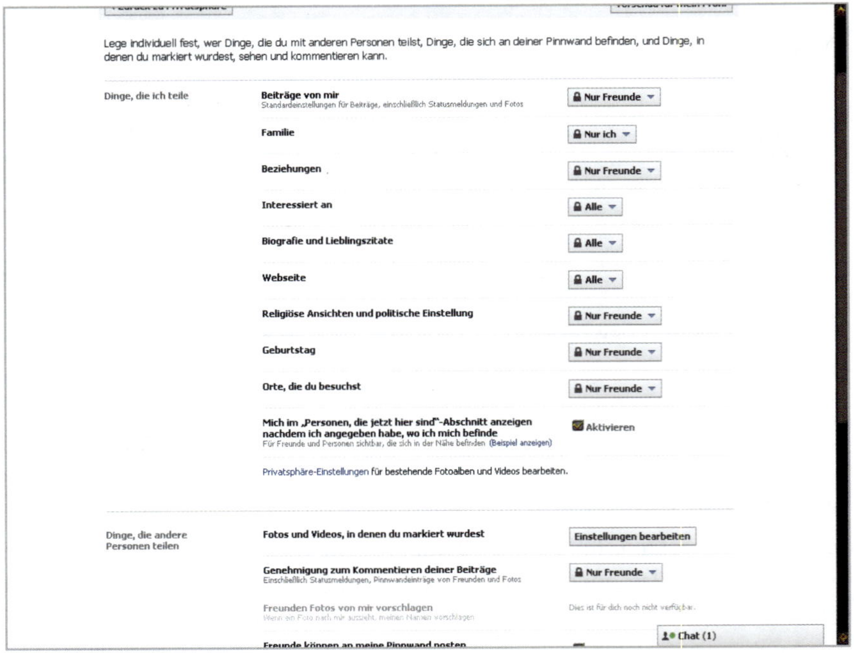

Die benutzerdefinierten Einstellungen erreichst du über die Privatsphäre-Startseite. Ganz unten findest du den entsprechenden Link.

Falls du noch keins hast, lege dir ein Motto zu, nachdem du dein Leben richtest, und mache es zum Symbol deines Auftritts. Wie zum Beispiel: „Leben und leben lassen“. So etwas macht sich immer gut.

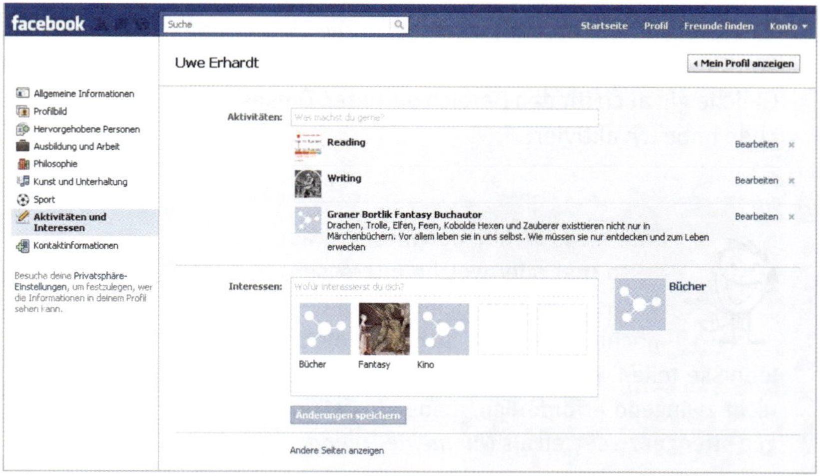

Erläutere deine Arbeit oder deine Hobbys unter Profil bearbeiten *in der Rubrik* Aktivitäten und Interessen*. Das ist insofern sehr wichtig, weil es dich für Außenstehende interessant macht.*

- Meine Biografie und meine Lieblingszitate soll die Öffentlichkeit schon aus oben genannten Gründen kennen.
- Ich bin stolzer Besitzer einer Website. Da ich ein berechtigtes Interesse daran habe, dass so viele Menschen wie möglich mich dort auch besuchen, wähle ich hier ausnahmsweise die Einstellung *Alle*. Nutze die Möglichkeiten bei Facebook: Werbe für deine Website und für deine Aktivitäten, indem du in deinem Profil deine Aktivitäten und Interessen erweiterst.
- Religiöse und politische Einstellung: Vorsicht bei dem, was du hier preisgibst. Bei diesen Themen ist die Toleranz deiner Mitmenschen in der Regel geringer. Deshalb wähle ich hier auch ganz individuelle (benutzerdefinierte) Einstellungen.
- Da sich sowieso nur meine Freunde für meinen Geburtstag interessieren, müssen auch nur die das genaue Datum kennen.
- Die Orte, die ich besuche, möchte ich meinen Freunden schon mitteilen. Schließlich gibt es immer etwas zu berichten und auf besondere Sehenswürdigkeiten

hinzuweisen. Außerdem erleichtert es die Einordnung von Statusmeldungen wie „Ist das schön hier!“. Das Gleiche gilt auch für den Bereich darunter. Dieses Kästchen habe ich aktiviert.

Zwar muss nicht jeder wissen, was du so tust oder welche Interessen du hast. Aber mit deinen Freunden möchtest du doch sicher deine Erlebnisse teilen. Im Grunde genommen ist es nicht zwingend erforderlich, deine Einstellungen strenger zu setzen als *Nur meine Freunde*.

Im nächsten Bereich geht es um die Veröffentlichung meiner Profilfotos. Unter dem Link *Privatsphäre für bestehende Fotoalben und Videos bearbeiten* verbirgt sich nebenstehendes Fenster.

Mein Profilfoto dürfen ruhig *Alle* sehen. Inzwischen habe ich ein wirklichkeitsgetreues Bild meiner selbst eingestellt. Anders sieht es da schon mit den Fotoalben aus. Hier habe ich die Einstellung *Nur meine Freunde* gewählt. Einer der Gründe Mitglied bei Facebook zu werden, war, die Möglichkeiten von Facebook zu nutzen, meinen Freunden und Verwandten schnell und direkt Fotos und Fotoalben zu präsentieren – aber nur ihnen!

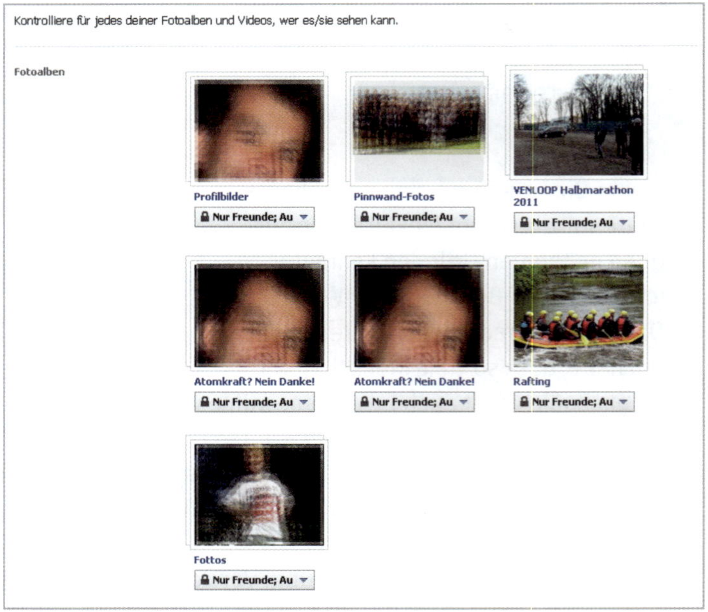

Hier kannst du individuell für dein(e) Profilbild(er), einzelne Fotoalben und Videos festlegen, wer sie ansehen und kommentieren darf.

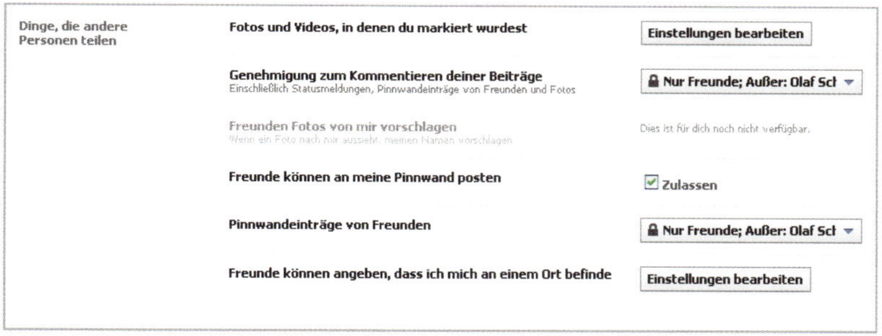

Im mittleren Bereich werden dann die Einstellungen gespeichert, die andere Personen teilen (mitteilen) und mit denen ich irgendwie zu tun habe.

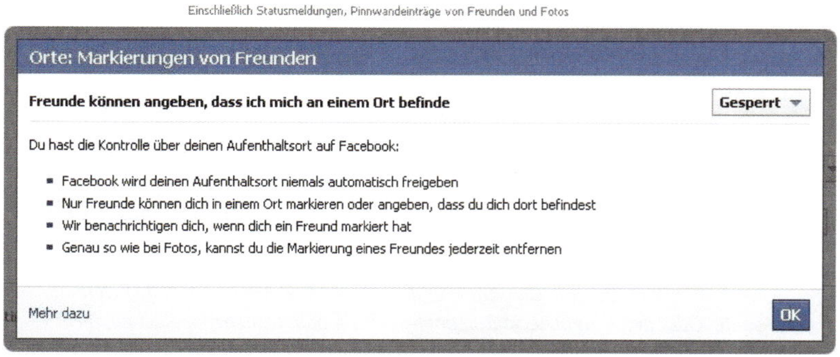

Falls es dir doch mal zu nervig wird, immer wieder deine Facebook-Freunde auf allen Events anzutreffen, die du besuchst, dann mache aus Aktiviert *besser wieder* Gesperrt*.*

- Bei Fotos und Videos, auf denen ich markiert bin, lasse ich diese Option nur bei bestimmten, ausgewählten Personen zu.

- Meine Freunde lasse ich natürlich an meine Pinnwand posten, sonst macht das ja alles keinen Spaß. Was meine Freunde an meine Pinnwand hängen, dürfen deren Freunde wiederum gerne wissen.

- Die Einstellung *Freunde können angeben, dass ich mich an einem Ort befinde* habe ich auch mit einem Klick auf *Einstellungen bearbeiten* im nachfolgend angezeigten Unterfenster von *Gesperrt* auf *Aktiv* geschaltet. Das heißt, wenn jemand nach mir sucht, dürfen meine Freunde ruhig wissen, dass ich mich gerade auf dem AC/DC-Konzert befinde und mir die volle Rockdröhnung gebe. Die sollen ruhig neidisch werden.

Im unteren Drittel sind die Kontaktinformationen hinterlegt. Meine Handynummer gebe ich meinen Freunden selbstverständlich preis. Die *Andere Telefonnummer*, in meinem Fall die Festnetznummer, gebe ich nur an bestimmte Personen heraus, auch wenn sie wahrscheinlich leicht auf anderen Wegen herauszukriegen ist. Schließlich habe ich keine Geheimnummer. Es wäre also nicht weiter schlimm, sie zu veröffentlichen, aber es muss ja nicht sein.

Wie versprochen komme ich jetzt zu den Einstellungen, die man vornehmen muss, um ausgewählten Personen ein paar mehr Rechte einzuräumen als anderen. Am Beispiel der Familie möchte ich das erläutern: Ich klicke also auf das kleine Dreieck neben dem Wort *Freunde* und es klappt ein kleines Fensterchen auf.

Ich setze das Häkchen auf *Benutzerdefiniert* und wieder gehe ich durch ein neues Fenster und klicke dort auf *Bestimmte Personen*. Jetzt gebe ich die Namen der „Privilegierten" ein und ... fertig! Darunter kann ich sogar noch Personen explizit davon aussperren.

Einen IM-Nutzernamen habe ich mir noch nicht zugelegt, also lass ich das einfach so stehen. Meine private E-Mail-Adresse, unter der ich zu erreichen bin, dürfen auch nur bestimmte Personen sehen. IM hat übrigens nichts mit dem Spitzelsystem der DDR zu tun ...

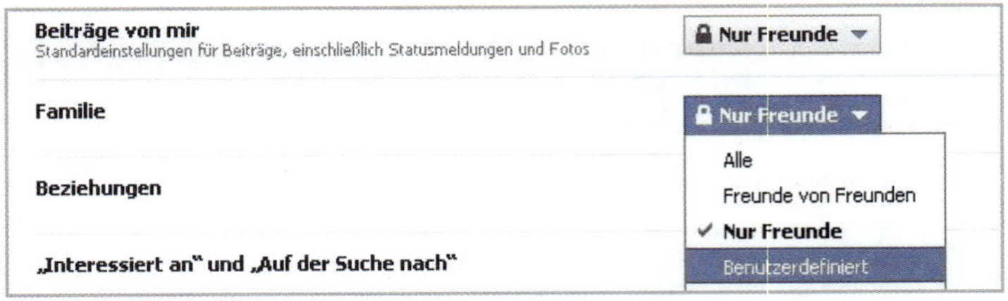

Regel die Einstellungen für jedes einzelne Thema ganz individuell. In einem Netzwerk ist es logisch, dass Beiträge von dir von vielen Menschen gesehen werden sollte. Oder deine Website sollten doch auch ein paar Leutchen besuchen, nicht wahr? Anders wie hier bei der Familie.

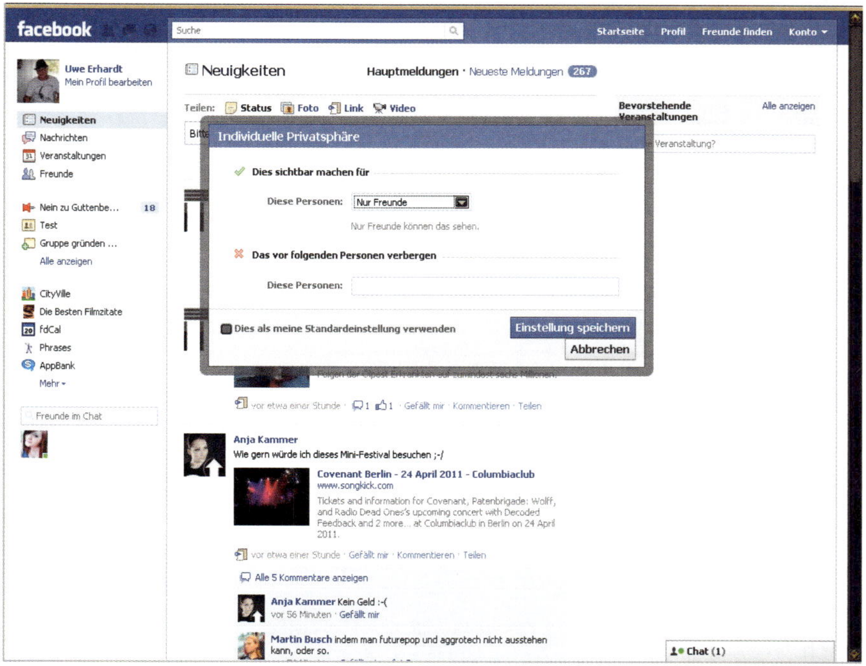

Wenn man sich einmal näher mit der Materie beschäftigt, fällt einem auf, dass sich die Facebook-Gesellschaft zumindest in Deutschland in zwei Lager aufspaltet. Zum einen die, welche sich um Sicherheit und Datenschutz offenbar keine Sorgen machen und relativ gelassen ihre Persönlichkeit ganz offen zum Ausdruck bringen. Dieser Personenkreis setzt sich aus den eher jüngeren Jahrgängen zusammen. Zum anderen gibt es die Gruppe der im Schnitt wahrscheinlich etwas älteren Anwender, die zu viel Offenheit misstraut und nur wenig preisgibt. Ideal wäre eine Mischung aus beidem: Etwas mehr Offenheit und dennoch keine Sorglosigkeit. Zu viel Angst und Vorsicht bremst vermutlich deinen Forscherdrang und bringt dich nicht weiter, wohingegen zu große Sorglosigkeit deine Wachsamkeit unterdrückt und du schnell in einen Abgrund fällst.

Im zweiten Teil der Privatsphäre-Einstellungen geht es darum, wer dein Profil sehen und Kontakt mit dir aufnehmen darf.

Privatsphäre: auf Facebook vernetzen!

Nun zu den Einstellungsmöglichkeiten. Gleich vorab: Facebook lässt dir bei Namen, Geschlecht, Profilbild, Nutzernamen und Netzwerke keine Wahl. Die Muss-Einstellung steht hier bei *Alle*. Begründet wird das damit, dass dein Name und dein Profilbild deinen Freunden helfen, dich zu erkennen. Die Angabe deines Geschlechts hilft Facebook, auf dich zu verweisen. (Zum Beispiel in Sätzen wie *Füge sie als FreundIn hinzu.*) Die Netzwerke sind für alle sichtbar, damit die Mitglieder der Netzwerke sehen können, mit wem sie Informationen teilen werden, bevor sie *Freunde und Netzwerke* für eine ihrer Privatsphäre-Einstellungen auswählen.

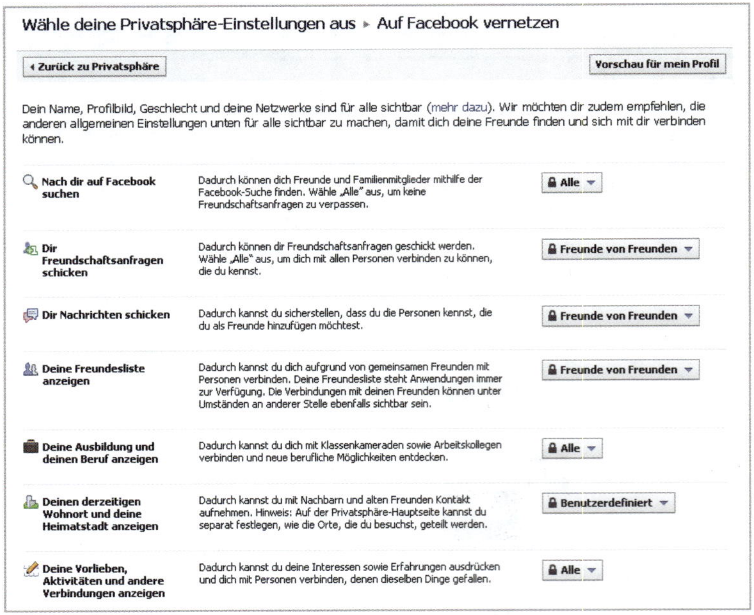

Auf der Seite PRIVATSPHÄRE-EINSTELLUNGEN *klicke ich bei* AUF FACEBOOK VERNETZEN *auf den kleinen Link unterhalb namens* EINSTELLUNGEN ANZEIGEN. *Änderungen der Parameter bewirkst du mit einem Klick auf das Symbol mit dem Schloss.*

- Was die Option *Nach dir auf Facebook suchen* betrifft, bin ich mal recht großzügig und präsentiere mich öffentlich. Solange noch die Möglichkeit besteht, dass alte Schulkameraden, ehemalige Kollegen oder meine im Ausland lebenden Verwandten irgendwo in den Weiten des Facebook-Universums umherschwirren, sollen sie auch die Chance bekommen, mich zu finden. Also erst mal auf *Alle* einstellen.
- Folgerichtig werde ich im nächsten Schritt *Dir Freundschaftsanfragen schicken* genauso verfahren. Schließlich sollen ja meine „Verschollenen" recht schnell auch in meinen Freundeslisten aufgenommen werden. Da-

bei nehme ich das Risiko in Kauf, dass mir wildfremde Menschen Freundschaftsanfragen zukommen lassen. Sollte das tatsächlich überhand nehmen und mich nerven, ändere ich die Einstellung einfach auf *Freunde von Freunden*.

- Anders stellt sich das bei der nächsten Einstellung *Dir Nachrichten schicken* dar. Wenn ich zulasse, dass mir alle möglichen Leute Nachrichten senden dürfen, besteht die Gefahr, dass ich täglich mit Spams zugemüllt werde. Um mich nicht ganz zu verschließen, wähle ich hier *Freunde von Freunden*. Durchaus möglich, dass mir noch unbekannte Menschen, die mit meinen Freunden in Verbindung stehen, Interessantes zu berichten haben. Möglicherweise entstehen so wiederum wertvolle Kontakte und aufrichtige Freundschaften.
- Welche Leute zu meinem Freundeskreis zählen (für den User zu sehen, wenn er auf dein Profil klickt – linker Hand sind deine Freunde aufgelistet), muss auch nicht jeder erfahren. Also verändere ich den Parameter bei *Deine Freundesliste anzeigen* auf *Freunde von Freunden*. Im Zweifelsfall bin ich flexibel und probiere im Laufe der Zeit immer mal wieder eine andere Einstellung aus. Mit der Zeit wird sich zeigen, welche Auswirkungen das hat. Nebenbei bemerkt gilt das für die meisten Einstellungen.
- Unter der Rubrik *Deine Ausbildung und deinen Beruf anzeigen* möchte ich auch nicht übervorsichtig sein und öffne diese Information für *Alle*. Auf diese Weise ermögliche ich es Interessensgruppen, Organisationen, Vereinen und Unternehmen, die für mich als Auftraggeber, Partner, Arbeitgeber etc. von Wert sein können, überhaupt über mein Profil zu stolpern und auf mich zu kommen.
- Beim nächsten Schritt, der Veröffentlichung meines Wohn- und Heimatorts, bin ich auch ganz gelassen und wähle die Einstellung *Freunde von Freunden*. Ich denke nicht dass morgen tausend Menschen vor meiner Haustür stehen werden ...

> Zur Beruhigung: Es ist noch kein Fall bekannt, dass jemand Nachteile davongetragen hätte oder gar eine Bedrohung entstanden wäre, weil er seinen Wohnort in Facebook preisgab.

- Zu guter Letzt nehme ich mir noch die Einstellungen für *Deine Vorlieben, Aktivitäten und andere Verbindungen anzeigen* vor. Die Einstellung *Alle* dürfte im Risiko-Nutzen Verhältnis eher, wie bei Ausbildung und Beruf, in Richtung Nutzen tendieren.

Sinnvoll sind auf jeden Fall folgende Einstellungen:

- **Mach dich möglichst unsichtbar im Netz.** Stelle deine Privatsphäre so ein, dass du nicht über externe Suchmaschinen gefunden werden kannst. Von Facebook-Mitgliedern kannst du trotzdem noch gefunden werden. Kleiner Test: Ego-Googeln und staunen, was durch die Social Networks alles ins öffentliche WWW sickert.
- **Sichtbarkeit von Fotoalben.** Verfahre ebenso mit deinen privaten Fotoalben. Beschränke die Einsicht am besten auf enge Freunde und Familie.
- **Dein Beziehungsstatus.** Ist es unbedingt notwendig, für jeden sichtbar zu machen, ob du noch Single bist oder verheiratet und gar mit wem? Es sei denn, du bist aktiv auf der Suche, oder deine Lebensgefährtin bzw. dein Lebensgefährte besteht darauf.

So präsentiere ich mich der allgemeinen Öffentlichkeit in Facebook. Nichts Anstößiges, nichts Angreifbares. Dennoch aussagekräftig.

Im Prinzip sollten die an meinem persönlichen Beispiel vorgestellten Einstellungen eine relativ sichere Variante darstellen. Aber wie schon gesagt: Beim Ausprobieren werden sich die für dich optimalen Einstellungen schon ergeben.

Zu Anfang des Kapitels habe ich dich auf die Möglichkeit hingewiesen, besonders „lästige" Personen *melden* zu können. An vielen verschiedenen Stellen in Facebook findest du den Link *melden*. Am einfachsten aber geht das über das Profil eines „Gauners". Linker Hand, wenn man

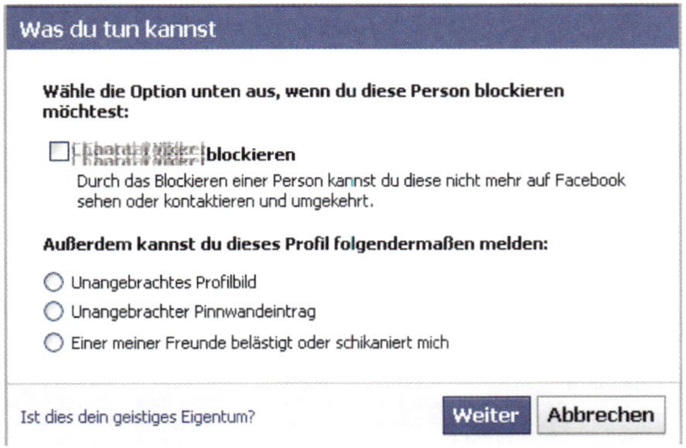
Was du tun kannst

Wähle die Option unten aus, wenn du diese Person blockieren möchtest:

☐ blockieren

Durch das Blockieren einer Person kannst du diese nicht mehr auf Facebook sehen oder kontaktieren und umgekehrt.

Außerdem kannst du dieses Profil folgendermaßen melden:

○ Unangebrachtes Profilbild
○ Unangebrachter Pinnwandeintrag
○ Einer meiner Freunde belästigt oder schikaniert mich

Ist dies dein geistiges Eigentum? Weiter Abbrechen

Unter der Rubrik Ist dies dein geistiges Eigentum *besteht sogar die Möglichkeit, Urheberrechtsverletzungen oder Verletzungen des geistigen Eigentums zu melden.*

ganz nach unten scrollt, direkt unterhalb der Freundesliste findet man den Link *Diese Person melden/blockieren*. Dahinter öffnet sich wieder ein kleines Pop-up-Fenster. Dort hast du die Möglichkeit, deine Beschwerde anzuzeigen.

Vorsicht! Jemanden zu denunzieren, nur weil man ihn nicht leiden kann, sollte man sich verkneifen. Eine unbegründete Denunziation wiegt mindestens so schwer wie bösartiges Stalking.

Digitaler Radiergummi für Privatfotos?

Verbraucherschutzministerin Ilse Aigner (CSU) sorgt sich um die Daten der Bürger im Internet. Als konkreten Beitrag für einen besseren Schutz der Privatsphäre stellte sie im Januar 2011 einen „digitalen Radiergummi" zur Diskussion. Ins Internet hochgeladene Privatfotos sollen mithilfe einer technischen Lösung ein Verfallsdatum bekommen. Damit könnten die Nutzer von Facebook und anderen Diensten „ein Stück weit die Möglichkeit erhalten, wieder mehr Selbstkontrolle zu bekommen".

Mein Konto optimal einrichten

Mit den Privatsphäre-Einstellungen sind aber noch lange nicht alle Möglichkeiten zur Optimierung der Datensicherheit ausgeschöpft. Im vorhergehenden Unterkapitel ging es um die Darstellung deines Online-Ichs nach außen. Die Kontoeinstellungen wirken sich auf deinen „inneren Auftritt“ aus – hier findest du alle administrativen Optionen, die wenig bis keinen Einfluss auf die Privatsphäre-Einstellungen haben, jedoch sehr wichtig für den Informationsfluss und für deine ganz persönlichen Grundeinstellungen sind. Du erstellst die Parameter deiner Grundeinstellungen, Netzwerke (Arbeitgeber, Schule, Verein etc.), Benachrichtigungen (Handy, Sprache, Zahlungen – ja auch das gibt es) und Facebook-Werbeanzeigen.

Die Voreinstellungen sind ganz im Interesse von Facebook angelegt. Das ist nur legitim und kein Grund für Vorwürfe. Die Kontrolle über unser virtuelles Leben sollten wir aber schon behalten, deswegen optimieren wir unser Konto ganz auf unsere speziellen Bedürfnisse, die selbstverständlich beim jedem User anders aussehen können. Meine kleine Anleitung soll dir nur eine Hilfe sein.

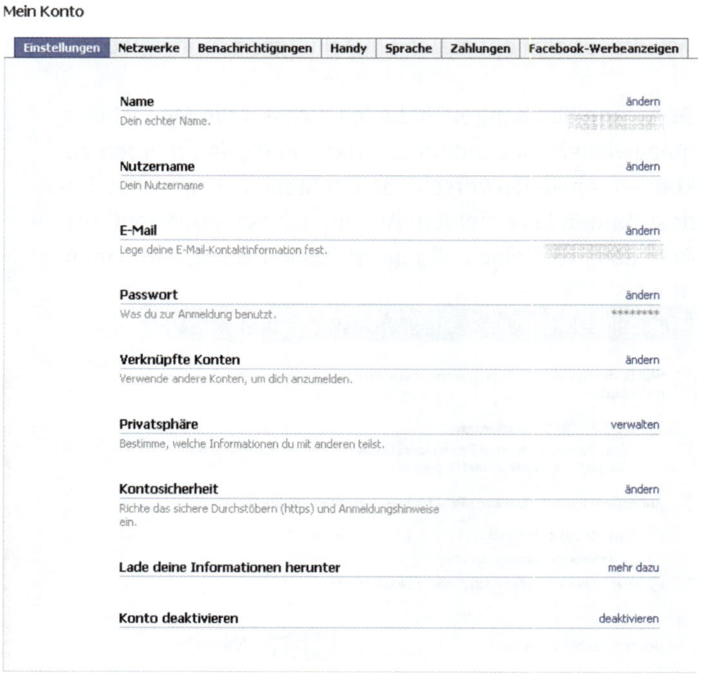

Unter dem Menüpunkt Konto *klickst du auf* Kontoeinstellungen*. Zunächst öffnet sich diese Seite.*

Mein Konto auf meine Bedürfnisse einstellen

Unter *Einstellungen* wie im Bild gezeigt, versteht Facebook deine persönlichen Sicherheitsgrundeinstellungen. Alle Einstellungen, die das Thema Sicherheit und Datenschutz betreffen, sind mit besonderer Aufmerksamkeit zu behandeln.

Die Seite, mit der wir uns jetzt beschäftigen, stellt sozusagen das Herzstück deines Profils und deiner Facebook-Existenz dar. Die Seiten deiner Kontoeinstellungen inklusive der Privatsphäre-Einstellungen solltest du wie die Geheimdossiers von James Bond behandeln: „For your eyes only“. Niemand außer dir sollte Einblick in diesen Bereich bekommen. Verrate auch keine Einzelheiten daraus.

Im gleichen Maße wie Facebook und andere Social Networks gewachsen sind, wuchs auch die Anzahl der Presseberichte, Kommentare und gut gemeinten Ratschläge über die Gefahren des Datenmissbrauchs im Internet. Solange du deinen gesunden Menschenverstand benutzt, trägst du den bestmöglichen Schutz in dir selbst. Alles Weitere ist eine Frage deiner Kontoeinstellungen, auf die ich jetzt näher eingehen werde.

Der Name, den du dir ganz am Anfang bei der Registrierung gegeben hast, ist jederzeit veränderbar. Durch Heirat, Scheidung oder sonstige Veränderungen oder weil du Bedenken bekommen hast, wirklich deinen Echtnamen zu verwenden. Wie auch immer: Ändere deinen öffentlichen Namen bei Bedarf einfach um in was auch immer du willst.

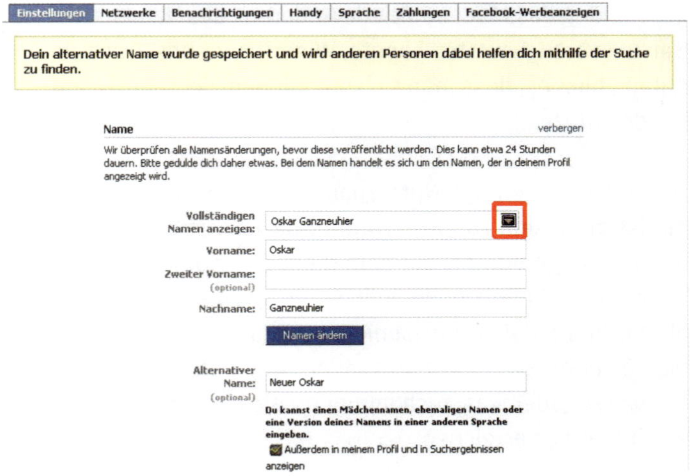

Auch möglich: Einen Alternativnamen angeben. Zum Beispiel einen Spitznamen aus der Vergangenheit. Damit könntest du womöglich besser gefunden werden.

Unter dem Häkchen neben dem Namen verbirgt sich die Einstellung, wie man seinen Namen öffentlich anzugeben gedenkt. In einigen asiatischen Kulturkreisen steht der Nachname an erster Stelle. Für diese Menschen ist das möglicherweise besonders wichtig.

Der Hinweis, dass die Überprüfung der Änderung bis zu 24 Stunden dauern kann, ist wahrscheinlich dem Umstand geschuldet, dass Facebook jede Änderung des Namens als Betrugsversuch werten könnte. Wir erinnern uns: Ganz zu Anfang hieß es, dass man sich nur mit dem Echtnamen anmelden dürfe.

Aktion gegen Einführung von Nutzernamen

Im Juni 2009 gründete sich auf Facebook eine Gruppe mit dem Namen „Gegen die Einführung von Nutzernamen auf Facebook", die es sich zum Ziel gemacht hatte, auf die Nachteile dieser IM-Nutzername-Verwendung hinzuweisen. Viel Erfolg war der Aktion nicht beschieden. Denn kurz darauf führte Facebook diese Form der Namensgebung ein. Nachteile entstanden für die User offenkundig aber keine. An diesem Beispiel zeigt sich, dass man gerade in Facebook offen seine Meinung vertreten und sogar Aktionsbündnisse schließen kann, und zwar ganz ungestört.

Die Einstellungen zum Nutzernamen. Die Bezeichnung Name ist in diesem Fall irreführend, da es sich mitnichten um den Namen dreht, mit dem du in Facebook auftrittst. Vielmehr verändert es lediglich dein www.-Adressenprofil. Das heißt, dein Profil ist nicht mehr unter dem Profilnamen *facebook.com/profile*, sondern unter *facebook.com/oganzneu* (oder was auch immer du als Nutzernamen gewählt hast) zu erreichen.

Den hinterlegten E-Mail-Account zu ändern kann schon eher vonnöten sein. Nämlich dann, wenn man die alte Adresse zerschossen hat. Mir passiert das ständig. Ein anderer Grund könnte sein, dass du vielleicht doch zu unvorsichtig bei der Offenlegung deiner E-Mail-Daten gewesen bist und jetzt mit Spam und anderen Belästigungsmails bombardiert wirst. Und so geht's: Im Kästchen *Neue Kontakt – E-Mailadresse* trage ich die neue Adresse ein, bestätige diese Aktion im darauf folgenden Fenster mit meinem Facebook-Passwort.

Passwort ist gleichzeitig auch das Stichwort für den nächsten Unterbefehl im Modus *Einstellungen*. Das Ändern verläuft genau so, wie man es auch von anderen Websites gewohnt ist: Im oberen Feld wird das aktuelle Passwort eingegeben, im mittleren Feld das neue und zur Bestätigung im untersten Feld noch einmal das neue Passwort.

Die nun folgende Einstellungsvariante war für mich auf den ersten Blick schleierhaft. Denn warum sollte man eine Verknüpfung von anderen Netzwerken zu Facebook herstellen? Ich kann schon nachvollziehen, dass viele Leute in unterschiedlichen Netzwerken unterwegs sind, wie z. B. Xing, Google, Yahoo, MySpace undwasweißichnochalles. Aber muss man da gleich von einem zum anderen eine direkte Verbindung aufbauen? Die Antwort ist einfach und in diesem Falle irgendwie logisch: Bequemlichkeit! Sich mit nur einem Login im gesamten Netz anzumelden. Das heißt also, wenn ich z. B. ein Google-Konto besitze, kann ich diese Google-Identität mittels *Verknüpfte Konten* direkt auf mein Facebook-Konto beziehen.

Ich klicke auf *ändern*, es klappt eine kleine Liste auf, in der ich den gewünschten Dienst auswähle, in meinem Falle also Google. Ein Pop-up-Fenster öffnet sich, in dem ich aufgefordert werde, mein Facebook-Passwort einzugeben. Danach auf *weiter* klicken und die Anmeldemaske für das Google-Profil erscheint. Um jetzt dieses Konto mit meinem Facebook-Konto zu verknüpfen, muss ich das in meinem Google-Konto zulassen, und schon werde ich beim nächsten Login in Google gleichzeitig auch in Facebook eingeloggt sein.

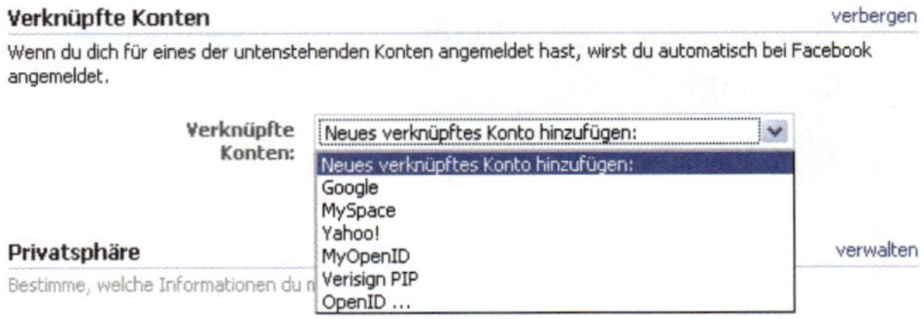

Open-ID bedeutet eine Verknüpfung zu einer beliebigen Website, sofern diese gültig und nur mit einem Login-Passwort zu nutzen ist.

Die Sicherheitsfrage soll dich im Zweifelsfall als den wahren Inhaber deines Profils identifizieren. Man kennt das ja auch von anderen Websites. Hast du dein Passwort vergessen, musst du ein neues beantragen. Damit Facebook auch sicher sein kann, dass du der legitime Besitzer dieses Profils bist, solltest du in dieser Einstellung eine der vorgegebenen Fragen verwenden, die auch nur du beantworten kannst. Gib unten die Antwort ein und speichere es mit *Sicherheitsfrage ändern*.

Eine, wie ich meine, sehr sinnvolle und wichtige Option ist die Kontosicherheit. Diese solltest du auf jeden Fall aktivieren. Sollte von einem anderen Rechner oder einem iPhone jemand versuchen, sich über deine Anmeldedaten einzuloggen, bekommst du per SMS oder Mail eine Nachricht von Facebook über diese Dreistigkeit. Allerdings erhältst du die auch, wenn du dich selbst irgendwo von außerhalb einloggst.

Die Anmeldebenachrichtigung auf AN stellen und SPEICHERN. Die Angaben darunter beziehen sich auf den vermuteten Standort deines Rechners zu Hause.

Eine Option, die näher betrachtet werden will: *Lade Deine Informationen herunter.* Was bedeutet das? Facebook bietet dir an, eine Kopie aller deiner Informationen herunterzuladen, sozusagen als Sicherungsdatei auf deinem Rechner. Diese Kopie beinhaltet Fotos und Videos, Pinnwandeinträge, deine Nachrichten und Freundeslisten sowie alle anderen Inhalte, die du in deinem Profil geteilt hast. Das macht sicher Sinn, wenn du schon eine ordentliche Menge an Daten gesammelt hast. In einem komprimierten Zip-Ordner kannst du bequem und einfach in deinen Daten stöbern und jederzeit darauf zugreifen:

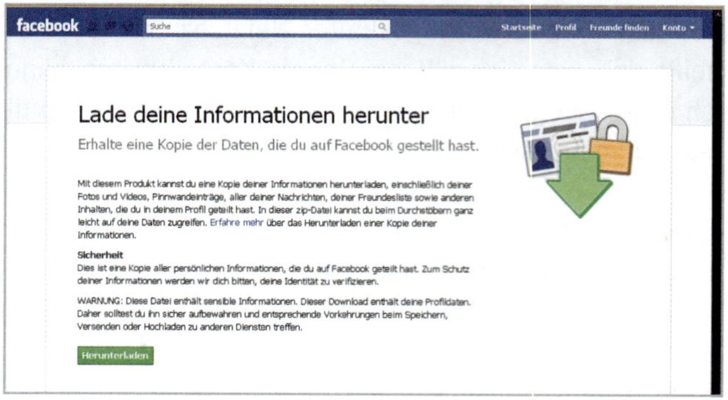

Bedenke, dass es sich um eine Kopie handelt, in der auch alle sensiblen Daten untergebracht sind, wie z. B. deine Profildaten.

Facebook-Konto deaktivieren

Zu guter Letzt noch ein Wort zu *Konto deaktivieren*. Nach dem Anklicken wirst du reflexartig mit der wohl unvermeidlichen Frage konfrontiert, ob du dir auch ganz sicher bist. Um dir den Ausstieg zu erschweren, zeigt Facebook dir eine Auswahl deiner Freunde, die dich bestimmt vermissen werden.

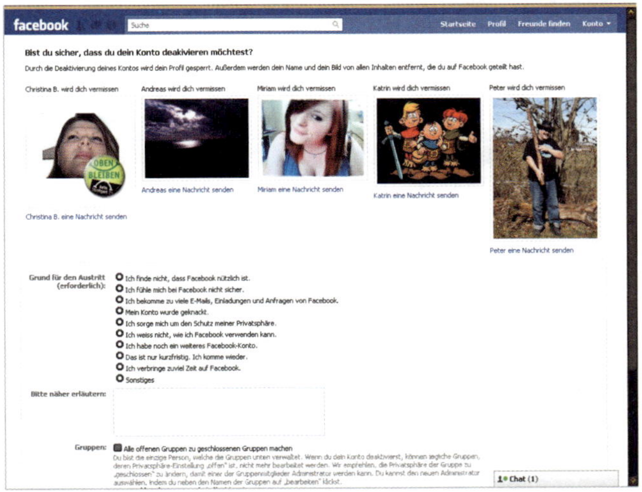

Facebook versucht, den Abschied schwer zu machen, indem dir deine Freunde präsentiert werden, die dich bestimmt unheimlich vermissen.

Alles halb so schlimm. Denn richtig aussteigen kannst du über diese Option ohnehin nicht. Dein Profil wird nicht gelöscht, sondern einfach nur stillgelegt. Du kannst jederzeit wieder zurückkommen, dich einfach wie gehabt auf der Willkommensseite einloggen, und es ist so, als wärst du nie fort gewesen.

Die Deaktivierung musst du allerdings auch begründen, sonst lässt man dich nicht gehen. Gib irgendetwas an, im Zweifelsfall eben *Sonstiges* ohne Begründung. Nicht vergessen solltest du auch, die Mails abzubestellen. Sonst wirst du immer wieder Mails bekommen, die dich zur Wiederanmeldung überreden wollen. Mit einem Klick auf *Bestätigen* deaktivierst du dein Konto.

Allgemein wird angenommen dass es keine Möglichkeit gibt, sein Konto endgültig zu löschen. Im Prinzip stimmt das, weil Facebook das zumindest nicht öffentlich anbietet. Aber ein Umweg, den du unter dem Reiter *Konto* und im Hilfebereich findest, macht's möglich. So geht's Schritt für Schritt:

1 Gehe in den Hilfebereich: Aktuell wird diese Frage gleich rechts oben unter der Rubrik *Häufigste Fragen* angeboten. Wenn nicht, dann gib einfach die Frage ein „Wie lösche ich mein Konto?“.

2 Ganz unter auf der Seite steht ein Absatz, beginnend mit *Falls du meinst, dass du Facebook nicht mehr verwenden möchtest* und endet mit einem Link der heißt: *Klick hier, um deine Anfrage zu senden*“

3 Danach erreichst du das eigentliche Formular zur endgültigen Löschung. Jetzt aber nicht aus Spaß mal einfach draufklicken, dann bist du weg!

Niemals geht man so ganz

Der endgültige Abschied? Selbst wer tatsächlich stirbt, ist noch lange nicht verschwunden. Für die Opfer der Love Parade gibt es ebenso eine Gedenkseite wie zum Beispiel für den Anfang 2011 verstorbenen Peter Alexander.

So ganz endgültig ist der Abschied aber nicht. Mindestens 14 Tage wirst du als „Profilleiche“ aufgebahrt. Vielleicht bist du ja noch gar nicht tot? Springst plötzlich wieder auf, um all deine trauernden Facebook-Freunde zu erschrecken, indem du sie anstupst. Nach diesen 14 Tagen ist aber endgültig Schluss. Dann ist dein Profil vermodert und verwest. Das behauptet jedenfalls Facebook. Deine Daten sind nun endgültig weg.

Über den nächsten Reiter namens *Netzwerke* bietet Facebook dir einen Zugang zum Beitritt in Netzwerke. Dieses Thema wird ausführlich in Kapitel 5 behandelt: Facebook-Teamwork ist alles.

Benachrichtigungen einstellen

In der nächsten Einstellung *Benachrichtigungen* geht es darum, in welchen Fällen und auf welche Weise – Mail oder Handy – du optional benachrichtigt werden willst, wenn Neuigkeiten anstehen. Du kannst davon ausgehen, dass dein Handy und/oder dein Postfach ganz schön zu tun bekommen, wenn du hier nicht aufpasst. Die Einstellungsmöglichkeiten in diesem Abschnitt sind rekordverdächtig. Ich habe insgesamt 63 Varianten gezählt! Diese müssen wir jetzt aber nicht alle einzeln durchgehen, da sie relativ selbsterklärend sind.

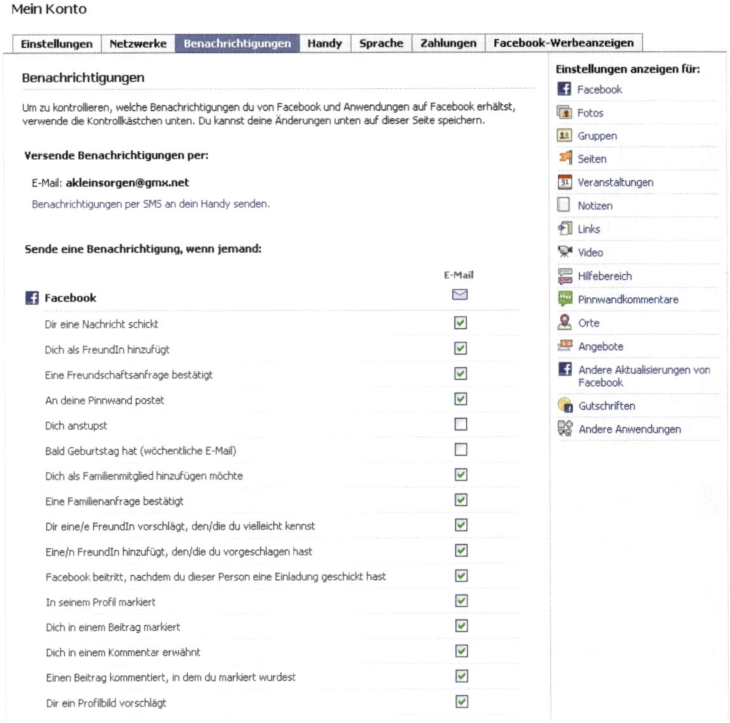

Voreingestellt sind von Haus aus alle Optionen. Entferne die Häkchen mit einem Klick auf die Kästchen hinter den Themen, zu denen du keine gesonderte Benachrichtigung wünschst.

Ich kann dir sechs Entscheidungshilfen für die Wahl der optimalen Benachrichtigungs-Einstellungen mit auf den Weg geben:

1 Viel Freund, viel Mail. Wenn du über sehr viele Kontakte verfügst, wirst du auch sehr viele Benachrichtigungsmails erhalten. Über alles, was deine Freunde in Facebook tun, über jede Meldung, jedes neue eingestellte Foto oder Video und wirklich über jede Bewegung wirst du informiert.

2 Hast du Zeit genug? Dein eigenes Zeitkontingent könnte damit erheblich strapaziert werden.

3 Welchen Nutzen bringt dir das? Ein Nutzen könnte sein, wirklich nichts mehr zu verpassen.

4 Willst du permanent erreichbar sein? Wenn du die Einstellungen zur Benachrichtigung auf deinen E-Mail-Account beschränkst, hält sich das in Grenzen.

5 Bist du es gewohnt, sehr viele Mails zu erhalten? Du musst je nach Aktivität deiner Freunde mit einer Unzahl von Facebook-E-Mails rechnen.

6 Interessierst dich wirklich jede noch so kleine Aktion auf Facebook? Wenn es dir genügt, Neuigkeiten erst nach Einloggen in Facebook zu erfahren, sind die Benachrichtigungseinstellungen für dich überflüssig.

Diese Einstellungen sind nicht datenschutzrelevant, da es sich hierbei nur um die Frage handelt, in welchem Maße du dich von Facebook belästigen lassen möchtest. Den Klick auf *Änderungen speichern* am Ende der Seite nicht vergessen, sonst war alles für die Katz.

Facebook-Nutzung per Handy

Klicke auf *Registriere dich für Facebook-SMS*, danach wählst du den Mobilfunkanbieter (aktuell ist nur O2 möglich) und klickst auf *Weiter*.

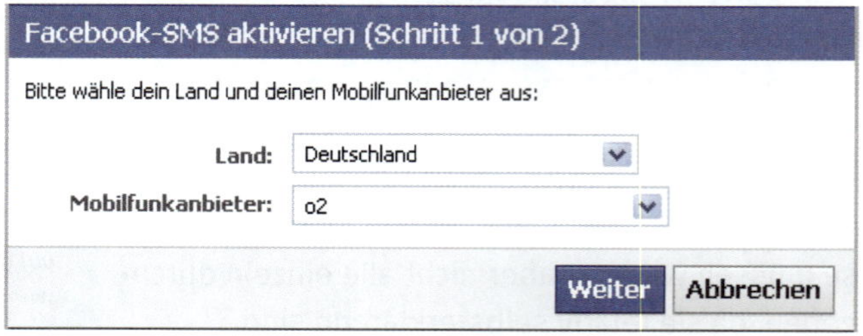

Danach wirst du aufgefordert eine SMS mit dem Buchstaben „F“ an 2665 zu senden. Nach ein paar Sekunden bekommst du per SMS einen Bestätigungscode, den du hier eingibst:

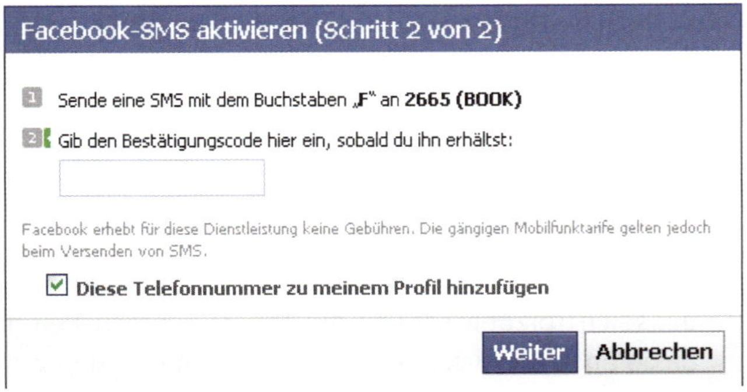

Über einen relativ unauffälligen Link oben rechts *Zu Facebook-Handy* gelangst du auf eine erst vor Kurzem erstellte Website zum Thema Facebook-Nutzung per Handy. Lade dir zum Beispiel tolle, interaktive Anwendungen für dein Handy herunter, nutze dein Smartphone für Facebook-Chats, finde mobil lokale Angebote oder verbinde dich mit Freunden, die sich in der Nähe befinden.

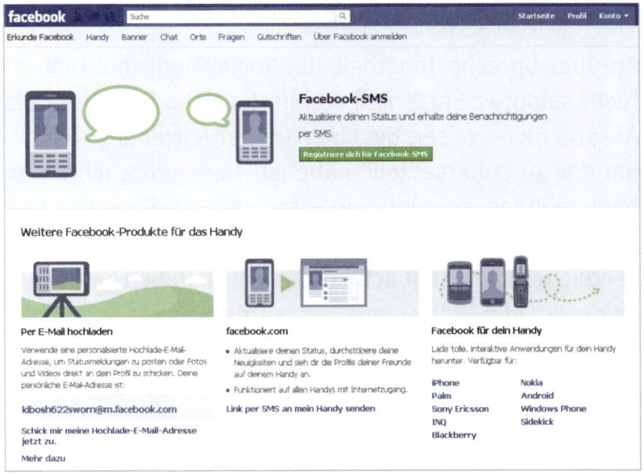

Die Facebook-Handy-Seite erreichst du auch direkt über deinen Webbrowser: http://de-de.facebook.com/mobile.

Im Bereich *Sprache* sollte eigentlich *Deutsch* eingestellt sein. Solltest du es aber vielleicht aufgrund eines Auslandsaufenthaltes für sinnvoll erachten, die Sprache umzustellen, so kannst du das hier tun. Außerdem kannst du von hier aus Freunde einladen, die Facebook in einer anderen Sprache nutzen werden.

Sprachstil in Social Networks

Apropos Sprache. Innerhalb der Social Media hat sich ein recht salopper Sprachstil etabliert. „Hallo Tweeties" als Ansprache für Leser, die einer Twitter-Mitteilung folgen – um das zu „übersetzen" habe ich Tage gebraucht. Man benutzt kurze, sehr knappe Sätze, was der Form und Länge der Statusmeldungen geschuldet ist. Vor allem bei Jugendlichen ist zu beobachten, dass Buchstaben gerne weggelassen oder Wörter verkürzt werden, wie zum Beispiel „gudr" (= guter) oder „ham" (= haben). Kurzzeichen und eine sehr vertrauliche Ansprache gehören ebenso zu den Markenzeichen der „Web-2.0-Kommunikation".

Ich gebe zu, ich musste mich erst an die Distanzlosigkeit gewöhnen, an den flapsigen Stil und die vertrauliche Nähe, die diese Sprache mit sich bringen. Mit der Zeit verstand ich aber, dass es durchaus sinnvoll ist, kurze und knappe Formulierungen zu verwenden, um in komprimiertester Form so viele Informationen wie nur möglich mit nur einer Botschaft zu vermitteln. An die Ansprache „Tweeties" habe ich mich allerdings noch nicht gewöhnen können (hat ja auch nichts mit Facebook zu tun). Zu Missverständnissen kann es kommen, wenn, wie es in Facebook nun mal üblich ist und sein sollte, Menschen mit unterschiedlichen kulturellen Hintergründen und Einstellungen aufeinander treffen und sich nicht verstehen, obwohl sie dieselbe Sprache sprechen.

Sprachlicher und sozialer Umgang auf Facebook

Deshalb hier ein paar praktische Tipps für den richtigen Umgang mit deinen Facebook-Mitmenschen:

- Der Smalltalk auf Facebook ist emotional. Wer reine Sachlichkeit und tiefgründige Analysen sucht, der ist hier sicher fehl am Platze. Das schließt aber nicht aus, dass sich trotzdem seriöse, auf hoher Gesprächskultur basierende Diskussionen entwickeln können. Auch ein Professor für Linguistik findet hier sicher genug Futter für seinen nächsten Vortrag.
- Wut und Ärger raus lassen. Nirgendwo sonst kannst du deinem Ärger besser Luft verschaffen, deine Wut leichter kompensieren und dich lauter über Dinge beklagen, die du so richtig doof findest, als in Facebook. Du wirst auf jeden Fall Zustimmung erhalten. Schon allein deshalb, weil es keinen *Gefällt mir nicht*-Button gibt
- Facebook ist deine Party, deine ganz persönliche Plattform. Du triffst deine Freunde, sprichst deine eigene

Sprache mit ihnen, engagierst dich für Vereine, freundest dich sogar mit Firmen oder Marken an. Du beteiligst dich an Fachdiskussionen, aber der wahre Spaß, die große Party geht dort ab, wo die Massen sitzen. Schreib einfach drauf los, was dir einfällt und wie es dir gefällt. Niemand wird dich verbessern.

- Lauf nicht einfach davon, wenn dich jemand anschreit oder anpöbelt. Schrei mit, aber werde nicht beleidigend. Oder versuche, dein Gegenüber sprachlich zu verwirren, zum Beispiel mit seltsamen Sätzen wie „Hey Man, all gd, odr wa?“ Seine mögliche Antwort: „Häh?“. Oder „Rofl, der Noob hat Lol gesagt“ (Okay, ich gestehe, das ist SMS-Sprache, habe ich aber auch schon auf Facebook gesehen). Wie auch immer. Stell dich jeder Diskussion.
- Sperre oder blockiere nicht sofort. Auch wenn mal einer wüstes Zeug an deine Pinnwand sprayt. Stehe darüber und antworte mit einem geschliffenen Satz auf *seiner* Pinnwand. „Mit Verlaub, das war Scheiße“ oder Ähnliches. Möglich auch: „Der Apfel sprachlicher Perfektion fällt bei manchen weit vom dynastischen Baum“. Das versteht keine Sau, aber zugeben will das natürlich auch keiner.

Auf der anderen Seite solltest du zu dem stehen, was du geschrieben hast, auch wenn du dafür niedergemacht und niedergeschrien wirst. Auch das gehört zur Party.

SMS vom Papst an die Weltjugend

Die SMS-Kurzmitteilungen, die Papst Benedikt XVI. im Jahre 2008 an die Weltjugendtags-Pilger verschickte, beeindrucken mit Handy-typischer Kurzsprache. Die Botschaft, die die Jugendlichen am 18.07.2008 auf ihrem Mobiltelefon vorfanden, lautete: „The Spirit impels us 4ward 2wards others. The fire of his love makes us missionaries of God's charity. C U to-morrow nite! BXVI!“. Das heißt auf Deutsch etwa: „Der Heilige Geist bringt uns einander immer näher. Das Feuer seiner Liebe macht uns zu Botschaftern seiner Barmherzigkeit. Bis morgen Abend! B16!“

Zahlungen? Ist Facebook nicht umsonst?

Gehen wir weiter zum vorletzten Reiter: *Zahlungen*. Ganz zu Anfang ging ich schon mal kurz darauf ein: Facebook ist zwar kostenlos und „will es auch bleiben“, aber die eine oder andere Anwendung hat ihren Preis.

Facebook ist doch gratis, oder nicht? Im Prinzip stimmt das auch, aber Unternehmer, die Werbeanzeigen schalten, und Spieler, die besondere Wünsche haben, müssen dafür berappen.

Dies ist eines der vielen (durchaus noch ausbaufähigen) Finanzierungskonzepte von Facebook. Auf der anderen Seite musst du als Mitglied für manche Anwendungen und Spiele bezahlen. Unter dem Reiter *Zahlungen* werden die entsprechenden Konfigurationen vorgenommen. Über den Link *Verwalten* im Bereich *Zahlungsmethoden* füllst du das Formular aus und bestätigst mit *Speichern*.

Facebook akzeptiert zwar nicht jede Karte, aber die in Deutschland gängigen Kreditkarten müssten eigentlich angenommen werden.

Die Facebook-Währung sind Gutschriften

Das interne Zahlungsmittel bei Facebook sind sogenannte Gutschriften. Über diese kannst du Gegenstände einkaufen oder Spiele bezahlen. Klick auf *mehr kaufen*, und ein Pop-up-Fenster öffnet sich. Dort wählst du die gewünschte Zahlungsmethode aus.

Im nächsten Schritt ist es notwendig, die Währung umzustellen. Facebook hat als US-amerikanisches Unternehmen die Voreinstellung *Dollar* gespeichert. Danach entscheidest du, wie viele Gutschriften du einkaufen möchtest. Je mehr du einkaufst, desto größer dein Rabatt. Das Ganze erweckt den Eindruck von Spielgeld in einem Casino. Es ist schon richtig, wenn du es auch so betrachtest.

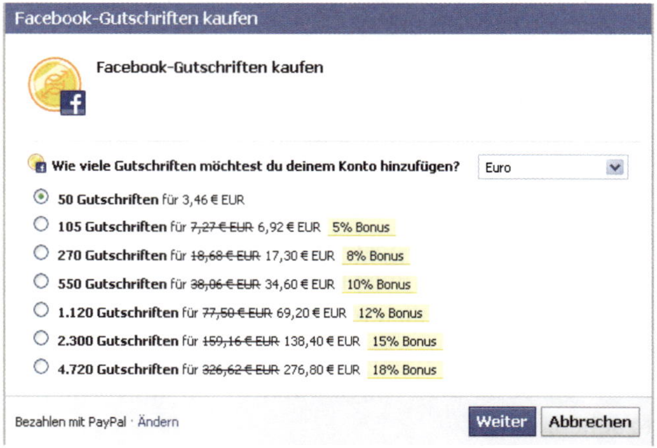

Die Preisspanne reicht aktuell von 3,46 EUR für 50 Gutschriften bis hin zu stolzen 276,80 EUR für 4.720 Gutschriften.

Je nachdem welche Zahlungsmethode du gewählt hast, öffnet sich ein neues Browserfenster mit höherer Verbindungssicherheit (z. B. im Falle von PayPal). Falls du dort schon ein Konto hast, logge dich ein, und du landest an der Stelle, von der aus du Zahlungen vornimmst. Hast du noch kein solches Konto, kannst du hier eins eröffnen. Ganz genauso verläuft das auch bei anderen Zahlungsmodalitäten.

Insgesamt hast du die Wahl zwischen acht verschiedenen Zahlungsmöglichkeiten, darunter auch per Handy. Eine sehr bequeme Möglichkeit, denn hier wird der Betrag einfach über die Rechnung deines Mobilfunkbetreibers abgebucht.

Wenn du Facebook-Gutschriften während der Nutzung einer Anwendung (zum Beispiel eines Spiels) erworben hast, hast du wahrscheinlich einige dieser Gutschriften zum Kauf eines Gegenstands verwendet. Sollte dies der Fall sein, kannst du die übrigen Gutschriften in deinem Konto sehen.

Das folgende Beispiel verdeutlicht diesen Fall: Ein Nutzer möchte in der Anwendung HAPPY ISLAND eine PREMIUM ISLAND für 149 Facebook-Gutschriften kaufen, verfügt aber derzeit über keine Gutschriften. Der Nutzer wird zum Kauf von 200 Facebook-Gutschriften aufgefordert. Nach dem erfolgreichen Kauf der PREMIUM ISLAND werden die übrigen 51 Facebook-Gutschriften dem Kontostand des Nutzers hinzugefügt.

Wenn du in dem beliebten Gratis-Spiel HAPPY ISLAND eine Premium-Insel erwerben möchtest, werden dafür 149 Gutschriften fällig, was (je nach Bonus) knapp zehn Euro entspricht.

Der Nutzer kann die verbliebenen Facebook-Gutschriften auf dem *Zahlungen*-Reiter seines Kontos einsehen und sie für zukünftige Einkäufe verwenden.

Der letzte Reiter innerhalb des Themas *Kontoeinstellungen* ist der Button für die Facebook-Werbeanzeigen.

Seit 29. März 2011 verwendet Facebook die Profilfotos der Mitglieder in Werbeanzeigen. Das ist völlig legal und findet sich im „Kleingedruckten“ bei der Registrierung. Um dies zu unterbinden, gehst du folgendermaßen vor:

Gehe auf *Konto/Kontoeinstellungen*, dann auf die Seite der Facebook-Werbeanzeigen (siehe Bild oben). In beiden Fällen, also bei Einstellungen für Werbeanzeigen von Drittanbietern bearbeiten und bei *Einstellungen für soziale Werbeanzeigen bearbeiten* klicke auf *Niemand.*

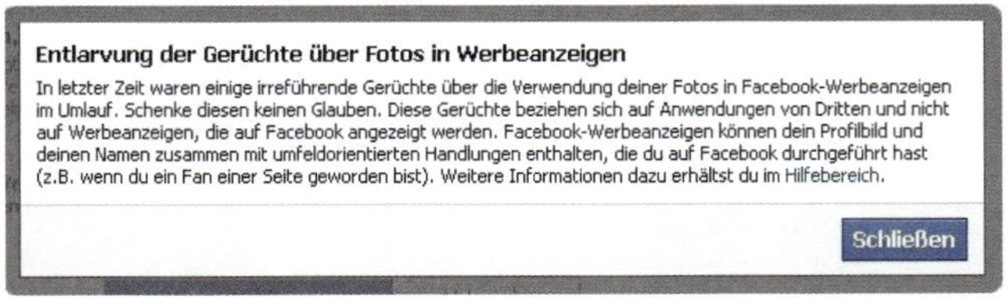

Im Hilfebereich kannst du alle relevanten Informationen über den Umgang mit Werbeanzeigen nachlesen.

Meine Kontaktinformationen richtig schützen

Um die Einstellungen für deine Kontaktinformationen vorzunehmen, musst du wieder in die *Privatsphäre-Einstellungen* zurückkehren. Im Bereich *benutzerdefinierte Einstellungen* scrollst du nach unten bis zu deinen *Kontaktinformationen.*

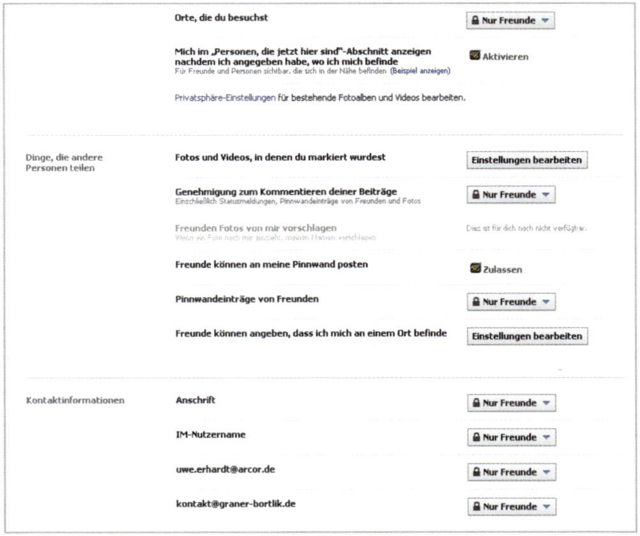

Die sicherste Einstellung für deine Kontaktinformationen sieht so aus: Bei der Einstellung Nur ich *erhält niemand anderer außer dir Einsicht in deine Kontaktdaten.*

So sind alle sensiblen Daten ausgeblendet. Bei aller Vorsicht sollte man die möglichen Risiken nicht übertreiben. Niemand überfällt dich zu Hause oder auf der Straße, nur weil er deine Telefonnummer kennt.

Informationsfluss über Anwendungen, Spiele und Webseiten kontrollieren

Was zum Geier ist eigentlich eine Anwendung? Wieder so ein seltsamer Begriff aus der Facebook-Sprache? Anwendungen sind zum Beispiel Spiele zur Unterhaltung oder bestimmte Programme, die du beruflich oder privat nutzen kannst. In Kapitel 6 werden wir das eingehender behandeln. Hast du zum Beispiel schon mal eine Glücksnuss bekommen? Du fragst, was das ist? Na ja, es ist eins der lustigen Dinge, die sich Freunde gegenseitig zukommen lassen. Und – es ist eine Anwendung.

In diesem Kapitel aber dreht sich alles um deine Kontoeinstellungen, Sicherheit und Datenschutz. Deshalb kehren wir jetzt wieder zurück zu den Privatsphäre-Einstellungen.

Manche Dinge übersieht man einfach, selbst wenn man bei der Erforschung von Facebook sehr konzentriert auf seine Wege achtet. Erst viel später fiel mir der kleine Link unter Anwendungen und Webseiten, namentlich *Bearbeite deine Einstellungen* auf. Zu finden auf der Hauptseite deiner Privatsphäre-Einstellungen:

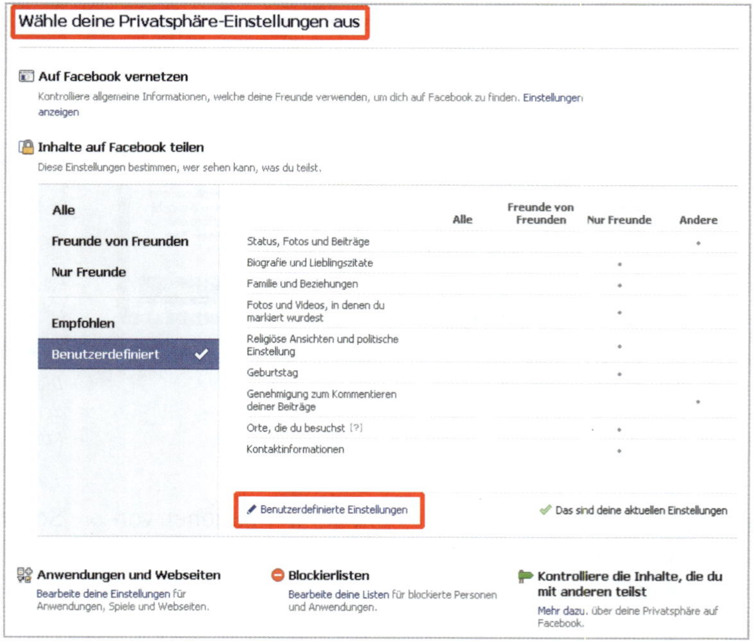

Da, ganz unten links, findest du den Link. Kann man doch leicht mal übersehen, oder?

Dahinter befinden sich unzählige Einstellungsmöglichkeiten für deine Anwendungen. Am Beispiel der *Anwendungen, die du verwendest*, möchte ich erklären, wie du vorgehen kannst. Zuerst klicke auf *Bearbeite deine Einstellungen* unter dem Thema *Anwendungen und Webseiten*. Ein neues Fenster öffnet sich, in dem du die Konfigurationen für deine Anwendungen, Spiele und Webseiten einstellen kannst.

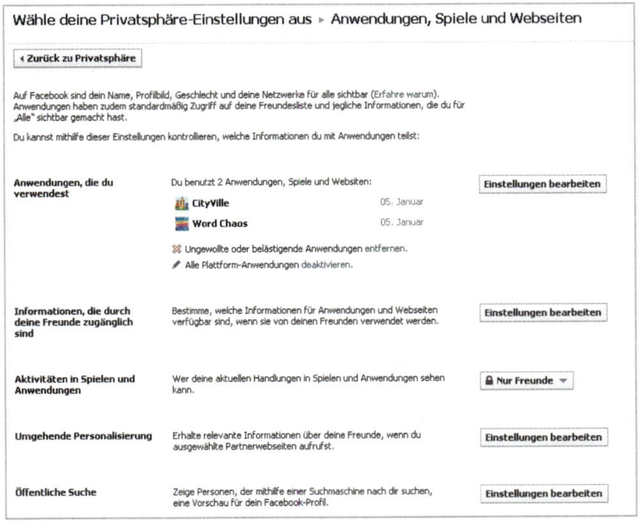

Ob nun Spiele, Informationen deine Freunde betreffend, deine Aktivitäten, Partnerwebseiten, in denen deine Freunde vermerkt sind, und die öffentliche Suche nach dir über Google oder andere Suchmaschinen. Hier hast du die Möglichkeit, deinen Schutz weiter zu optimieren.

Bei *Anwendungen, die du verwendest*, in meinem Fall sind das die beiden Spiele CityVille und WordChaos, klicke ich auf *Einstellungen bearbeiten* und lande auf einer neuen Seite, über die ich nun die Einstellungen zu meinen Spielen ändern kann. Ich kann auch gleich vorab diese Anwendungen deaktivieren, sofern ich das möchte. Ich nehme mir das Spiel CityVille vor und ziehe die Erlaubnis zurück, an meine Pinnwand posten zu dürfen.

Anwendungen hinterlassen genau wie Personen und Gruppen Meldungen auf deiner Pinnwand.

Der nächste Abschnitt *Informationen, die durch deine Freunde zugänglich sind* liest sich ziemlich kompliziert und umständlich. In diesem Teil geht es nicht um deine Anwendungen und Spiele, sondern um die deiner Freunde und darum, welche Informationen, die dich betreffen, weitergegeben werden dürfen. Nicht zu verhindern ist, dass dein Name, dein Geschlecht und deine Netzwerkmitgliedschaft veröffentlicht werden.

Klicke wieder auf *Einstellungen bearbeiten*, und ein neues Pop-up-Fenster öffnet sich. In diesem kannst du jetzt genau bestimmen, welche deiner persönlichen Informationen, die Anwendungen und Spiele deiner Freunde betreffend, weitergegeben werden dürfen. Mittels Häkchen setzt du oder entfernst du deine Zustimmung.

Mit einem Klick auf Spiele *in deiner Statusleiste (links) gelangst du zu einer Übersicht der* Spiele, die deine Freunde spielen. *Das gilt natürlich auch umgekehrt.*

Um einen optimalen Datenschutz zu gewährleisten, solltest du die Häkchen entfernen, wo es möglich ist. Anwendungen greifen grundsätzlich auf Freundeslisten zu. Bei deinen Freunden stehst du garantiert auch auf einer Liste, und somit kann die Anwendung, die ein Freund benutzt, ohne Weiteres auch auf deine Daten und Informationen zugreifen.

Eine der wichtigsten Einstellungen für Privatsphäre und Datenschutz. Behalte immer die Kontrolle, auch und vor allem über das, was andere über dich veröffentlichen.

Aktivitäten in Spielen und Anwendungen

Die Spiele und Spaßanwendungen, auf die wir später noch eingehen werden, fordern deine Aktivität geradezu heraus. Zum Beispiel das Wahrheitsspiel, bei dem du witzige Fragen über deine Freunde beantworten sollst. Daraus generiert sich automatisch eine Statusmeldung. Mit dieser Einstellung bestimmst du also, wer diese Meldung sehen darf. Es handelt sich ja hier um Spaß und Blödelei, und was spricht schon dagegen, dass das alle mitkriegen?

Die umgehende Personalisierung ist auch wieder so ein Ausdruck, den man nicht sofort versteht. Hintergrund: Facebook pflegt Partnerschaften mit anderen Webseiten, vor allem im US-amerikanischen Raum. Für uns bedeutet das, dass wir auf diesen Partnerwebseiten mit unserem Namen begrüßt werden, was aber auch heißt, dass man dort recht ungeniert auf die Daten und Informationen zugreift, die wir bei den Privatsphäre-Einstellungen auf die Option *Alle* eingestellt haben.

Lasse dich bei diesem Schritt nicht verwirren. Sobald du auf *Einstellungen bearbeiten* klickst, betrittst du eine neue Seite, auf der du ein Informationsvideo (auf Englisch) über die Partnerwebseiten ansehen kannst. Das Häkchen unten ist gesetzt. Wenn du darauf klickst, fragt Facebook extra nach, ob du dir auch sicher bist, so als wäre das für dich nachteilig. Ist es aber nicht! Klicke auf *Bestätigen*, und deine Daten genießen ein wenig mehr Schutz.

Es bringt wirklich keine Vorteile sein Profil für Facebook-Partnerseiten öffentlich zu machen. Das kannst du dir in der Tat sparen.

Öffentliche Suche

Facebook hat 2007 die sogenannten öffentlichen Sucheinträge erstellt, damit Freunde dich mithilfe von Suchmaschinen wie Google oder Bing finden können. Dein öffentlicher Sucheintrag enthält allgemeine Informationen wie deinen Namen, dein Profilbild, dein Geschlecht und deine Netzwerke, die immer für jeden sichtbar sind. Er enthält außerdem deine Freundesliste und Vorlieben, Aktivitäten und Interessen. Empfehlenswert ist diese Einstellung sicher dann, wenn du von Personen gefunden werden willst, die noch nicht Facebook-Mitglied sind. Ein paar wenige versprengte Social-Network-lose Seelen schweben da ja noch in den Weiten des Internet-Universums herum.

Um die Sichtbarkeit dieser Informationen einzuschränken, ändere die Einstellungen im *Auf Facebook vernetzen*-Abschnitt der *Privatsphäre-Einstellungen*.

Wenn du eine Vorschau deines öffentlichen Sucheintrags sehen oder deine Informationen in öffentlichen Suchergebnissen verbergen möchtest, gehe so vor:

1 Rufe die Seite mit deinen Privatsphäre-Einstellungen auf.

2 Klicke unter *Anwendungen und Webseiten* auf *Bearbeite deine Einstellungen*.

3 Klicke neben *Öffentliche Suche* auf *Einstellungen bearbeiten.*

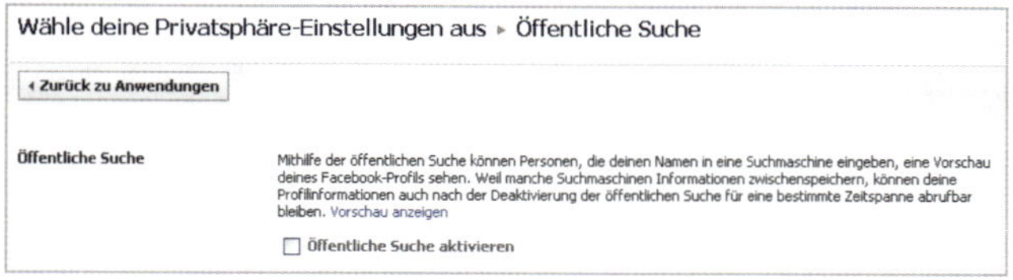

Hier findet das gleiche Spiel statt wie schon bei der UMGEHENDEN PERSONALISIERUNG. Ich lass mich aber nicht aus dem Konzept bringen: Bestätigen, anklicken und fertig.

Wie du siehst, wird dir der Datenschutz in Facebook nicht leicht gemacht. Zum Glück ist auch das letzten Endes nur eine Frage der richtigen Information und des „Gewusst wie" sowie des „Gewusst wo".

Mit der Zeit wirst du mehr und mehr Sensibilität für den Datenschutz und die angemessene Onlinesicherheit entwickeln. Ich finde, dass Facebook hier ein geradezu optimales Trainingsgelände zur Verfügung stellt.

Werbung, Einladungen und Nutzer blockieren

„Hilfe, meine Freundin hat mich blockiert, und ich weiß nicht mal warum". Solch verzweifelte Ausrufe schallen nicht selten durch die Hallen des Facebook-Universums, gerade wenn es um das Ignorieren oder Blockieren von Personen geht. Es hinterlässt schon ein unangenehmes Gefühl, wenn du plötzlich merkst, dass auf deine Statusmeldungen und Veröffentlichungen von bestimmten Freunden keine Reaktionen mehr kommen. Oder wenn du auf Fragen, die du gestellt hast, keine Antworten mehr erhältst. Das legt den Schluss nahe, dass du blockiert wurdest. Das Thema haben wir schon im Freundes-Kapitel angerissen. An dieser Stelle tauchen wir tiefer in die Materie ein.

Solltest du tatsächlich von einem oder mehreren Freunden blockiert werden, dann musst du deswegen nicht in Panik geraten oder tief beleidigt von dannen ziehen. Richtig gute Freunde würden dich sowieso nicht ignorieren, sondern dich vielmehr darauf hinweisen, was sie nervt. Andersherum funktioniert das selbstverständlich auch. Wir beschäftigen uns hier mit der Möglichkeit, allzu nervige Zeitgenossen, Werbungen und Einladungen, die du unaufgefordert bekommst, zu ignorieren und zu blockieren.

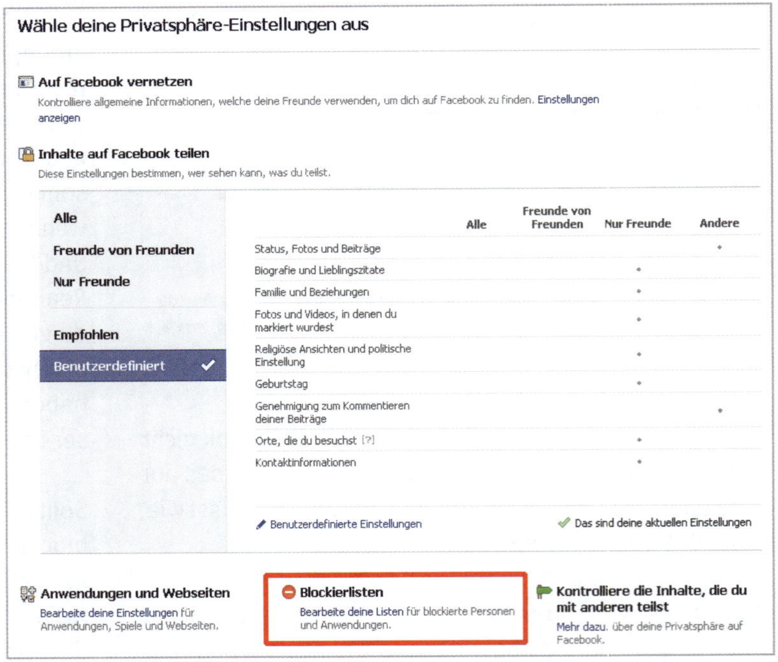

Mit einem Klick darauf wird eine neue Seite aufgeschlagen, auf der du Nervensägen, unwillkommene Einladungen und unerwünschte Werbung „unsichtbar" machen kannst.

Hast du das nicht auch schon erlebt? Du befindest dich im Gespräch mit Kollegen oder Freunden und irgendeiner quatscht unablässig dazwischen, obwohl er vom Thema nur sehr wenig mitbekommen hat. Immer wieder kehrt er zurück, gibt seinen (manchmal unsinnigen) Senf dazu und verschwindet wieder. Das wiederholt sich ständig, ob du das nun willst oder nicht. Im wahren Leben kannst du solche Störenfriede nicht einfach wegzaubern. In Facebook schon, und zwar mittels der Option, die versteckt hinter dem Link *Blockierlisten* und darunter *Bearbeite deine Listen für blockierte Personen und Anwendungen* auf der *Privatsphären-Einstellungen*-Seite zu finden ist:

Sei nicht irritiert, wenn hinter dem Namen gleich das Feld *Diesen Nutzer blockieren* auftaucht. Es bedeutet mitnichten, dass der angegebene User ohne weitere Prüfung einfach auf die Blockierliste kommt. Nein, wieder klappt eines der berühmten Pop-up-Fenster auf, und Facebook bietet dir eine Liste mit allen Usern gleichen Namens an. Ganz oben auf der Liste winkt dir der Störenfried noch fröhlich entgegen. Warte nur, Freundchen, nicht mehr lange …

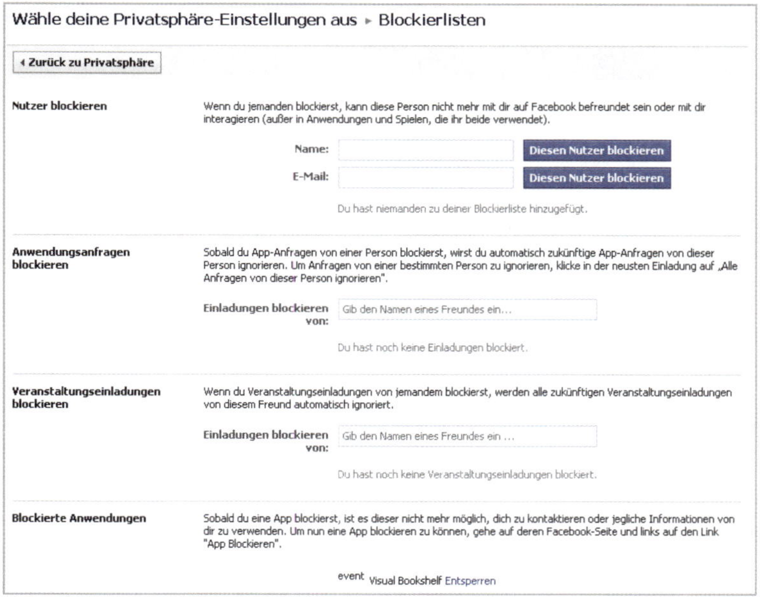

Insgesamt drei Bereiche stehen dir hier zur Verfügung. Ganz oben bei NUTZER BLOCKIEREN *legst du fest, welchen User du blockieren bzw. mit wem du nicht mehr befreundet sein willst.*

Ist das getan, steht der Name des Betroffenen auf der Blockierliste. Die Blockade ist relativ einfach wieder aufzuheben, indem du auf *Blockierung aufheben* klickst, unmittelbar neben dem Namen des Sünders.

Eine interessante wie auch witzige Variante: Facebook bietet sogar die Möglichkeit an, Leute zu blockieren, die noch gar nicht bei Facebook angemeldet sind. Ist dir die E-Mail-Adresse eines Menschen bekannt, mit dem du keinesfalls in Facebook in Kontakt kommen willst, trägst du im Kästchen *E-Mail* die Adresse ein und gehst genauso vor wie oben beschrieben.

Mit einem Klick ist in Facebook alles schnell gemacht. Ich überlege mir immer alles ganz genau, bevor ich einfach drauflos klicke. Möglich, dass ein verschmähter Freund im Real Life vielleicht doch mal ein wertvoller Kontakt in Facebook werden kann.

Im mittleren Bereich werden sogenannte App-Anfragen blockiert. Hierbei dreht es sich um Anwendungen. Meist sind es Spiele, die mir unentwegt von Freunden vorgeschlagen werden (ob gewollt oder ungewollt). Es mag ja sein, dass es für den einen oder anderen nichts Tolleres geben mag als genau dieses Spiel, und man meint wohl, dass ich es ausprobieren sollte. An manchen Tagen werde ich mit Einladungen dermaßen bombardiert, dass mir nur eine Lösung bleibt: Ich trage den betreffenden Nutzernamen im Feld *Blockiere Anfragen von* ein und bekomme schon beim ersten Buchstaben Vorschläge. Sobald die betreffende Person gefunden ist, klicke ich drauf und schon steht sie auf der „schwarzen" Liste direkt darunter.

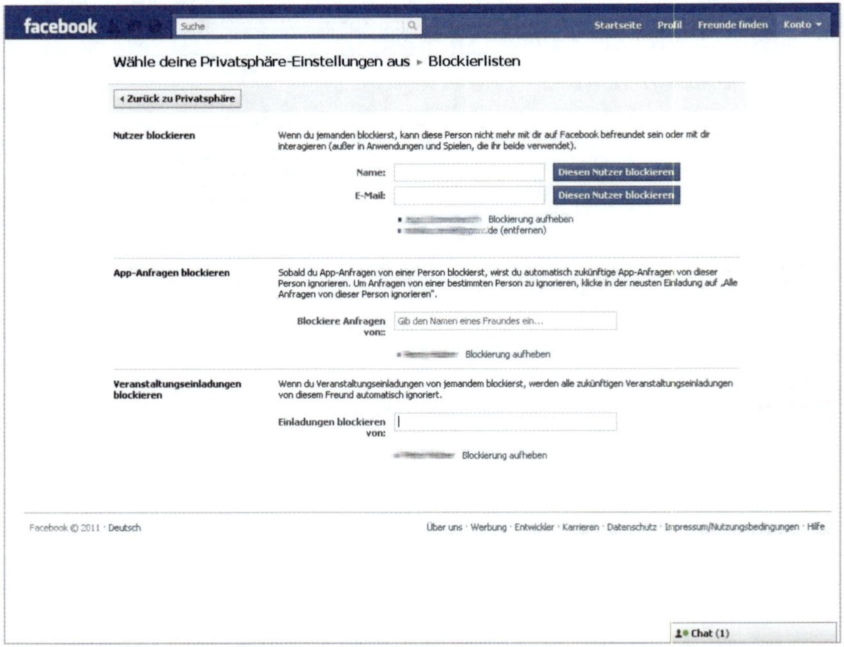

Ist ja alles halb so schlimm. Die gefassten „Täter" bekommen bei mir nur Bewährungsstrafen. Diese Einstellung betrifft ja nur Anfragen zu Anwendungen und Spielen.

Genauso einfach geht das bei *Veranstaltungseinladungen blockieren*. Name ins Feld, und schwupp ist der nervende Bösewicht auf meiner Blockierliste verewigt. Mit dem Vorteil, dass ich die „normalen" Mitteilungen der Person nach wie vor erhalte.

Top 10: Die wichtigsten Sicherheitstipps für Facebook und das Internet

1. **Persönliche Zurückhaltung**
   Nur so viel Persönliches preisgeben wie nötig
2. **Kenne deine Rechte**
   Informiere dich über AGB und Datenschutz
3. **Kontaktwahl mit Bedacht**
   Bestätige nicht unbesehen jeden Kontakt
4. **Stalker & Co. melden**
   Scheue nicht davor zurück, Stalker & Co. zu melden
5. **Sichere Passwörter**
   Wähle für jede Anwendung ein neues Passwort
6. **Keine Job-Interna**
   Vorsicht bei vertraulichen Infos über Arbeitgeber
7. **Eigene Urheberrechte**
   Achte auf die Rechte an deinen Texten und Fotos
8. **Identitätskontrolle**
   Gehe seltsamen Anfragen auf den Grund
9. **Vorsicht Phishing**
   Klicke nicht jeden x-beliebigen Link an
10. **Jugendschutz**
    Kläre deine Kinder über die Gefahren im Netz auf

Selbstverständlich funktioniert ein soziales Netzwerk wie Facebook erst richtig, wenn man relativ offen miteinander kommuniziert. Ich hoffe, dass ich dir in diesem Kapitel mit meinen Hinweisen und Tipps die für dich optimalen Einstellungen aufzeigen konnte. Zum Abschluss dieses Kapitels links noch einmal meine persönliche Top 10 der besten Internet-Sicherheitstipps.

4. Öffentliche und private Kommunikation

Ein soziales Netzwerk lebt von seinen aktiven Mitgliedern. Je mehr Menschen offen daran teilnehmen, desto lebendiger sind die Kommunikation, der Meinungsaustausch und das virtuelle Leben.

Ich bin ein Mensch, der sich Dinge im Geiste vorstellt, sie visualisiert, bis sie wie ein Film vor dem geistigen Auge ablaufen. So stelle ich mir Facebook als ein riesiges überdimensionales Haus vor, voll mit Menschen unterschiedlichster Herkunft aus allen nur denkbaren sozialen Schichten. Schon beim Eintreten wird man freundlich empfangen, und sogar Führer bieten sich an, die dich in einer großen Eingangshalle erwarten, um dich ein wenig herumzuführen. Dein Freund, der dich hierher eingeladen hat, dein Kollege oder ein Familienmitglied könnten diese Aufgabe erledigen.

Schnell wird dir klar, welch eine Anzahl von Menschen sich hier tummeln. Am Anfang bist du vielleicht ein bisschen überfordert, aber das legt sich spätestens dann, wenn du dieses Kapitel gelesen hast.

Nach einer kurzen Orientierungsphase, einem Reinschnuppern in die vielen unzähligen Nischen und Zimmer in diesem Haus kann es endlich losgehen, mit dem aktiven Mitmachen und dem Knüpfen neuer und wertvoller Kontakte.

(© Franz Pfluegl – Fotolia.com)

Kommunikationszentrale Pinnwand

Während meines prosaischen Ausflugs ins Facebook-Haus beschrieb ich die Inhaltsseite als große Eingangshalle. Nach dem Einloggen landest du immer hier auf der Startseite, die dich sofort darüber informiert, was sich Neues in der (Facebook-) Welt getan hat.

So oder ähnlich sieht ein Pinnwanddialog aus. Du rufst etwas in die Facebook-Welt hinaus, und kurz darauf entwickelt sich auf deiner Pinnwand ein munterer Dialog.

Persönliche Statusmeldungen an die Facebook-Welt

Du hast dich bei Facebook angemeldet, weil du bestimmt auch etwas zu sagen hast. In Form von Statusmeldungen kannst du hier deine ganz persönliche Meinung zum Ausdruck bringen. Schreibe eine Kurzkritik über den Film, den du gerade im Kino gesehen hast, mache auf eine Ungerechtigkeit aufmerksam, die dir oder jemand anderem widerfahren ist, kommentiere das aktuelle Weltgeschehen, leite interessante Nachrichten aus dem WWW weiter oder mache einfach deinem Ärger Luft. Würze das Ganze mit Fotos, Links oder einem Video. Je nach Thema kann sich sehr schnell eine lebendige Diskussion entwickeln, länger noch als das im Bild gezeigte Beispiel.

Stelle dich also einfach mitten in die Eingangshalle und rufe hinaus, was du gerade so machst, denkst, fühlst oder getan hast. Je nachdem wie laut du rufst, hören dich mehr oder weniger Menschen. Du steuerst das, indem du vorher festlegst, wer dich hören darf (mehr dazu ab Seite 60).

Meist sind diese Statusmeldungen von informativer und witziger Natur. Dabei bedeutet: je witziger und origineller, desto fantasievoller und origineller die Antworten.

Dialoge wie dieser hier können sich dann ergeben:

Ist das Thema interessant, entwickeln sich schnell unterhaltsame Gespräche.

Würze deine Statusmeldungen mit ein wenig Ironie, Sarkasmus und leisem Humor. Schreibe in positiver Stimmung und verständlicher Sprache. Vorsicht: Dein Chef könnte mitlesen. Stell dir vor der Veröffentlichung folgende Frage: Wäre es schlimm, wenn das so in der Zeitung stehen würde? Vergiss nie: Statusmeldungen sind öffentlich!

Selbstverständlich funktioniert das alles auch mit ernsteren, seriösen Themen. Wie gut dein Beitrag ankommt, erkennst du daran, wie oft der *Gefällt mir*-Button angeklickt wurde. Auf Seite 120 komme ich darauf zurück.

Links, Bilder und Videos in deine Meldungen einfügen

Um deiner Meldung einen noch stärkeren Ausdruck zu verleihen und deinen Standpunkt plastisch zu erläutern, füge Bildmaterial oder einen Verweis auf eine Website, einen Pressebericht oder einen interessanten Blog hinzu. Indem du dich um ausgefallene Formulierungen bemühst und deinen Meldungen gelungene Fotos oder Filme hinzufügst, kannst du der Facebook-Gemeinde ganz nebenbei zeigen, was du auf dem Kasten hast. Das kann nicht nur zu positiven Rückmeldungen oder neuen Freunden führen, sondern mit etwas Glück zu einem Auftrag oder gar zu einem neuen Job.

Meldungen mit Bildern oder Videos sorgen in der Regel für mehr Aufmerksamkeit in der Facebook-Gemeinde und lebendigere Diskussionen auf deiner Pinnwand.

Und so einfach fügst du Bilder, Videos und Links ein:

1 Foto hinzufügen. Nachdem du deine Meldung geschrieben hast, klicke auf das Fotosymbol, wähle das passende Foto von deiner Festplatte aus und füge es per Doppelklick hinzu.

Optimiere deine Fotos vor dem Hochladen am besten für die Webdarstellung (JPG) und achte vor allem auf die Dateigröße. Zu große Dateien (das gilt natürlich auch für Videos) führen zur verzögerten Darstellung, was abschreckend wirken kann.

Du kannst auch schnell ein neues Foto mit deiner Webcam schießen und hochladen, falls du zum Beispiel deine neue Frisur präsentieren möchtest, oder deiner Statusmeldung direkt ein ganzes Album hinzufügen – ideal, wenn du mehr als ein Bild zeigen willst. Natürlich kannst du Fotos auch wortlos posten und deinen Facebook-Freunden die Kommentare überlassen. Mit einem witzigen Spruch kannst du Diskussionen jedoch noch besser in Gang bringen.

2 Video hinzufügen. Willst du ein Video veröffentlichen, funktioniert das im Prinzip genau wie beim Foto. Entweder lädst du das Video direkt von deiner Festplatte hoch oder du nimmst es per Webcam auf und stellst es online. Alben mit mehreren Videos lassen sich nicht anhängen.

Deine Videodatei darf 1.024 MByte nicht überschreiten und nicht länger als 20 Minuten dauern. Außerdem muss das Video von dir oder einem deiner Freunde erstellt worden sein.

3 Link hinzufügen. Verweise auf eine Website auf der du einen interessanten Blog, Presseartikel oder einfach eine tolle Einkaufsmöglichkeit entdeckt hast. Facebook zieht sich automatisch die Kurzbeschreibung der betreffenden URL (wie du sie auch bei Google angezeigt bekommst) und stellt dir eine Reihe von Miniaturbildern von der Website zur Auswahl. Suche dir einfach per Klick auf die kleinen Pfeile das Bildchen aus, das am besten zu deiner Mitteilung passt.

Wenn du direkt auf das Miniaturbild klickst, wird es vergrößert, und du kannst es auf der Facebook-Startseite betrachten. Ein weiterer Klick bringt dich zur ursprünglichen Quelle wie z. B. YouTube.

Filtere die Personen raus, die sich für deine Veröffentlichung wirklich interessieren. Ein Zeitgenosse, der für Historisches aus dem Mittelalter kein Faible hat, muss ja nicht damit konfrontiert werden. Hier zeigen sich die Vorteile von Freundeslisten.

Insofern kannst du Facebook als Portal zur Weiterleitung von Informationen, Neuigkeiten und Tipps zu Problemen jeglicher Art verwenden. Deswegen ist es auch nicht verkehrt, deine Familie, Freunde, Kollegen und Bekannten zur Mitgliedschaft in Facebook zu bewegen. Die Voraussetzungen, sich nach allen Richtungen zu vernetzen, sind hier bestens gegeben.

4 Stichwort Vernetzungen. Um deine Ideen und Entdeckungen deutlicher und praxisbezogener rüberzubringen, lade deine Freunde zu Veranstaltungen ein, die du selbst besuchst oder sogar organisiert hast. Einladungen dazu kannst du an deine Statusmeldung anhängen oder persönlich versenden. In Kapitel 5 unter Facebook-Events kannst du nachlesen, wie das geht.

So erwähnst du einen Freund in einer Meldung: An der Stelle im Text, an der dein Freund erwähnt werden soll, gibst du ein @ vor dem Namen ein. Schon bei der Eingabe des ersten Buchstabens öffnet sich eine Vorschlagsliste mit Namen der möglichen Personen. Such die richtige aus und klicke sie an. In der Meldung ist dann der Name der Person als blauer Link abgebildet. Interessierte Leser können so direkt zum Profil des so Erwähnten gelangen.

Hat dieser „Jemand" eine ganz bemerkenswerte Aussage gemacht, hat er es verdient, besonders erwähnt zu werden. Mit einer Markierung hebst du diese Person hervor.

Fotos und Videos posten, die bereits online sind

Sehr beliebt bei Facebook: Bemerkenswerte Fundstücke aus dem Netz auf der eigenen Pinnwand zur Schau zu stellen. Das ist eine effektive Möglichkeit, der Facebook-Öffentlichkeit seine persönlichen Vorlieben zu demonstrieren und andere ebenfalls in den Genuss dieser Fotos, Videos oder Artikel kommen zu lassen.

Wenn du so etwas machst, achte bitte darauf, deine Fundstücke nicht wie ein Ex-Verteidigungsminister als eigene kreative Leistung darzustellen.

Was kann man nicht alles im WWW finden? Täglich stolpern wir beim Surfen über Witziges, Nachdenkliches, Trauriges, Dramatisches, Hoffnungsvolles und Hoffnungsloses. Hast du eine Entdeckung gemacht, die deines Erachtens auch deine Freunde und die Facebook-Welt sehen müssen? Dann am besten mit einem originellen Kommentar versehen und fruchtbare Diskussionen entfachen!

Facebook zeigt sich hier von seiner starken Seite: die Möglichkeit, sich schnell und direkt Meldungen zukommen zu lassen, sowie die perfekte Vernetzung von Organisationen und Menschen. Alles Wissens -und Sehenswerte kannst du mühelos und zeitnah über deine Pinnwand posten.

Während ich diese Zeilen verfasse, überstürzen sich die Ereignisse in Ägypten, Tunesien und weiteren Staaten mit autoritärer Herrschaft im Nahen Osten.

Es ist schon beachtlich, wie schnell wie viele Fotos und Videos direkt von den Brennpunkten des Weltgeschehens in die globalen Social Networks gelangen.

Die Volksseele brodelt und kocht, und beinahe täglich kommt ein weiteres arabisches Land hinzu. Nicht nur meine Freunde posten die aktuellsten Ereignisse, auch ich selbst forsche und suche nach interessanten, möglichst authentischen Berichten über die aktuelle Lage im krisengeschüttelten Nordafrika und dem Nahen Osten.

Die meisten dieser Bild- und Filmdokumente sind mit Videoportalen wie YouTube oder MyVideo verlinkt. Wenn ich auf Facebook oder in diesen Portalen neues, interessantes Material entdecke, prüfe ich es so gut wie möglich auf seine Authentizität und stelle es dann als angehängten Link auf meine Profilseite im Facebook. Da zahlreiche andere Facebook-User das offenbar ebenso machen, verbreiten sich brisante Fotos und Videos in Windeseile um den Globus. Hier wird klar, dass Facebook nicht nur als Spaßportal gesehen werden darf:

- Facebook erleichtert die unzensierte Weitergabe von Fotos, Videos und Infos aller Art und spielt damit in sozialen, gesellschaftlichen und politischen Prozessen rund um den Globus eine nicht zu unterschätzende Rolle! Beispiel: Tunesien, Ägypten etc. Ohne die sozialen

Medien wie Facebook wäre der Funke niemals so leicht und vor allem so schnell übergesprungen.

- Hier findest du (bevor es in anderen Medien verbreitet wird) aktuelle Fotos und Videos vom Brennpunkt des Weltgeschehens, kannst diese weiterleiten (und damit zur weltweiten Verbreitung beitragen), kommentieren und diskutieren.
- Aber Achtung: Da es praktisch keine Zensur gibt, darf man auch nicht alles glauben, was gepostet wird. Zur Sicherheit bei brisanten Fällen Bestätigung (zum Beispiel mehrere Quellen) suchen.

Kriege, Naturkatastrophen, Hungersnöte, Aufstände Bestechungs- und Korruptionsskandale. Kaum ein Tag vergeht, an dem wir nicht mit Hiobsbotschaften aus aller Welt bombardiert werden.

Das Internet wird als Informationsquelle immer beliebter. Vor allem junge Menschen erlesen und recherchieren ihre Nachrichten inzwischen lieber selbst aus dem World Wide Web, als dass sie sich alleine auf die mundgerecht aufgearbeiteten Meldungen der Tagesschau, von Heute oder auf die News der Privaten verlassen.

Der Vorteil liegt auf der Hand: Während TV- und Radio-Nachrichten, wenn überhaupt, nur vage Quellen angeben, bieten seriöse Anbieter von Informationen im Internet auch immer nachprüfbare Quellenhinweise mit dazu an. Außerdem wirkt man so viel aktiver bei der Informationsbeschaffung mit und wird ein kleines Stück weit selbst zur Nachrichtenredaktion.

Natürlich bringt das auch einen erhöhten Zeitaufwand mit sich. Belohnt wird man aber mit größerer Authentizität und Transparenz. Wer aber auf seine gewohnte Tagesschau nicht verzichten möchte, kann ja das gerade Gesehene und Gehörte ergänzend und hintergründig im Internet nachrecherchieren.

Doch sei immer kritisch bei der Verwertung von Informationen. Ob in TV, Radio oder Internet. Du kannst dir nie wirklich ganz sicher sein, ob die Meldungen der Wahrheit entsprechen.

Fotos und Videos, die bereits online sind (zum Beispiel im Videoportal YouTube oder auf der Website eines Onlinemediums), postest du ganz einfach als angehängten Link auf deiner Pinnwand. (Mehr dazu auf Seite 110).

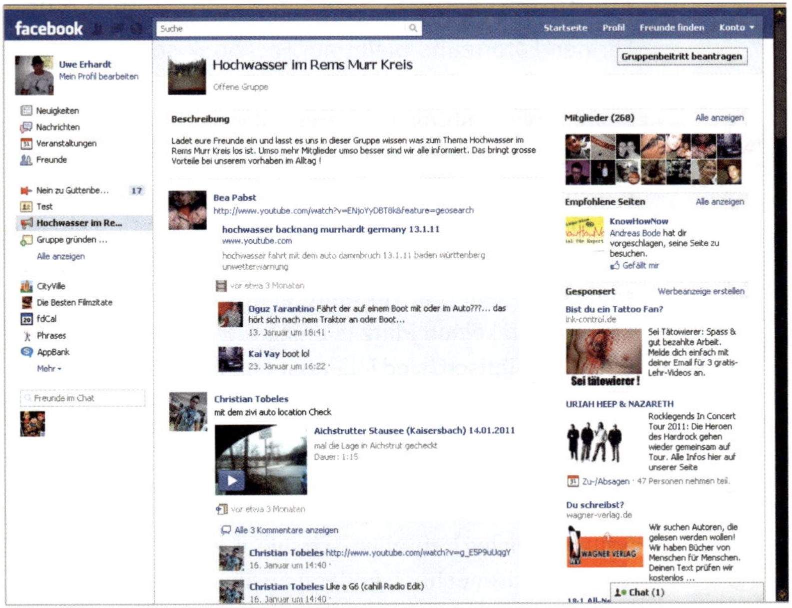

Dieses Beispiel zeigt, wie mit Unterstützung durch Bild- und Filmmaterial aktuelle Meldungen über ein besonderes Vorkommnis so richtig ins Laufen kommen.

Stichwort Vernetzung: Über Facebook laufen alle Fäden zusammen und du sitzt an den Hebeln, über die du das alles steuerst und koordinierst.

Bevor du fremdes Film- und Fotomaterial veröffentlichst, sichere dir die Unterstützung des Urhebers und prüfe genau die Seriosität der darin enthaltenen Botschaften. Deine Glaubwürdigkeit steht auf dem Spiel.

Natürlich müssen deine Veröffentlichungen nicht notwendigerweise von weltpolitischer Bedeutung sein. Die fotografische Dokumentation des Baufortschritts eures neuen Vereinsheims oder aktuelle Video-Bewegungsstudien deiner Kinder können für deine unmittelbare Umgebung von noch höherem Interesse sein. Am höchsten im Kurs stehen aber offensichtlich Musikvideos, Trailer von Kinofilmen und aufwendig produzierte Werbefilmchen.

Eingestellte Videos kannst du direkt über einen integrierten Media-Player in Facebook betrachten. Klicke auf das Abspielsymbol und schaue dir den Film direkt auf dieser Seite an, ohne die Facebook-Zentrale zu verlassen.

Top 10: Die beliebtesten Videos auf Facebook 2010

1. **Bed Intruder**
   Song von den Gregory Brothers
2. **Tik Tok**
   Parodie auf einen Song von Kesha
3. **Paparazzi**
   Lady Gaga-Song, interpretiert von Greyson Chance
4. **Annoying Orange Wazzup**
   Die wütende Orange des Dänen Boedigheimer
5. **The Man your man could smell like**
   Werbekampagne für „Old Spice“
6. **Giant double Rainbow**
   Sehr emotionaler Kommentar
7. **This too shall pass**
   Super gemachtes Musikvideo
8. **Die Twilight-Saga**
   Trailer von „Eclipse“ – Biss zum Abendrot
9. **Jimmy surprises Bieber-Fan**
   Dreijähriges Mädchen wird von Bieber überrascht
10. **Gymkhane Three, Part two**
    Autofahren – mal ganz anders. Kultverdächtig!

Fotoalben anlegen, Fotos hochladen und teilen

Für den Fotofreund bleibt auf Facebook so gut wie kein Wunsch unerfüllt. Das Social Network bietet eine richtige Bilderverwaltung, mit deren Hilfe du deine besten Aufnahmen hochladen, ordnen, in Alben ablegen, beschriften, mit Notizen oder Bemerkungen versehen und im Einzelnen bearbeiten kannst. Der Möglichkeiten sind also viele – ein herkömmliches Fotoalbum kann diese Funktionen so nicht bieten. Und ein weiterer Vorteil: Deine Alben beanspruchen keinen Platz in deinem Wohnzimmerschrank oder Schreibtisch, sind jederzeit (auch von ausgewählten Freunden und Verwandten) abrufbar, und einzelne Bilder filterst du innerhalb weniger Sekunden heraus.

Dein Standardalbum trägt den Namen *Profilbilder*. Dieses Album speichert automatisch alle Bilder, die du deinem Profil zugeordnet hast. Änderst du dieses als Profilbild hinterlegte Foto, ersetzt es durch ein neues oder fügst eines oder mehrere hinzu, wird es in deinem Album *Profilbilder* hinterlegt. Dabei kannst du zwischen einem Bild oder Bildern wählen, die du bereits auf deiner Festplatte gespeichert hast, oder – wenn's ganz aktuell sein soll oder muss – mache eine brandneue Aufnahme von dir und ordne sie deinem Profilalbum zu. Voraussetzung hierfür: Du musst eine Kamera bzw. ein Foto-Handy an deinen PC anschließen oder die Speicherkarte mit dem PC auslesen und die Fotos auf der Festplatte speichern.

So gehst du vor, um Fotos von deiner Festplatte in Facebook hochzuladen:

1 Klicke in den Sidebars auf *Fotos*. Hier wird dir eine Seite mit den Fotoalben deiner Freunde sowie deinen eigenen Alben angezeigt.

2 Klicke auf *Fotos hochladen* und danach in dem kleinen Pop-up-Fenster auf *Fotos auswählen*.

3 Wähle die entsprechenden Fotos aus und bestätige es mit *Öffnen*. Facebook erstellt für dich sogleich ein neues Album, das du während der Wartezeit, die das Hochladen in Anspruch nimmt, benennen und seine Sichtbarkeit klassifizieren kannst. Ob *Alle*, *Nur Freunde*, *Freunde von Freunden* oder *benutzerdefiniert*.

4 Im nächsten Schritt *Album bearbeiten* kannst du das Album und die darin enthaltenen Fotos beschreiben und dann für die Öffentlichkeit freigeben. Oder wenn du das jetzt noch nicht willst, klicke auf *Überspringen* und widme dich dem nächsten Schritt. Eine gute Beschreibung erleichtert dir (und deinen Facebook-Freunden) die Orientierung in deiner wachsenden Fotosammlung.

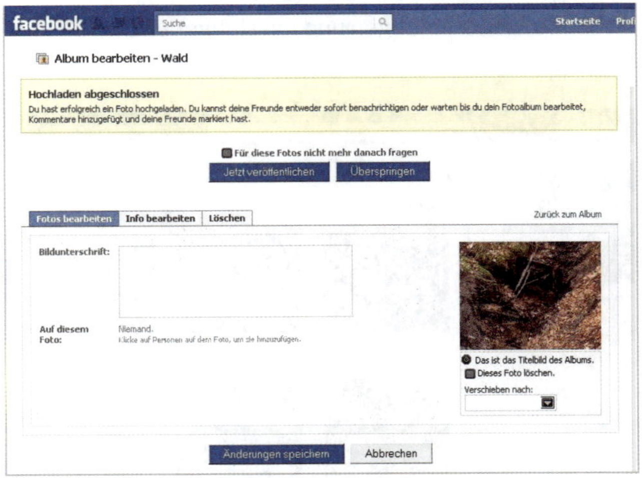

Hier kannst du auch schon ein Titelbild für dein Album auswählen, es beschriften, Personen markieren oder Kommentare anhängen.

5 Dein Album ist jetzt fertiggestellt. Du findest alle Alben in deinem Profil unter dem Link *Fotos*. Die Liste deiner Fotoalben wird hier übersichtlich angezeigt. Zwei Standardalben stehen zu deiner Verfügung und eine unbegrenzte (!) Anzahl privater Alben, wobei jedes Album maximal 200 Fotos aufnehmen kann. Das sollte reichen, um die schönsten Impressionen aus dem Urlaub, von der letzten Grillparty oder vom Wochenendtrip nach London unterzubringen – schließlich willst du deine Facebook-Freunde nicht mit Wiederholungen und misslungenen Bildern langweilen.

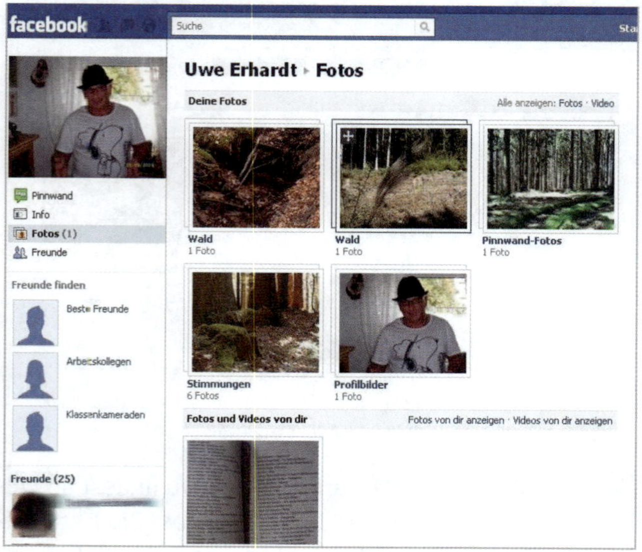

Eine Übersicht über deine Fotoalben in Facebook. Hättest du zu Hause den Platz, um 200 Alben mit jeweils 200 Fotos unterzubringen?

Dabei geht der Spaß jetzt erst so richtig los. Richtig Freude macht ein Album erst dann, wenn es bearbeitet und beschriftet wurde und du es endlich der staunenden Öffentlichkeit präsentieren kannst. Dabei bieten sich dir mehrere Wege an.

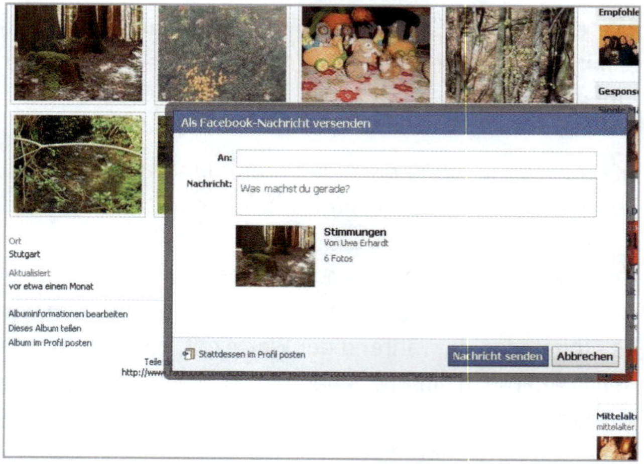

So verschickst du Alben an ausgewählte Personen: Suche das entsprechende Album aus. Klicke darauf, und das Benachrichtigungsfenster öffnet sich. Jetzt nur noch die Empfänger angeben und ab die Post.

Entweder sendest du dein Album ganz gezielt an ausgewählte Personen. Oder du stellst es offen in dein Profil, so dass jeder, der möchte, einen Blick hineinwerfen kann. Du kannst es natürlich auch mit einem aussagekräftigen Kommentar an deine Pinnwand hängen oder – ganz privat – per E-Mail über deinen persönlichen Mail-Account versenden. Um das zu tun, gehe auf den Link Teile dieses Album mit anderen, indem du diesen öffentlichen Link verschickst. Du findest ihn unten auf der Seite deines Albums:

Sehr praktisch: jederzeit möglich, Änderungen vornehmen und neue Kommentare verfassen.

Das Thema Fotos wird in Facebook geradezu unerschöpflich behandelt. Es existieren jede Menge Fanseiten und Gruppen, in denen Hobbyfotografen und Profis ihre Tipps zum Besten geben.

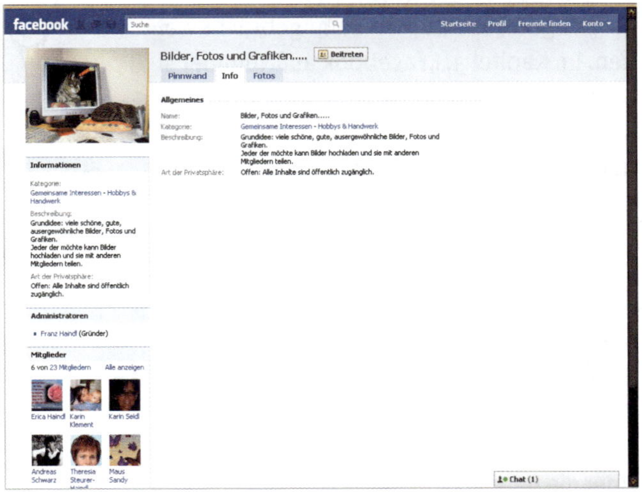

Diese Gruppe steht nur exemplarisch für alle möglichen Interessensvereinigungen der fotografischen Kunst: Der Fotofreund wird in Facebook garantiert fündig. Im Kapitel 6 findest du praktische Bildbearbeitungs-Apps.

Sichtbarkeit, Zugriffsrechte und Genehmigungen

Ich habe es bereits angeschnitten. Jede Meldung, jedes Video, jedes Foto und jedes Event, zu dem du einlädst, sollte auch an das gewünschte Publikum gebracht werden. Im Kapitel 3, „Facebook auf Nummer sicher" wurde ja schon auf die Möglichkeiten der Sichtbarmachung und Öffentlichkeit deiner Beiträge eingegangen.

Du hast bestimmt das eine oder andere zu sagen, das nur einige Auserwählte lesen sollen. Oder du möchtest deine Fotos nur von der Fachwelt begutachten lassen, weil du dich nicht allein auf die Kritik deiner Freunde verlassen willst.

Über die bereits bekannten Grundeinstellungen hinaus, gibt es zudem noch die Möglichkeit, kurz *vor* dem Versenden noch schnell festzulegen, wer an deiner Veröffentlichung seine Freude haben darf.

Lege die Adressaten einer Meldung, eines Fotos, Links oder Videos erst unmittelbar vor der Veröffentlichung fest, indem du auf das kleine Schlosssymbol klickst und zwischen den angebotenen Möglichkeiten wählst. In deinen Video- und Fotoalben kannst du bereits von vornherein festlegen, für wen du sie sichtbar machen willst bzw. wer ein Zugriffsrecht darauf haben soll.

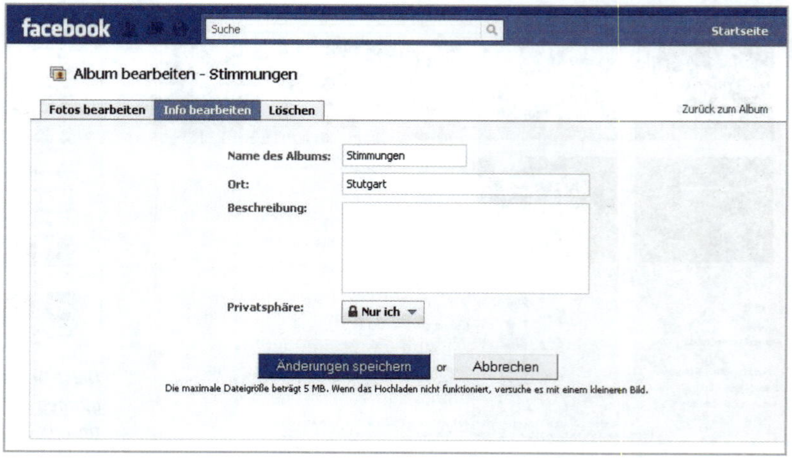

Um ein Album zu bearbeiten, rufe es auf, klicke unten auf ALBUMINFORMATIONEN BEARBEITEN *und die abgebildete Seite öffnet sich. Unter dem Reiter* PRIVATSPHÄRE *lege fest, wer auf das ausgesuchte Album Zugriffsrechte bekommen soll. Die Änderungen speichern und fertig!*

Gerade bei deinen Fotoalben kann es von überaus großer Bedeutung sein, die Zugriffsrechte von vornherein festzulegen. Die letzte Geburtstagsparty, bei der du dann doch ein Glas zuviel erwischt hast und du ein wenig „komisch" daherkommst, könnte für dich zur ganz peinlichen Nummer werden, wenn es wildfremde Menschen zu sehen kriegen.

Allgemeine Facebook-Verkehrskontrolle

Damit es nicht zu peinlichen Fotoalben kommt, stellt die Firma Webroot.de allen dem Alkoholgenuss nicht abgeneigten Internetnutzern den „Social Media Sobriety Test" zur Verfügung. Das für den Internet Explorer und Mozillas Firefox kostenlos erhältliche Browser-Plug-in überprüft mittels kurzer Tests, ob der Nutzer nüchtern genug ist, sich auf Social-Media-Seiten einzuloggen. Ist dies nicht der Fall, etwa, weil man das Alphabet nicht rückwärts tippen kann oder nicht mehr in der Lage ist, einem sich über den Bildschirm bewegenden Kreis mit der Maus zu folgen, verweigert das Plug-in den Zugriff. Stattdessen heißt es dann auf der Facebook-Pinnwand (sichtbar nur für den Poster): „XXX ist zu betrunken, um jetzt zu posten".

Diese „Perle" aus dem Internet zeigt wieder einmal, dass es nichts gibt, was es nicht gibt. Noch mehr Vorschläge gefällig?

Wie wäre es mit der Toilettenschüssel, die online mit deiner Krankenkasse verbunden ist, mittels empfindlichster Sensoren deinen Urin untersucht und das Ergebnis direkt deinem Sachbearbeiter sendet. Dieser erstellt dann einen Ernährungsplan für die kommenden Tage, damit du auch schön gesund bleibst.

Ganz am Anfang zitierte ich aus einer Studie, der zufolge Facebook-User ihre eigene Attraktivität mit gutaussehenden Freunden steigern. Was liegt da theoretisch näher, als sich ein ordentliches Bildbearbeitungsprogramm zuzulegen, um den einen oder anderen optischen „Fehler" im Bild seiner Freunde wegzuretuschieren?!

Nun ja, erstens gibt es gar keine „hässlichen" Menschen. Zweitens kannst du die Profilbilder deiner Amigos nicht ohne Weiteres aufhübschen. Und drittens solltest du lieber vereinbaren, dass ihr euch alle ein wenig mehr Mühe mit euren Profilfotos gebt.

Im Austausch mit der Facebook-Welt

Doch sehr oft kann man sich einen Kommentar zu einer Mitteilung, einem Bild oder einem Video nicht verkneifen. Und das ist in Facebook auch unbedingt so gewollt.

Stellen wir uns noch einmal das große Facebook-Haus vor. Nehmen wir an, du stehst da und hast deiner Meinung nach etwas sehr Wichtiges mitzuteilen. Stell dir weiter vor, wie es wäre, wenn niemand Notiz davon nähme.

Schnell wirst du merken: Nichts kann schlimmer sein als Nichtbeachtung. Selbst abfällige Bemerkungen oder ein Verriss sind immer noch besser als kaltes Schweigen.

Auf Facebook bekommt jeder die Aufmerksamkeit, die er durch seinen Beitrag auch verdient. Im nachfolgenden Kapitel beschäftigen wir uns damit, wie du am sinnvollsten mit der Facebook-Welt kommunizierst und eigene interessante und neugierig machende Beiträge einstellst, fremde Beiträge bewertest oder unterstützt und wie du dich so richtig in Facebook einbringen kannst.

Gefällt mir: Zeige allen, was du magst

Der einfachste, direkteste und schnellste Weg, um deinen Beifall für einen Beitrag zu bekunden: Der *Gefällt mir*-Button. Ein einfacher Klick darauf genügt schon, um dem Verfasser die positive Aufmerksamkeit zu schenken, die dieser sich wahrscheinlich erhofft hat.

Und um das Ganze einerseits tiefer zu begründen und andererseits zu differenzieren (denn klicken kann schließlich jeder, und zwar im Vorbeigehen), untermauere deine Meinung mit einem Kommentar. Damit kannst du zugleich Diskussionen entfachen und selbst Kommentare und Bewertungen einheimsen, denn auch deine Kommentare auf die Postings anderer können per *Gefällt mir* positiv von anderen beurteilt werden.

Viele sagen, dieser *Gefällt mir*-Button sei die wichtigste Erfindung der Facebook-Macher. Das kann man so stehen lassen, wenn man es nur auf Pinnwand und Öffentlichkeit bezieht. Ohne Zweifel stellt dieser kleine, fast unscheinbare Daumen so etwas wie das Wahrzeichen von Facebook dar. Hätte Robert Lembke seinerzeit in seiner legendären Sendung „Was bin ich?“ einen Facebook-Programmierer zu Gast gehabt, dessen typische Handbewegung wäre der hochgereckte Daumen gewesen.

Den Facebook-Daumen findest du heutzutage auch auf vielen Webseiten, Onlineshops und Portalen. Mit einem Klick darauf wirst du zum Facebook-Fan des entsprechenden Unternehmens.

Gleichwohl existiert jedoch aktuell keine offizielle Möglichkeit, seine Ablehnung offen zu bekunden. Einen *Gefällt mir Nicht*-Button suchst du hier vergeblich. Schlechte Kritik übt man in Facebook allerhöchstens über die direkte Kommunikation per Mail oder über die Facebook-Nachrichtenbox.

Gefällt mir: Gruppen & Co. belohnen

Nicht nur Beiträge, Fotos und Videos stellen sich deiner wohlwollenden Prüfung. Ebenso kannst du Gruppen, Unternehmen, Vereine, Organisationen und Institutionen mit einem *Gefällt mir* belohnen und deine Begeisterung dafür zum Ausdruck bringen.

Sorry liebe Bayern-Fans. Aber ich konnte es mir wirklich nicht verkneifen, dieser „Fan-Gruppe“ ein Gefällt mir *zu vergeben.*

Die Statusmeldungen deiner Freunde laufen unentwegt über deine Startseite. Unter jeder Meldung zeigt das kleine Symbol mit dem nach oben gestreckten Daumen an, wie vielen Leuten dieser Beitrag gefällt. Freunde werden dabei namentlich genannt. Gibst du auch noch ein *Gefällt mir* dazu, sieht das auf der Inhaltsseite so aus:

Mir und acht weiteren Leuten gefällt das. Besonders gelungene Beiträge erhalten manchmal weit über hundert Zustimmungen. Aber auch wenn dir ein Beitrag noch so gefallen mag – deine Stimme kannst du nur einmal abgeben.

Warum gibt es keinen „Gefällt mir nicht"-Button?

Eine vernünftige Antwort darauf habe ich noch nicht gefunden. Ich kann nur vermuten, dass Facebook mit der Vermeidung von negativen Bewertungen den bisher relativ entspannten Umgang innerhalb der Community aufrechterhalten möchte.

Fünf junge Münchner haben es mit ihrem A-capella-Lied „Gefällt mir" bis ins Radio geschafft. Eine kleine Fangemeinde hat die Band voxenstopp schon. Denn die Musiker singen über das, was sich viele Facebook-Nutzer wünschen: den Dislike-Button.

In der Tat würde eine offen zur Schau getragene Ablehnung einzelner Beiträge wahrscheinlich zu mehr Unfrieden und Aggression beitragen.

Im August 2010 geriet die Facebook-Welt in helle Aufregung: Angeblich sollte es für die Firefox-Nutzer möglich sein, sich den *Gefällt mir nicht*-Button über eine externe Website herunterzuladen. Und wirklich, über die Computerzeitschrift Chip online konntest du dir diesen *Gefällt mir nicht*-Button tatsächlich herunterladen.

Ob das wirklich funktioniert hat, weiß ich nicht, denn ich will es erst gar nicht ausprobieren. In diesem Fall schließe ich mich den Mahnern an, die davor warnen, eine solche Applikation zu installieren. Sie befürchten, dass in den Apps Spyware versteckt wurde, die unsere Daten und unser Internetverhalten ausspähen sollen. Die Diskussionen über die Sinnhaftigkeit dieser Installation wollen aber in Facebook nicht abreißen, und es wird auf verschiedenen Seiten innerhalb der Community davor gewarnt, diese App zu installieren.

Immer öfter nutzen Cyber-Kriminelle die Sehnsucht der Facebook-Nutzer nach dem Dislike-Button aus und verstecken Spyware in den Apps (mittlerweile auch für andere Browser), die dann deine Daten und dein Internetverhalten ausspähen. Also: Hände weg!

Inzwischen helfen sich die Facebook-Anwender gegenseitig und stehen mit wertvollen Tipps parat.

Warte besser, bis Facebook den *Gefällt mir nicht*-Button selbst einführt. Wenn dir das zu lange dauert und schweigen nicht zu deinen Stärken zählt, dann zeige deine Ablehnung von Mitteilungen, Fotos, Videos, Personen und/oder Unternehmen mittels giftiger Kommentare!

Interessante Kommunikationspartner finden

Wie findet man gute Gesprächspartner, die außer lockeren und witzigen Sprüchen auch wertvolle Informationen und interessante Einsichten zu bieten haben? Die darüber hinaus vielleicht eine gepflegte Diskussionskultur besitzen, die über die SMS-Sprache hinausreicht? Erste Voraussetzung dafür: Erfülle selbst alle Kriterien, die du bei anderen für wichtig erachtest und denke in erster Linie daran, welchen Nutzen du für deine Facebook-Kontakte mitbringst. Ganz automatisch wirst du dann interessante Gesprächspartner anziehen.

Doch jetzt zur Praxis. Um selbst als interessanter Gesprächspartner gefunden zu werden, solltest du deine Interessen und Aktivitäten für möglichst viele Menschen offen legen. Wenn du dich nur deinen Freunden offenbarst, die dich ohnehin schon kennen, wird kaum ein Dritter über dein Profil stolpern. Wenn du also über deine Hobbys oder Interessen gefunden werden willst, dann stelle die Sichtbarkeit in deinem Profil auf *Alle*.

Unter den Privatsphäre-Einstellungen *Auf Facebook vernetzen* habe ich bei *Deine Vorlieben, Aktivitäten und andere Verbindungen anzeigen* die Option *Freunde von Freunden* empfohlen. Ich behaupte, dadurch bin ich wirklich an sehr interessante Menschen geraten. Wenn man sich schon die Mühe macht, einem sozialen Netzwerk beizutreten, sollte man in sein Profil auch was hineinschreiben. Es muss ja nicht gleich ein kompletter Lebenslauf sein. Zeige der Öffentlichkeit (d)ein gesundes Ego.

Du kannst natürlich auch aktiv nach Menschen suchen, mit denen du dich gerne austauschen würdest. Der einfachste Weg führt über die Suchfunktion in der blauen Facebook-Leiste (mehr dazu auf Seite 28).

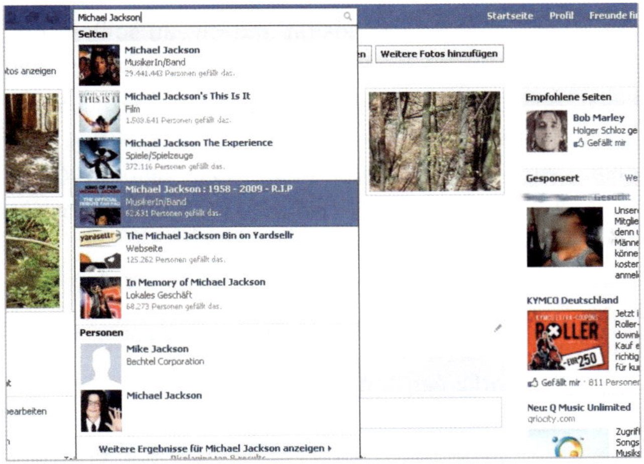

Gib in die Suchbegriffszeile Michael Jackson ein und besuche dann eine der vorgeschlagenen Seiten.

Gibst du solch einer Seite ein *Gefällt mir*, am besten verbunden mit einem Kommentar, beschert dir das womöglich ebenfalls positive Bewertungen und Kommentare, ein paar Anfragen oder sogar den einen oder anderen wertvollen Kontakt. Möglicherweise wirst du auf der Seite des Esels, der mehr Fans als der FC Bayern München hat, mindestens ebenso viele Gesprächspartner finden, vielleicht sogar unterhaltsamere ...

Wie schon gesagt, existiert auf Facebook praktisch keinerlei Zensur. Das ist keinesfalls selbstverständlich! Aus eigener Erfahrung kann ich dir versichern, dass du in manchen Internet-Foren gesperrt wirst, wenn du dich nicht an die politisch korrekte Schreibweise hältst oder gar eine politisch unkorrekte Meinung darlegst. Leider halten so manche Webseitenbetreiber nicht viel von Meinungsfreiheit.

Auf Facebook kannst du hingegen sagen, was du willst, und schreiben, wie du es willst. Solange niemandem Schaden zugefügt wird, kriminelle Handlungen verherrlicht oder zu kriminellen Taten aufgerufen wird und du den guten Ton wahrst, ist eigentlich alles erlaubt. Niemand mischt sich ein, keiner gibt dir die Inhalte vor, und deine Einträge werden niemals gelöscht (außer von dir selbst) – einzige Ausnahme: Jemand „meldet" dich, schwärzt dich also wegen einer Äußerung und/oder deines Verhaltens bei Facebook an.

Infiltration findet so gut wie nicht statt. Auf dieser Grundlage entwickeln sich schnell offene, spannende und faire Diskussionen. Über die Gründung einer Gruppe wirst du sogar noch viel mehr Diskussionspartner dazu gewinnen. Das Thema Gruppen und Seiten behandeln wir in Kapitel 5.

Meldungen lesen, bewerten und mit anderen teilen

Manche kommen nicht so ganz klar mit den eingestellten Statusmeldungen. Außerdem scheint es so, dass einige Zeitgenossen den Unterschied zwischen einer privaten Nachricht und einer offenen Statusmeldung nicht kennen. Wie sonst wäre so etwas zu erklären:

Lies deine Botschaft, bevor du sie herausgibst lieber noch ein- zweimal durch und überlege, für wen du das sichtbar machen willst.

Ein gewisses Maß an Seriosität und Niveau sollte schon eingehalten werden, wenn du dich nicht lächerlich machen willst. Ansonsten halte es mit der Aussage „Jeder ist ein Künstler". Denn was immer du auch einstellst und kommentierst, ob in Wort oder Bild ob von dir selbst verfasst oder verlinkt: Betrachte es als dein Recht, eine gewisse künstlerische Freiheit einzufordern, falls dich jemand nicht versteht. Und solltest *du* etwas nicht verstanden haben, so kannst du die Veröffentlichung mit deinen Freunden teilen und sie um tätige Mithilfe bitten, die für dich unverständliche Botschaft zu entschlüsseln.

Zu einer bemerkenswerten Meldung gibt man doch gerne seinen Senf dazu, nicht wahr? Ich fühle mich zum Beispiel regelrecht genötigt, zu besonders naiven, naseweisen oder sehr aktuellen Meldungen einen passenden Kommentar abzugeben.

Es ist nur recht und billig, wenn du auf eine besonders blöde Bemerkung eines Freundes reagierst. Oder wenn einer deiner Freunde selbst „Opfer" einer blöden Bemerkung wurde. Mehr Spaß bereiten aber Diskussionen, die auf interessanten Meldungen, schönen Fotos oder witzigen Videofilmen aufbauen.

Indem du *Gefällt mir* in einem Beitrag anklickst, gibst du ja schon eine positive Bewertung ab, jedoch ohne jegliche Nuancen. Du willst also mehr als nur dein Gefallen zum Ausdruck bringen? Dann gib einen ausgefeilten Kommentar dazu ab und teile das allen anderen auch mit. Wenn beispielsweise dein bester Freund ein Foto geschossen hat, das preisverdächtig scheint, so rufe das in Begleitung des gereckten Facebook-Daumens in die Welt hinaus.

Übrigens kann man heute auch schon viele Websites, Produkte & Co. direkt per *Gefällt mir*-Button positiv bewerten.

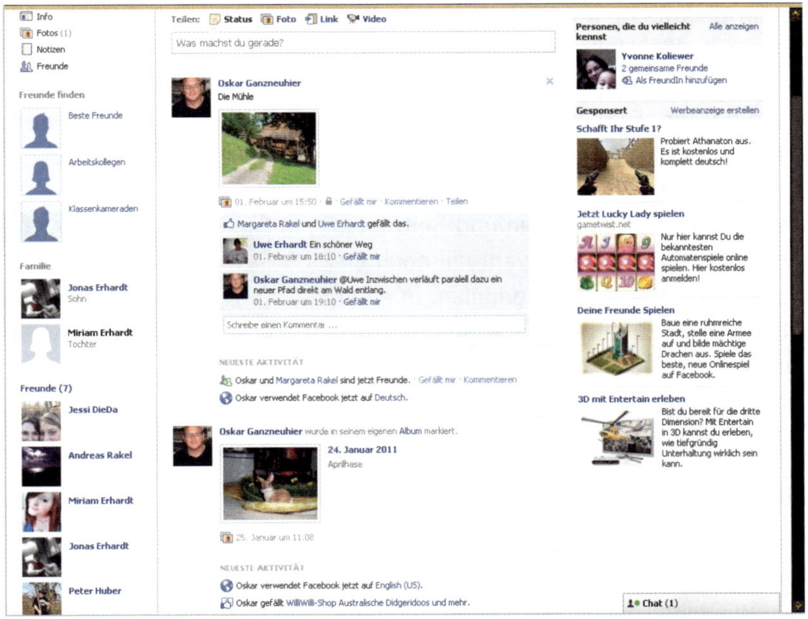

Je mehr Kontakte du hast, desto weiter verbreitet sich auch deine Nachricht.

Die Statusmeldung ist vielfältig einsetzbar und für verschiedenste Themen verwendbar. Bist du traurig oder sehr glücklich – rufe es deinen Freunden zu. Kommst du bei deinen Hausaufgaben nicht weiter – bitte deinen Freunde und vielleicht dazu noch deren Freunde um Unterstützung.

Suchst du schon seit Stunden deinen Kumpel und hast ihn weder per Telefon oder Handy noch per Mail erreicht – mache einen Ausruf über Facebook.

Wenn dir was im Kopf herumspukt, das du nicht einzuordnen weißt, stelle deine Frage auf die Pinnwand. Zum Beispiel „Gametogenese“ (Keimzellenentwicklung) oder noch besser „Fußball“! Im ersten Fall wirst du jede Menge Gegenfragen bekommen und im anderen Fall sehr wahrscheinlich einen nicht enden wollenden Stream an Meinungen und Beiträgen. Scheue dich nicht, auf eventuell noch unausgereifte Ideen und Gedanken in einer Meldung einzugehen, sie weiterzuentwickeln und deine Erkenntnisse mit der Facebook-Welt zu teilen.

Auf Kommentare reagieren

Nach den ersten Bewertungen kommt so ein „Meldungsstream“ erst so richtig ins Rollen. Wie eine Lawine, die vom Berg herabstürzt und mehr und mehr Eis und Schnee in sich aufnimmt, so wächst ein interessantes Thema mit den dazu abgegebenen Kommentaren zu einem großen Gebilde. In den meisten Fällen wirst du auf Kommentare reagieren, die zu einer deiner Meldungen abgegeben wurden. Jeder Kommentar generiert wieder eine neue Kommentarfunktion. Willst du jemandem antworten, dann bezieh dich direkt auf den Verfasser, damit nicht nur derjenige weiß, dass du auf seinen Beitrag antwortest, sondern auch alle anderen.

Stelle von vornherein klar, auf wen und was du dich beziehst. Jeder Beitrag generiert eine neue Kommentarfunktion. Bei vielen Beiträgen und jede Menge Antworten darauf, wird es unübersichtlich. Sprich denjenigen, auf den du dich beziehst, direkt an.

Für ein witziges Video, das du eingestellt hast, erhältst du mit Sicherheit jede Menge Beifall und den einen oder anderen entsprechenden Kommentar. Meist ergeben sich daraus Fragen, die nur du beantworten kannst. So oder ähnlich entwickeln sich Kommentare zu einem gerade gesehenen Video:

- „Erziehung ist die organisierte Verteidigung gegen die Jugend!" *(Reaktion auf einen Ausschnitt aus: die Supernanny)*
- „Spinat schmeckt am besten, wenn man ihn kurz vor dem Verzehr durch ein großes Steak ersetzt." *(nach der Betrachtung eines Vegetarierkochkurses)*
- „Es gibt Leute, die reden und reden und reden und schaffen es doch nicht, all das zu sagen, was sie nicht wissen." *(nach einer Polit-Talkshow)*

Natürlich ist Facebook – wie schon mehrfach betont – nicht nur ein Spaßportal. Hier bekommen ernste, seriöse Themen ebenso ihren Platz und noch mehr Zuspruch. Wie zum Beispiel die Facebook-Seite „Krebskranke Kinder in Not", die ständig aktualisierte Beiträge zum Thema generiert und zur Diskussion stellt. Durch die weltweite Vernetzung werden Informationen mit rasanter Geschwindigkeit von einem Kontinent zum nächsten transportiert. Möglicherweise kann ein Einzelner mit einem wertvollen Tipp ein Leben retten. Ein Spendenaufruf wird zum Beispiel auf diese Weise noch viel schneller durch die Welt getragen, als es das Fernsehen oder gar Tageszeitungen jemals könnten.

Nicht-öffentliche Kommunikation

Bisher haben wir uns mit der Öffentlichkeit und der offenen Community innerhalb von Facebook beschäftigt. Für das aktuelle Thema kehren wir noch einmal in die große Eingangshalle des Facebook-Hauses zurück. Je nachdem wie du deine Privatsphäre-Einstellungen konfiguriert hast, ist dein Rufen quer durch den Raum für alle zu hören, denen du das erlaubt hast. Um aber mit einem Freund etwas ganz Privates zu besprechen, trefft ihr euch am besten in einem der vielen anderen schönen Räume des Hauses. Der Zimmer sind da sehr viele, nämlich mindestens so viele wie es Facebook-Nutzer gibt.

Facebook bietet dir drei Möglichkeiten der direkten privaten Kommunikation: die direkte Nachricht, den Chat und das Anstupsen.

Facebook-Freunde anstupsen

Es fehlen dir die richtigen Worte? Hattest du, aus welchen Gründen auch immer, schon lange keinen Kontakt mehr zu einem deiner Freunde? Fühlst du dich von einem guten Freund vergessen? Oder willst du einfach mal einem Kumpel virtuell auf die Schulter hauen, auch wenn du ihn in ein paar Stunden live siehst? Für all diese und noch mehr Gründe hat Facebook uns die seltsame, aber auch irgendwie witzige Idee des Anstupsens geschenkt.

Ich halte sie insofern für eine wunderbare Option der Kontaktaufnahme, weil sie, anders als öffentliche oder private Nachrichten, keinerlei Bedingungen stellt und keine Antwort verlangt. Trotzdem entsteht daraus meist wieder ein reger, intensiverer Kontakt. Beim Aufruf deiner Startseite wird dir stets angezeigt, wer dich in deiner Abwesenheit angestupst hat. Per Knopfdruck kannst du dich bei allen revanchieren.

Da wird sogar von „Stupskrieg“ gesprochen – natürlich nur im humoristischen Sinne. Aber letztendlich gehört auch das Anstupsen (wie das „Gruscheln“ bei SchülerVZ) zu einer der vielen Möglichkeiten der Kontaktaufnahme im größten Social Network der Welt. Ohne Übertreibung möchte ich sagen, dass das Anstupsen in Facebook Kult ist und bereits traditionellen Charakter besitzt. Wie du am Beispiel des obigen Screenshots erkennen kannst, machen sich viele User einen Sport daraus, stupsen hin und stupsen zurück, zählen die Stupser, die sie geben und die sie bekommen, und haben einfach Spaß.

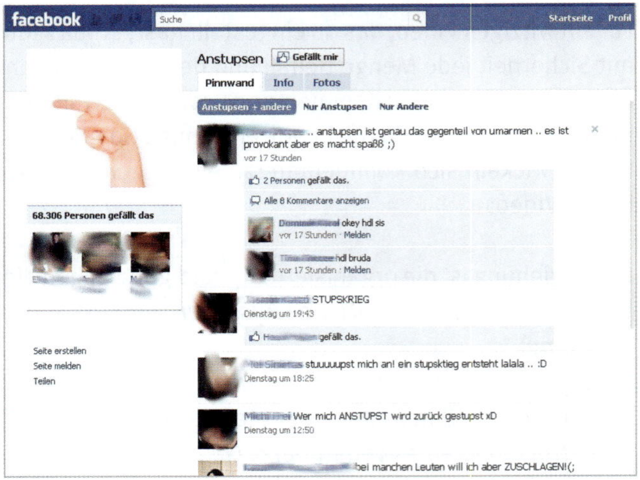

Ich habe in der Suchleiste einfach mal „Anstupsen“ eingegeben und folgende Seite entdeckt ...

Leider versteht nicht jeder diesen Spaß: Aus dem Facebook-Mutterland USA, dem Land der unbegrenzten Klagemöglichkeiten, gibt es Seltsames zu berichten. Zwei Damen aus Tennessee waren auf Facebook befreundet. Wobei die eine ihre Sympathie mehrmals am Tag per Anstupsen kundzutun pflegte. Nach kurzer Zeit ging der Angestupsten diese Form der Nettigkeit auf die Nerven. Der einfachste Weg zur Klärung wäre, es einfach zu sagen oder per Nachricht zu übermitteln. Aber nein, die Dame wählte den Weg über die Justiz und erwirkte eine einstweilige Verfügung gegen ihre ehemalige Freundin, dass diese sie nicht mehr per Anstupsen, per Telefon & Co. belästigen dürfe. Wie reagierte die so Verklagte und Geschmähte darauf? Na, sie stupste sofort zurück ...

Das zeigt, dass auch solche eigentlich harmlosen, kommunikationsfördernden Funktionen in Facebook das Ende von Freundschaften bedeuten oder gar einen ausgemachten Gerichtsstreit auslösen können.

Und so geht das Anstupsen und Zurückstupsen:

1 Klicke im Profil eines deiner Facebook-Freunde (oben rechts) auf *Anstupsen*. Auf sein Profil gelangst du, indem du auf sein Miniaturbild in einem seiner Kommentare oder einer seiner Meldungen klickst.

2 Ein Pop-up-Fenster öffnet sich, und dort klickst du auf das blaue Feld *Anstupsen*. Dein Freund erhält auf seiner Startseite – sobald er sich das nächste Mal einloggt – die Nachricht, dass er von dir angestupst wurde.

3 Wirst du selbst angestupst, bekommst du, leider an einem etwas unauffälligen Platz rechts auf der Startseite eine kurze Nachricht darüber, wer dich angestupst hat. Mit einem Klick auf *Zurückstupsen* kannst du den *Stupskrieg* ins Laufen bringen.

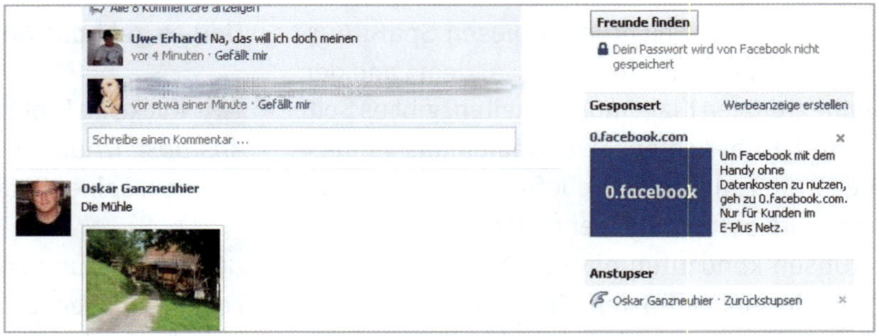

Fällt nicht gleich auf: Die Anstupsbenachrichtigung. Du kannst aber deine Kontoeinstellungen dahingehend ändern, dass du per E-Mail benachrichtigt wirst.

Private Nachrichten versenden

Vor lauter Durcheinandergequake verstehen dein Gesprächspartner und du kein Wort mehr, bzw. eure Konzentration leidet ein wenig unter den vielen Kommentaren, während ihr euch öffentlich austauscht? Vielleicht möchtest du einen Anhang, z. B. ein Foto oder einen Link ganz speziell nur dieser einen Person zukommen lassen? Dann nutze die Möglichkeit der privaten Nachrichtenversendung in Facebook.

(© Kirsty Pargeter – Fotolia.com)

Im Prinzip funktioniert diese Form des Nachrichtenaustauschs genau wie bei einem herkömmlichen E-Mail-Account. Du sendest und erhältst Nachrichten über deine eigene Facebook-Adresse (nicht zu verwechseln mit deiner herkömmlichen E-Mail-

Adresse). Du kannst von hier aus Nachrichten schreiben, Nachrichten empfangen und verwalten, ohne dass jemand davon Wind bekommt.

Die Privatnachrichten innerhalb von Facebook eignen sich ganz hervorragend zum schnellen internen und geschützten Austausch von Neuigkeiten zwischen zwei Personen. Vor allem diejenigen, die sich mobil von unterwegs in Facebook einloggen (per Handy, iPhone usw.), müssen nicht extra in den E-Mail-Account ihres Providers wechseln, sondern können das ganz bequem von ihrem Facebook-Account aus erledigen.

So einfach geht das Versenden einer privaten Nachricht:

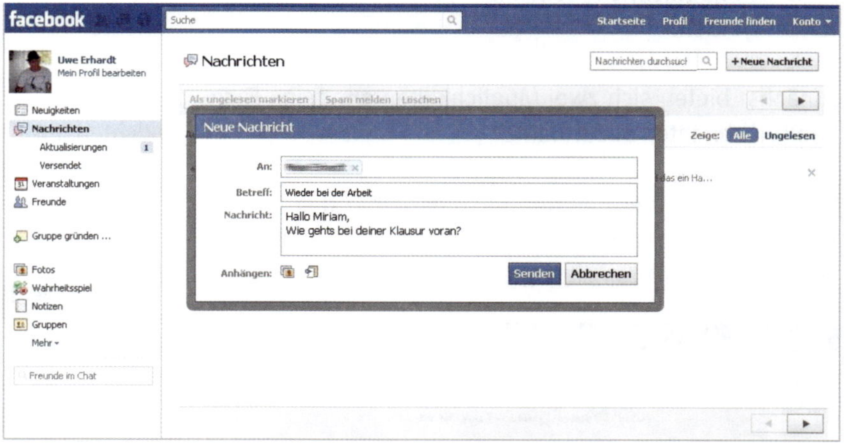

Gib oben den Namen des Adressaten ein. Wenn du noch ein Foto, ein Video oder einen Link anhängen möchtest, klicke auf das entsprechende Symbol. Danach nur noch auf Senden *klicken, und ab geht die Post.*

Auch die Demonstranten in Nordafrika, zu Beginn der Revolutionen in Tunesien und Ägypten, haben sich die direkte Nachrichtenübermittlung per Facebook zunutze gemacht um die Termine und Orte der Proteste abzusprechen. Facebook und Twitter wurden auf diese Weise zum wichtigsten Informationsmedium des zu Beginn friedlichen Protestes. Interessant dabei: Die Gewalt eskalierte erst so richtig, nachdem die Internet- und Handynetze von der noch amtierenden Regierung abgeschaltet wurden. Übrigens hat ein frischgebackener ägyptischer Vater seine Tochter „Facebook“ genannt. Aus Dankbarkeit für die Unterstützung der Revolution.

Private Nachrichten empfangen

Hast du eine Nachricht bekommen, will diese auch beantwortet werden.

Zunächst bieten sich zwei Möglichkeiten an, deine Facebook-Nachrichten abzurufen.

1 Entweder über das rote Kästchen über den beiden Sprechblasen oben in der Facebook-Leiste, das dir anzeigt, wie viele Nachrichten eingegangen sind.

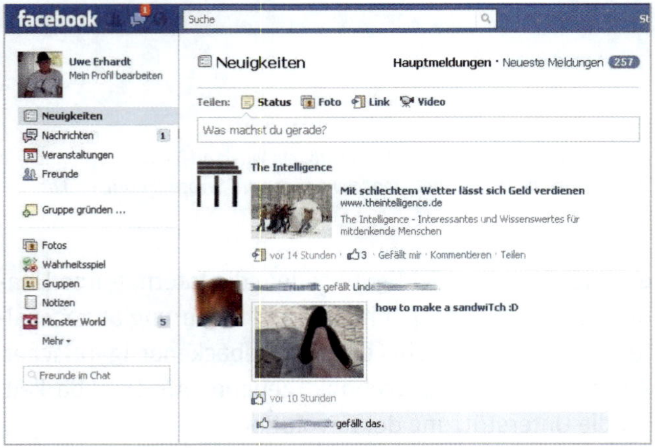

2 Oder über das linke Seitenmenü. Dort erscheint eine Zahl in Klammern, die angibt wie viele ungelesene Nachrichten für dich vorliegen.

Es spielt also keine Rolle, über welchen Weg du die Nachrichten abrufst. In beiden Fällen genügt ein Klick, um das Nachrichtenfenster zu öffnen und das geheimste Geheimnis, die neueste Neuigkeit oder den aktuellsten Tratsch aus allererster Hand zu erfahren.

Wie im Bild zu sehen, steht oben die eingegangene Nachricht und darunter das Antwortfeld, in dem du deinen Kommentar einfügen und als Antwort an den Adressaten zurücksenden kannst.

Facebook-Adresse einrichten

Facebook bietet zurzeit (Stand: April 2011) ein neues Nachrichten-Upgrade an, das Schritt für Schritt allen Facebook-Nutzern zur Verfügung gestellt wird. Auf dieser neuen Oberfläche wird nicht nur dein privater Nachrichtenaustausch mit deinen Freunden angezeigt, sondern es werden dazu Verknüpfungen mit deinen Chats, SMS und E-Mails erstellt. Das ist dann sozusagen die neue Nachrichten-Zentrale, in der du deine private Kommunikation innerhalb und außerhalb von Facebook steuerst. Dafür solltest du dir eine *@facebook.com*-Adresse einrichten.

Hast du noch keinen Nutzernamen angegeben, kannst du das jetzt nachholen. Jetzt ergibt der Nutzername auch einen Sinn.

Öffne dazu die Nachrichten-Ansicht und wähle Beanspruche deine Facebook-E-Mail-Adresse in der oberen Leiste.

Entweder wählst du eine der vorgeschlagenen Alternativen per Mausklick aus, oder du trägst in das freie Feld deinen Wunschnamen ein. Im unteren Bereich wird dir deine neue Facebook-Adresse angezeigt.

Nachdem du die Adresse eingerichtet hast, können dir E-Mails von herkömmlichen E-Mail-Systemen (z. B. Web.de, Google oder Yahoo!) als Facebook-Nachrichten angezeigt werden. Andersherum gilt das genauso: Ausgehende Nachrichten werden so formatiert, dass sie wie Facebook-Nachrichten aussehen – inklusive deinem Namen und Profilbild. Selbstverständlich bleiben deine Privatsphäre-Einstellungen davon unberührt.

Das heißt, wenn du im Abschnitt *Einstellungen anzeigen* unter *Dir Nachrichten schicken* beispielsweise *Freunde von Freunden* gewählt hast, dann wird auch weiterhin ausschließlich nur dieser Personenkreis Nachrichten an dich senden können. Ein Anhang (Foto, Video oder Link) wird direkt in der Mail als Miniaturbild angezeigt.

In Facebook wird der Mailverkehr als Dialog betrachtet. Das bedeutet, nachdem du auf eine Mail geantwortet hast, wird diese, sofern der Betreff nicht geändert wurde, zusammen mit der Ursprungsmail angezeigt und verwaltet. Ich finde das sehr praktisch und hilfreich. Gerade bei sich wiederholenden Themen, im Mailverkehr zwischen meist denselben Personen, geht doch schnell mal die Übersicht verloren.

Mit einem Klick auf das Bild öffnest du den Anhang. Wenn es ein Link zu einer Seite ist, kommst du direkt dorthin. Du kannst damit ein Fotoalbum aufschlagen oder ein Video direkt ansehen.

Auch wenn es so scheinen mag, ersetzt die Postfach-Funktion nicht den Live-Chat. Facebook hat aus Sicherheitsgründen (Abwehr von Spamming) Limits eingerichtet, die die Häufigkeit einschränken und mit denen du bestimmte Funktionen der Seite verwenden kannst. Für Dialoge nutzt du am besten den Live-Chat.

So findest du ganz sicher und schnell alle relevanten Daten aus einem E-Mail-Dialog wieder.

Empfehlungen und E-Mail-Benachrichtigungen

In Facebook unterwegs zu sein heißt auch, sich auf eine Expedition zu begeben. Es gibt so viel zu entdecken, nachzuforschen und zu recherchieren. Einer der wichtigsten Gründe für meine Facebook-Anmeldung war die Summe der Möglichkeiten für neue Entdeckungen und den Austausch von Wissen.

Wozu noch teures Geld für die Fachpresse ausgeben oder bis zum nächsten Arztbesuch warten, um über die im Wartezimmer ausgelegte Klatschliteratur über den aktuellsten Promi-Tratsch informiert zu werden, wenn du doch in Facebook mit nur einem Klick alle interessanten Daten und Hintergründe auf deinen PC, dein Notebook, dein iPad oder dein Smartphone geliefert bekommst?

Für den einfachen Gebrauch gibt es ja den *Gefällt mir*-Button. Nur am Rande möchte ich erwähnen, dass es in Facebook auch ein paar ausgeklügelte Tools für das sogenannte Empfehlungsmarketing gibt. Dieses ist vor allem für die User interessant, die Facebook auch oder vor allem beruflich nutzen wollen.

Je nachdem wie deine Einstellungen zu E-Mail-Benachrichtigungen in deinem Konto konfiguriert sind, wirst du über deine Aktionen, die deiner Freunde und die deiner Geschäftspartner informiert. Wichtig sind im diesem Zusammenhang deine Einstellungen zu Gruppen, Facebook-Anwendungen, Seiten und Veranstaltungen.

Eine interessante Seite zu diesem Thema im Allgemeinen und über Werbung für ortsbezogene Dienste im Speziellen heißt „Facebook Places“. Zu erreichen über die Suchfunktion in der blauen Facebook-Leiste. Im Austausch mit der Facebook-Welt erfährst du hier alles, was man darüber wissen muss.

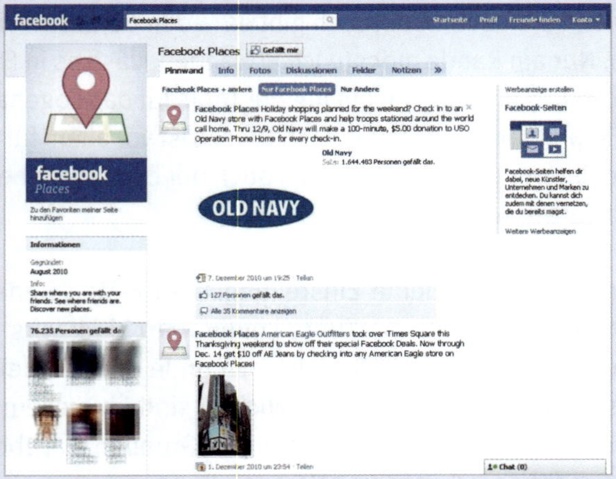

Facebook Places – eine der vielen Möglichkeiten, wie Facebook auch professionell genutzt werden kann. Mehr dazu in Kürze in „iKnow Social Media Marketing“.

Chatten mit Freunden

Ich bin ein leidenschaftlicher Kommunikator und ich bin ungeduldig. Wenn ich einer Sache auf den Grund gehe, dann möchte ich so tief eindringen und so schnell vorankommen wie möglich. Voraussetzung dafür ist der schnelle und direkte Informationsfluss. Wo und wie könnte das besser gehen als im Chat?

»Chatten«: Dem neuen Wortschatz folgend bedeutet chatten sinngemäß „schriftlich über Tastatur und Bildschirm mit anderen Personen im Internet in Echtzeit über die unterschiedlichsten Themen kommunizieren“.

Meinen Facebook-Freundeskreis habe ich, eigentlich eher zufällig, aus den unterschiedlichsten beruflichen und sozialen Schichten ausgewählt und rekrutiert. Dadurch steht mir ein unendlich großes Repertoire von Meinungen, Wissen, Bildung und Emotionen zur Verfügung, dass sich gerade für den Beruf des Autors sinnvoll nutzen lässt. Brennt mir eine Frage auf den Nägeln, die jetzt sofort beantwortet werden will? Kein Problem, in Facebook ist immer einer meiner Freunde online, den ich mit meiner Frage direkt ansprechen kann und der meist sofort antwortet.

Nun ist der Chat an sich ja überhaupt nichts Neues und schon gar keine Erfindung von Facebook. In Wikipedia heißt es gar, der CB-Funk sei eine frühere Form des Chats gewesen. Der Chat existiert bereits, seit es das Internet gibt, also schon lange vor der Gründung von Facebook. Schon in den 90er-Jahren wurde der Chat von vielen E-Mail-Anbietern wie GMX oder Web.de hoffähig gemacht und bereits seinerzeit, vor allem von jungen Menschen, reichlich in Anspruch genommen.

Die Chatfunktion in Facebook basiert, technisch gesehen, auf der Grundlage des Webchats. Das bedeutet, wir benötigen dazu keine gesonderte Software, sondern können sofort loslegen und unsere Kumpels, Freundinnen und Familienmitglieder, sofern diese gerade anwesend sind, mit den neuesten Meinungen, Fragen, Mitteilungen und Erkenntnissen erfreuen – aktuell und unverzüglich.

Wo ist der Chat denn?

So ganz auffällig wurde die Chatfunktion nicht installiert. Wenn du nicht direkt von einem Freund zum Chat eingeladen wirst, musst du selbst erst einmal danach suchen. Zwei Wege führen zum Facebook-Chat:

1 Rechts unten, ganz unauffällig, befindet sich die Anzeige für die Chatfunktion. Der grüne Punkt neben dem Männchensymbol zeigt an, dass die Person online ist und

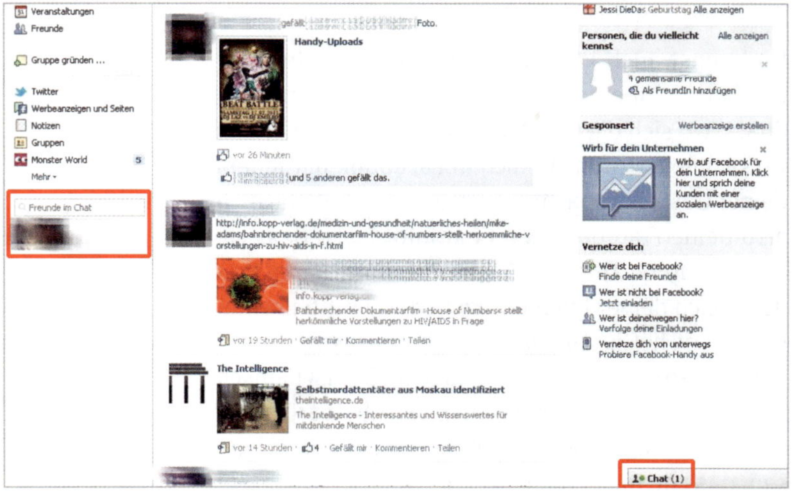

jederzeit zum Chat eingeladen werden kann. Die Zahl in Klammern zeigt die Anzahl deiner Freunde an, mit denen du jetzt chatten kannst.

2 Übersichtlicher geht es über das Seitenmenü. Hier werden dir deine Freunde mitsamt ihrem Profilbild angezeigt. Sinnigerweise steht darüber *Freunde im Chat*. Mit einem Klick auf das Bild öffnet sich gleich das kleine Chatfenster, und du kannst sofort loslegen.

Du kannst auch mit mehreren Freunden gleichzeitig chatten. Aber im Unterschied zu herkömmlichen Chats, wo sich die Chatter in einem virtuellen Raum versammeln, triffst du dich in Facebook mit jedem deiner Gesprächspartner einzeln isoliert. Wenn dich also deine Frau über den Chat informiert, dass sie dich um 19:00 Uhr zum Essen erwartet, kannst du das gleich deiner Freundin, mit der du schon seit einer Stunde heftigst im Nachbar-Chat flirtest, mitteilen und für den heutigen Abend absagen. Das ist nämlich alles kein Problem, weil sich für jeden Chatpartner ein eigenes Dialogfenster öffnet. Du musst nur aufpassen, dass du die beiden nicht verwechselst.

Der Spaß kann also beginnen. Unten in der Eingabezeile gibst du deinen Text ein, und mit der Enter*-Taste sendest du deinen Gruß ab. Tja, und dann entwickelt sich hoffentlich ein unterhaltsames Gespräch. Ein Klick auf den Kasten neben dem grünen Punkt (unten rechts in der Chat-Box) öffnet den gesamten Dialog in zentraler Großansicht.*

Die Freundesliste in der Chat-Funktion

Die Verwendung deiner Freundeslisten bringt verschiedene Vorteile mit sich.

1 Du kannst dich für bestimmte Leute unsichtbar machen, indem du nur für die Kontakte als online zu erkennen bist, die du auf deiner Chat-Liste mit einem Häkchen versehen hast. Im Beispiel links bin ich jetzt nur für meine beruflichen Kontakte für den Chat offen.

2 Ist deine Freundesliste schon sehr lang – bei einem Durchschnitt von 130 Freunden je Nutzer liegt das nahe –, würde sich deine Chatliste sehr umfangreich gestalten. Durch die Filterung über die Freundeslisten lassen sich bestimmte Personen sehr schnell finden.

3 Du kannst die Freunde, mit denen du am häufigsten chattest, ganz oben auf der Liste platzieren, um sie so schneller und bequemer zu erreichen.

Ganz individuell kannst du dir sogar eine Favoritenliste für den Chat erstellen. Das geht ganz einfach:

1 Erstelle eine neue Liste, indem du unten in der Befehlszeile deiner neuen Freundesliste einen Namen gibst. Zum Beispiel „Klatsch und Tratsch“.

Um dich besser auf einen Gesprächspartner zu konzentrieren, minimiere das oder die andern Chatfenster durch einen Klick auf den oberen blauen Balken. Um den Dialog mit dem Ausgeblendeten fortzuführen, klicke wieder auf den Balken.

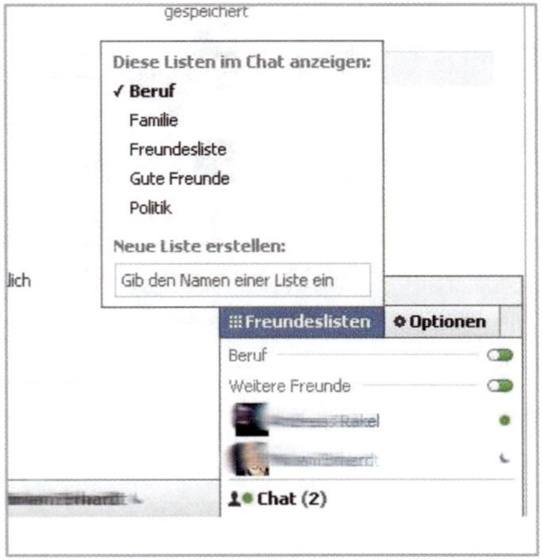

Hilfreich sind auch die Optionen, die du über die Chat-Verwaltung einstellen kannst.

2 Ordne die entsprechenden Personen der neuen Liste zu, indem du deine Maus neben dem Namen der Freundesliste auf das Feld *Bearbeiten* lenkst und draufklickst. Jetzt kannst du dieser neuen Liste deine Auswahl von Freunden oder Gruppen zuordnen.

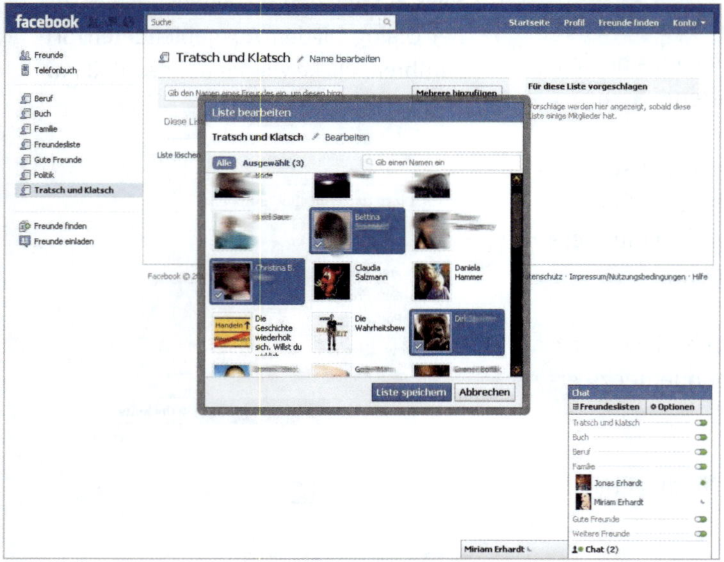

Die blau hinterlegten Freunde sind jetzt unter anderem der Klatsch und Tratsch-Liste zugeordnet. Wie bei deinen normalen Freundeslisten auch kannst du hier eine Person in beliebig viele Listen einordnen.

Weitere Optionen der Chatfunktion

- Mit *Offline gehen* machst du dich unsichtbar. Es sieht dann für alle so aus, als wärst du gar nicht in Facebook eingeloggt. Ist vielleicht ganz praktisch, wenn du dich gezielt mit einer Person verabreden möchtest und ihr vorerst unter euch bleiben wollt.
- *Listen neu anordnen* bedeutet, die Reihenfolge deiner Freundeslisten zu bestimmen. Du kannst Kontakte hier nach Chat-Gewichtigkeit einteilen. Sinnvoll ist daher, die Liste mit den Freunden ganz nach oben zu stellen, mit denen du am häufigsten chattest.

- Die Option *Chat im eigenen Fenster anzeigen* halte ich fast für unentbehrlich. Zumindest dann, wenn man für längere Zeit im Chat verweilt. Erstens konzentriere ich mich besser auf meinen Dialogpartner, und zweitens liest es sich so viel angenehmer. Wenn man mit Mobilgeräten online ist, weiß man das zu schätzen.
- Der „Plopp"! Was denn das? Nun, so tönt dein PC, wenn dir jemand im Chat geschrieben hat. Nervt dich das Geräusch, dann stell es ab, indem du bei *Ton für neue Nachrichten abspielen* das Häkchen entfernst.
- Mit der Funktion *Freunde online Fenster offen lassen* bleibt das Chat-Verwaltungsfenster während deines Facebook-Aufenthalts so lange offen, bis du dich ausloggst.
- *Nur die Namen der Online-Freunde anzeigen* bedeutet, dass nur die Personen gelistet sind, die auch tatsächlich für einen Chat zur Verfügung stehen.

Die Facebook-Nettiquette (Chatiquette)

Ein typischer Onlinebegriff, der für den Umgangston in Chats und Foren steht. Mir ist aufgefallen, dass es in Facebook anders als in den meisten Chatrooms oder Internetforen keine Regelwerke oder Anleitungen zum Chatten gibt. Solange wir alle höflich und respektvoll miteinander umgehen und jedem seine Meinung lassen, bedarf es spezieller Regeln meiner Meinung nach auch gar nicht. Und im Gegensatz zu öffentlichen Chatrooms kommunizierst du hier auch nur mit Leuten, mit denen du auch (zumindest virtuell) befreundet bist.

Dein Notizbuch: Bloggen leicht gemacht

Aus einer Art Onlinetagebuch besonders aktiver Internetsurfer, die ihre Erlebnisse und Entdeckungen für so bemerkenswert hielten, dass sie diese für die Weböffentlichkeit dokumentierten, entwickelte sich der Blog.

> **»Blog«** (Weblog): Ein auf einer Website geführtes und damit meist öffentlich einsehbares Tagebuch, in dem mindestens eine Person, der Blogger, Aufzeichnungen führt, Sachverhalte protokolliert oder Gedanken niederschreibt. Der Blogger steht, anders als etwa bei Netzzeitungen, als wesentlicher Autor über dem Inhalt, und häufig sind die Beiträge aus der Ich-Perspektive geschrieben.

Inzwischen stellen vor allem politische, wirtschaftliche und sozialpolitische Blogs eine ernstzunehmende Konkurrenz für die herkömmlichen Medien dar. Immer mehr Menschen informieren sich im Internet über aktuelle Geschehnisse und da eben zunehmend auf den Seiten der Blogger. Der Vorteil dieser Möglichkeit der Informationsbeschaffung liegt in der leichteren Nachprüfbarkeit der dargestellten Meldungen. Ein seriöser Blog bezieht sich auf Quellen, die im Internet sofort nachvollziehbar sind. Meist werden sie als Link eingestellt, was es dem Leser leichter macht, den Spuren zu folgen. Das ist insofern sehr wichtig, da ja der Betreiber des Blogs seine eigene, ganz persönliche Meinung kundtut.

Wir sind hier aber in Facebook und können auch ohne eine eigene Website bzw. einen eigenen Blog unser eigenes Onlinetagebuch führen und unseren Freunden zum Fraß vorwerfen – oder besser gesagt, ihrer hoffentlich wohlwollenden Kritik anvertrauen. Solltest du geplant haben, irgendwann auf deiner eigenen Homepage einen Blog zu betreiben, bietet sich hier ein geeignetes Trainingsgelände an. Denn Bloggen wird dir in Facebook tatsächlich leicht gemacht. Nur heißt es hier *Notizen*.

So sieht eine „Notiz“ einer meiner Freunde aus. „Notiz“ ist dabei, wie du siehst, stark untertrieben. Ich würde das eher als kleines Wikipedia bezeichnen.

Du kannst diese Funktion unterschiedlich nutzen: entweder als privates Tagebuch, das nur du einsehen kannst, für deine Forschungen, Studien, Notizen und Ideen. Oder als Blog für die Öffentlichkeit mit Einträgen, die von allen berechtigten Usern einsehbar sind. Eine wirklich feine Sache ist das, weil du deine Notizen den verschiedensten Themen zuordnen kannst.

In drei Schritten zu deinem ersten Blog:

1 Klicke links in den Sidebars auf *Notizen*. Es werden dir die bereits erstellten Blogs und Notizen deiner Freunde angezeigt.

2 Um eine neue Notiz zu schreiben, klicke auf *Notiz schreiben*, und ein Formularfenster öffnet sich, das dem einer E-Mail ähnelt.

3 Tja, und der Rest ist einfach: Schreibe, was dir gerade so einfällt. Zum Beispiel ein Reisetagebuch, eine tägliche Glosse zu deinem Lieblingsthema oder den Monatsbericht der Bananenmilchwetttrinker.

Schreiben (bzw. bloggen) kannst du, so viel du willst. Es existiert keine Zeichenbegrenzung. Die Editiermöglichkeiten sind hingegen arg begrenzt.

Mithilfe der aus Textverarbeitungsprogrammen vertrauten Buttons über dem Eingabefeld kannst du deinen Text sogar notdürftig formatieren. Textteile können fett (**B**) oder kursiv (*I*) dargestellt werden. Zudem gibt es zwei Buttons, um Listen zu nummerieren oder aufzuzählen.

So sieht ein einfacher Blog aus. Das Thema Fußball kommt auch in Facebook immer gut an (ich bin Schwabe und der VfB liegt mir halt am Herzen).

Wie immer und überall in Facebook gilt es auch hier festzulegen, wem du es erlauben willst, deinen Blog zu lesen. Je mehr Menschen deinen Blog lesen, desto mehr Sinn macht er natürlich. Wenn deine Themen hingegen zu privat sind, ist von einer zu starken Öffnung eher abzuraten. Wie auch immer: Unterhalb deiner Notiz findest du wieder das Privatsphären-Symbol mit dem kleinen Schloss. Wie du die Konfiguration veränderst, weißt du ja schon (mehr dazu ab Seite 57).

Um deinem Text mehr Pep und Aussagekraft zu verleihen, garniere ihn mit Bildern, indem du auf den Button *Foto hinzufügen* klickst und damit das gewünschte Motiv von deinem PC hochlädst. Willst du eine Notiz mit einem Freund in Verbindung bringen, dann markiere sie oder ihn in deiner Notiz. Um das zu erreichen, gibst du den Namen des Betreffenden einfach in das Feld *Markierung* ein.

Ich habe mir einen Sport daraus gemacht, zu allen möglichen Themen, seien sie nun ernsthafterer oder heiterer Natur, einen Blog zu erstellen und meinen Lesern zu präsentieren.

Die Feedbacks sind wirklich interessant: Geht es um Kunst, Sport, Unterhaltung oder andere gesellschaftliche Themen, bekomme ich im Grundtenor eher gelassene bis witzige Kommentare, die aber nicht immer zielführend sind. Auf der anderen Seite, bei den wirklich wichtigen Themen, zeigen sich die Kommentatoren effizienter und genauer in ihrer Wortwahl und bieten sehr viel häufiger Lösungen an.

Ein Blog wird durch seine Aktualität erst richtig interessant. Wenn ich zum Thema VfB Stuttgart bei der Trainerfrage stehen bleibe und keine weiteren Vorschläge und Neuigkeiten einfließen lasse, werde ich sehr bald keine Leser mehr haben. Je nach Thema besteht also die Notwendigkeit einer täglichen Aktualisierung. Unter *Meine Notizen* sind deine veröffentlichten Blogs abgelegt. Wähle den entsprechenden Blog aus, klicke auf *Bearbeiten* und bringe so das Thema auf den neuesten Stand.

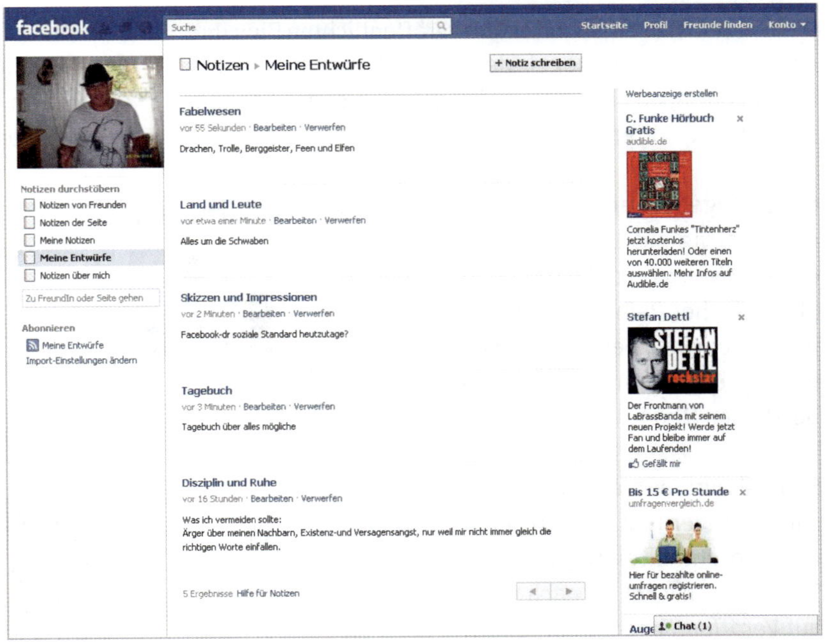

Skizzen, Tagebuch, Notizen, Ideen und Einfälle lege ich unter Meine Entwürfe *ab.*

Um die Übersichtlichkeit zu wahren und den Text nicht in unüberschaubare Dimensionen abgleiten zu lassen, verfasst du bei Dauerthemen am besten mehrere Teile. Zum Beispiel „Der Niedergang des VfB Stuttgart (2)“.

Der Unterschied zwischen einem veröffentlichten Blog und einer normalen Notiz liegt in der Einstellung der Privatsphäre bzw. darin, ob du nur einen Entwurf speichern oder diesen sofort veröffentlichen möchtest.

Um ein Tagebuch anzulegen, genügt es, nach dem Eintrag auf *Entwurf speichern* zu klicken. Abgelegt werden diese Notizen in alphabetischer Reihenfolge unter *Meine Entwürfe*. Zum Bearbeiten klickst du auf den gewünschten Titel und verfährst genauso wie bei deinen Blogs.

Schnell wird aus ein paar Notizen ein aussagekräftiger Text, den du deinen Freunden nicht vorenthalten willst. Um ihn zu veröffentlichen, klickst du nach dem Bearbeiten auf *Veröffentlichen*. Dein Text wird dann unter *Meine Notizen* abgelegt.

Ein Text so ganz ohne visuelle Beigaben wirkt schnell wie eine Bleiwüste – anstrengend und öde. Unterstütze deine Aussagen (nicht nur im Blog) also idealerweise mit passenden Bildern. Das Einfügen ist kinderleicht. Du musst nur darauf achten, dass du *vorher* schon festlegst, wo genau das Bild im Text erscheinen soll. Ansonsten wird das Foto immer hinter die letzte Zeile gestellt.

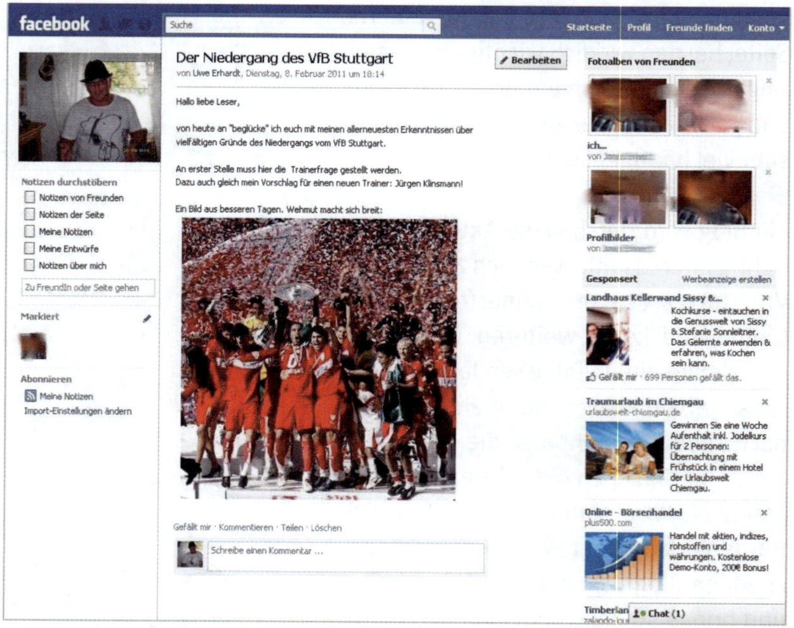

Um Stimmung rüberzubringen, sagt ein Bild weit mehr aus als der geschliffenste Satz.

Mindestens so interessant wie der eigene Text sind die Blogs von Freunden und Gruppen. Streng genommen verlangt ein Blog nicht unbedingt nach den Kommentaren seiner Leser. Doch die modernen Blogs buhlen geradezu um Bestätigung, Kritik und Unterstützung. Facebook hat, ganz im Sinne seiner Funktion als Social Network, eine Kommentarfunktion eingerichtet. Wie bei den Statusmeldungen hängst du dich auch hier mit dazu und schreibst sinnige Kommentare zum Thema.

Auch für deinen Blog stellen die Kommentare deiner Freunde eine Bereicherung dar. Der eine oder andere steht mit einem hilfreichen Tipp oder einem Hinweis parat. Oder einer deiner Leser macht dich auf einen Fehler aufmerksam. Kommentare sind das Salz in der Suppe eines jeden Blogs und einer jeder Community.

Rückfragen deiner Leser werten deine Veröffentlichung auf. Daher ist zu empfehlen, Auszüge deines Blogs auf der Startseite zu veröffentlichen und die Leser zu Kommentaren zu animieren.

Ich habe versucht herauszufinden, über welche Themen in Facebook am meisten gebloggt wurde. Das Ergebnis heißt ganz nüchtern betrachtet: Es gibt keine Favoriten. Wenn überhaupt war das große Thema 2010 auch bei den deutschen Bloggern in Facebook die Fußball-Weltmeisterschaft. Ansonsten wurde über alles Mögliche geschrieben, und es ging um die abenteuerlichsten Dinge, wie zum Beispiel Getränke, ausgefallene Haustiere oder um den FC Bayern München.

Import von Blogbeiträgen aus anderen Systemen

Hast du bereits in anderen Systemen, z. B. auf deiner eigenen Homepage, Blogs geschrieben, die du nicht noch einmal für Facebook eintippen willst, dann importiere den Blog einfach in deine Facebook-Notizen. Voraussetzung dafür ist, dass die Website deines Blogs auch RSS- oder Atom-Feeds generiert.

Mit dem Setzen des Häkchens räumst du Facebook nicht nur das Recht ein, diesen Blog zu veröffentlichen, sondern du bestätigst auch den einwandfreien, legalen Inhalt des Textes.

Und so einfach geht das:

1 Auf deiner Notizenseite links unten findest du den Link *Importeinstellungen ändern*. Mit einem Klick betrittst du die nächste Seite, die da heißt *Blog importieren*.

2 Gib die URL ein, hinter der sich dein Blog verbirgt, und setze das Häkchen, mit dem du bestätigst, dass du Facebook das Recht einräumst, den Inhalt auch zu veröffentlichen.

3 Klicke jetzt noch auf *Importieren*, und dein Blog wird unter *Meine Notizen* abgelegt.

Acht Tipps auf dem Weg zum Social-Network-Spezialisten

1 Witzige und originelle Statusmeldungen würzen deine Inhaltsseite, und die Resonanz wird dich überraschen. Dort wo viel gelacht wird, fühlen sich die Menschen wohl. Deshalb wirst du dadurch noch mehr Freunde gewinnen

2 Ein guter Text für sich allein ist sehr gut. Mit einem angehängten Foto, Video oder Link unterstützt du deine Aussage und wertest die darin enthaltenen Informationen zusätzlich auf.

3 Vergiss nicht, Freunde in deinen Blogs, Meldungen und Nachrichten einzubeziehen. Markiere die zu der Meldung passenden relevanten Personen. So wächst der kommunikative Geist.

4 Die Mischung macht's: Unterscheide und finde das richtige Maß zwischen ernsthafter Berichterstattung, Satire und Nonsens. Ein bisschen Provokation kann auch nicht schaden.

5 Verstecke dich nicht. Zeige, was du drauf hast. Dein glänzend gedrehter Werbefilm will von der Facebook-Öffentlichkeit auch gesehen werden. Es darf aber auch ein sinnvoller Vorschlag sein, z. B. wie dem VfB Stuttgart, der Umwelt oder der FDP geholfen werden kann.

6 Teile der Welt mit, was du gut findest. Der hohe Daumen allein genügt nicht. Schreibe besser noch einen Kommentar dazu.

7 Sei immer nett und aufmerksam. Ab und zu benötigen deine Freunde einen kleinen Stupser, damit sie nicht vergessen, dass Facebook keine Schlafwagengesellschaft, sondern eine aktive Community ist.

8 Nutze alle angebotenen Kommunikationsangebote und schöpfe aus dem Vollen. Ob öffentliche Statusmeldung private E-Mail-Nachricht, Live-Chat oder der Blog. Bring dich in Facebook zum Ausdruck.

Wie sang Madonna einst so schön? Express yourself!

5. Facebook-Teamwork ist alles

Ich denke, du hast dich mittlerweile zu einem richtig guten Facebook-Einzelspieler entwickelt. Jetzt ist es an der Zeit, deine Teamfähigkeit unter Beweis zu stellen.

Diesen Beweis kannst du in einer der unzähligen hochinteressanten Gruppen innerhalb der Community erbringen. Indem du entweder einer Gruppe beitrittst oder – ganz kreativ – selbst eine Gruppe gründest. Wir werden sie noch kennenlernen, die völlig verrückten, witzigen, politischen, wissenschaftlichen und sportlichen Gruppen. Es gibt einfach für alles und jeden eine Gruppe oder Organisation in der Facebook-Welt. Sie sind entweder offen, geschlossen oder für die ganz Elitären: geheim. Sie beschäftigen sich mit amüsanten Nebensächlichkeiten, aber auch mit den großen Problemen dieser Welt und bieten sogar Lösungen an.

Es gibt nützliche und völlig nutzlose Gruppen. Beide haben ihre Berechtigung. Solange es nicht völlig schwachsinnig wird, kann man sich auch in einer Gruppe wohlfühlen, die sich Spaß und Fun auf die Fahne geschrieben hat. Oder könnte nicht fast jeder Autofahrer neben dem ADAC bedenkenlos auch der Gruppe „Fahr doch schneller du Arsch – Wir fluchen im Auto“ (gibt es wirklich!) beitreten?

In den Facebook-Gruppen wird die Kommunikation untereinander auf die Spitze getrieben. Hier darfst du dich unter deinesgleichen austoben. Hier ist für jeden etwas dabei. Es gibt einfach nichts, was es nicht gibt.

(©iStockphoto.com/Yuri_Arcurs)

Facebook-Freunde und -Gruppenmitglieder treffen sich übrigens auch regelmäßig im realen Leben. Bei großen und kleinen Veranstaltungen, Big Events und Stammtischtreffen lernt man sich im richtigen Leben kennen und tauscht Neuigkeiten, Erkenntnisse und Nettigkeiten aus. Du wirst in deinem Facebook-Leben die Wahl zwischen einer Unzahl von Einladungen zu den unterschiedlichsten Veranstaltungen haben. Der Trick ist, die wirklich guten, lohnenswerten Events herauszufiltern. Dazu später mehr ab Seite 172.

Du bist nicht allein: Facebook-Gruppen

Offene, geschlossene und geheime Gruppen

Offene Gruppe? Okay. Vielleicht auch noch geschlossene Gruppen. Aber geheime Gruppen? Versteckt sich dahinter eventuell der 33. Grad der Freimaurer? Werden womöglich über Facebook die Geschicke der ganzen Welt gelenkt? Möglich, aber das soll jetzt hier nicht unser Problem sein. Du musst ja nicht gleich eine Illiuminatengruppe gründen, um einen winzigen Hauch Elitenbewusstsein zu verspüren.

Offene Gruppen

(©iStockphoto.com/tbradford)

Die offene Gruppe ist, wie der Name schon sagt, für alle Nutzer sichtbar und geöffnet. Das heißt, alle Informationen und Inhalte sind für jeden zugänglich. Einer offenen Gruppe kannst du auch ohne Einladung beitreten. Offene Gruppen zielen in erster Linie darauf ab, Informationen weiterzugeben. Aber durchaus auch darauf, Spaß und Nonsens unter die Leute zu bringen.

Geschlossene Gruppen

(©iStockphoto.com/duncan1890)

Der Unterschied zur offenen Gruppe besteht darin, dass du nur dann beitreten kannst, wenn du eine Mitgliedsanfrage sendest oder vom Administrator oder einem Mitglied der Gruppe eingeladen wirst. Im letzteren Fall entscheidet dann der Gruppenadministrator über dein Eintrittsbegehren. Wurde eine Gruppe exklusiv nur für ein bestimmtes Netzwerk gegründet

(Schule, Arbeitgeber etc.), so können nur Mitglieder dieses Netzwerks der Gruppe beitreten.

Ein gutes Beispiel für die Sinnhaftigkeit einer geschlossenen Gesellschaft stellt die Gruppe der *Hochbegabten Erwachsenen* in Facebook dar. Diese interessanten Menschen haben zwei Gruppen gegründet: Einmal eine offene für alle Interessierten und eine geschlossene. Es ist leicht nachzuvollziehen, dass hochbegabte Menschen recht häufig mit dem Neid und den Vorurteilen ihrer Mitmenschen konfrontiert werden. Aufgrund dessen haben sich die Mitglieder dazu entschlossen, zusätzlich auch eine geschlossene Gruppe zu bilden. Auch das gehört zu einer gut funktionierenden Community: Offen sein für vieles, sich aber auch abschotten, wenn es vonnöten sein sollte.

Geheime Gruppen

(©iStockphoto.com/ dAnn_Mei)

Diese „Geheimgesellschaften" schotten sich in der Tat ganz von der Facebook-Öffentlichkeit ab. Du kannst sie weder über die Suchfunktion finden, noch können sie von Nichtmitgliedern angezeigt werden. Solch einer Gruppe kannst du nur beitreten, wenn du direkt eingeladen wirst. Was soll das Ganze? Sind es vielleicht nur alberne Spielchen neurotischer Möchtegern-Eliten? Möglicherweise aber auch nur Rückzugsgebiete unverstandener Jugendlicher? Es hat sich auf jeden Fall bestätigt, dass geheime Gruppen sehr sinnvoll sein können. Als Treffpunkt und Austauschplattform psychisch kranker Menschen zum Beispiel. Oder für Menschen mit HIV. Es gäbe sehr viele Gründe, sich von der Außenwelt abzuschotten und nach einer Prüfung nur diejenigen zuzulassen, die wirklich in die Gruppe passen.

Ob offene, geschlossene oder geheime Gruppen: Sie funktionieren alle gleich. Das Prinzip ist genau dasselbe wie das deiner Pinnwand auf der öffentlichen Inhaltsseite. Du kannst Statusmeldungen absetzen, Bilder veröffentlichen, Links anhängen oder Videos präsentieren. Nur eben mit dem Unterschied, dass das alles mit dem Gruppenthema zu tun haben sollte. Da aber eine Gruppe vom regen Austausch von Informationen lebt, werden dir bei den Gruppen zusätzlich zu den bereits bekannten Reitern *Pinnwand*, *Fotos* und *Video* noch *Info* und *Diskussion* angeboten. Wobei die Info nur den Gruppennamen, den Kontakt und den Inhalt angibt. Im Bereich *Diskussion* stellen die Mitglieder Themen ein, über die gesprochen und kontrovers diskutiert werden soll.

Passende Gruppen finden

Jetzt wird's spannend. Wozu solltest du überhaupt Mitglied in einer Gruppe werden? Welche Vorteile bringt dir das? Diese Frage erübrigt sich relativ schnell, wenn du erst mal Facebook-Mitglied bist. Beantwortet werden soll sie trotzdem.

Fünf gute Gründe für eine Gruppenmitgliedschaft

1 Zusammen mit anderen macht die Arbeit, das Spiel oder das Lernen noch viel mehr Spaß.

2 Deinen Interessen entsprechend, bekommst du Informationen aus erster Hand und kannst selbst Informationen beisteuern.

3 In deiner Gruppe kannst du deiner Selbstdarstellung frönen. Niemand wird dich bremsen.

4 Eine Gruppe ist der beste Freundefinder. Knüpfe neue und interessante Kontakte mit andern Gruppenmitgliedern.

5 Durch deine aktive Gruppenmitarbeit kannst du dazu beitragen, andern Menschen zu helfen. Sei es beim Lernen, bei sozialen Problemen, für Spendenaufrufe oder einfach nur, um anderen Spaß zu bringen.

Es gibt sie natürlich: Facebook-Gruppen, die einfach nur zum Spaß da sind. Ich möchte dir hier eine kleine Auswahl von lustigen Facebook-Gruppen vorstellen. Bei manchen hat man das Gefühl, dass sie so sinnlos gar nicht sind:

Fast 10.000 Mitglieder, die einfach nur mal Blödsinn reden wollen. Hier darfst du nicht nur, hier musst du das sogar.

Das haben wir alle schon mal mitgemacht: Morgens schlapp und in der Nacht könnte man Bäume ausreißen. Hier ist die ultimative Problemlösungsgruppe dafür: „Ich bin immer müde. Außer wenn ich schlafe dann geht's!" umfasst über 35.000 Mitglieder.

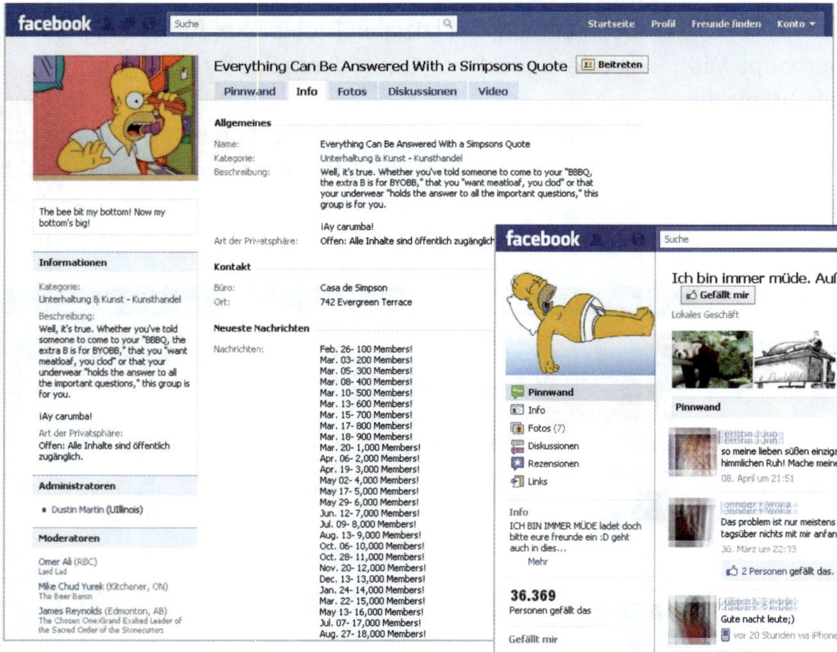

Die Simpsons-Geheimsprache: Vielleicht fallen dir einige neue Homer-Sätze ein. Dann solltest du dieser Gruppe beitreten, wo dich über 23.000 Mitglieder erwarten.

Eine recht bissige Gruppe, die man aber nicht allzu ernst nehmen sollte: „Nur weil wir Facebook-Freunde sind, heißt das nicht, dass ich dich mag." (über 50.000 Mitglieder). In der Beschreibung steht: „Zu Ehren deiner wahren Freunde". Eine schöne Aussage, wie ich finde, und hat nichts mit dem Bashing von Facebook-Freunden zu tun.

Wäre es nicht an der Zeit, eine Gruppe namens „Lasst uns alle König von Deutschland werden" zu gründen: „Ich schmeiß alles hin und werde Prinzessin!" (über 25.000 Mitglieder).

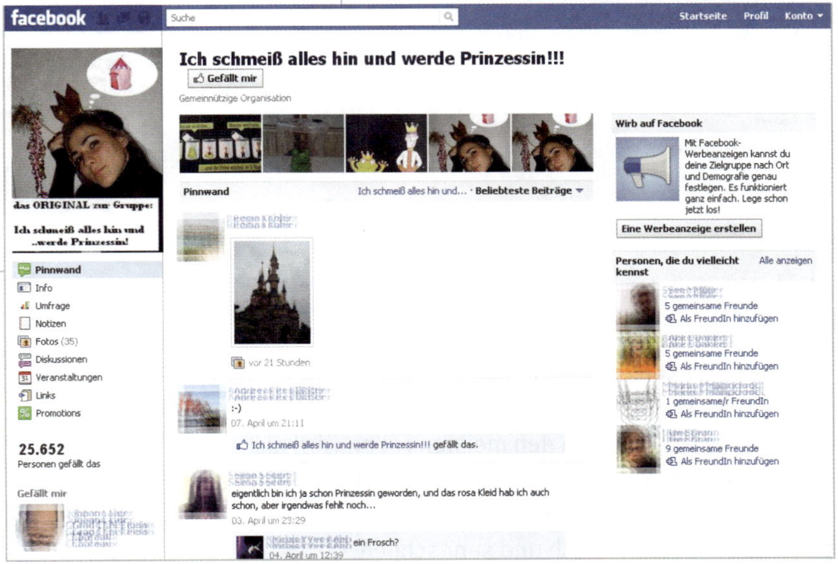

„Wenn es kein Fleisch mehr gibt, esse ich Vegetarier“ (über 21.000 Mitglieder). Und das mir als Vegetarier …

Wie du an dieser kleinen Auswahl siehst, gibt es in Facebook Gruppen für wirklich jedes noch so ausgefallene Hobby oder Interesse. In den meisten Fällen wird dich ein Freund auf interessante Gruppen aufmerksam machen. Wie wirst du aber Mitglied einer solchen Facebook-Gruppe? Das geht sehr einfach und sehr schnell:

Der Weg in deine neue Gruppe

Ganz gleich, wie du auf die Gruppe aufmerksam geworden bist (Gruppenempfehlung oder zufällige Entdeckung im Facebook-Universum bzw. über eine Statusmeldung: Klicke auf *Beitreten*, und schon gehörst du zum Kreis der – um das Beispiel im Bild unten zu bemühen – Hard-&-Heavy Rock-Anhänger.

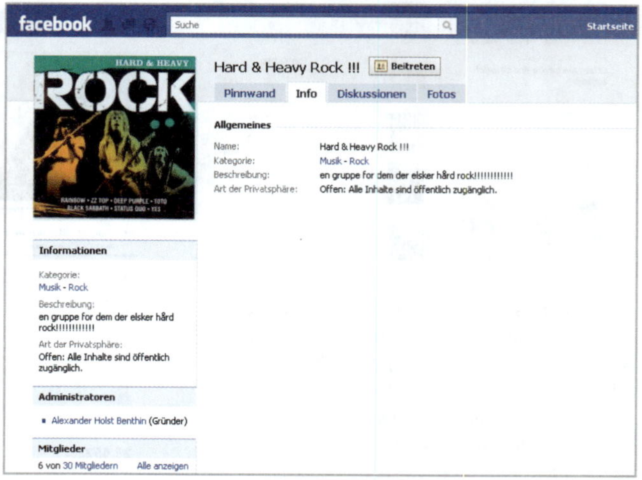

Für den echten Fan ein Muss: Mitglied in einer Heavy-Metal-Gesellschaft. Das war schon alles. Ab sofort kannst du mit deinem Wissen in deiner neuen Gruppe prahlen oder dir noch mehr Wissen aneignen.

Deine eigene Gruppe gründen

Du bist ein kreativer Geist, sprühst vor Einfällen, kannst Menschen für deine Ideen begeistern und verfügst über Organisationstalent? Super! Dann hast du die besten Voraussetzungen, selbst Gründer und Administrator einer Facebook-Gruppe zu werden. Aber auch ohne diese „Qualifikationen" darfst du dich trauen.

Warum solltest du eine Gruppe gründen?

1 Für Vereine, Freundeskreise und Initiativen eröffnet sich über Facebook-Gruppen eine neue Welt der Kommunikation und Zusammenarbeit.

2 Wie in einem Intranet kannst du in einer Facebook-Gruppe Informationen, Meinungen u. v. m. mit Freunden und Gleichgesinnten austauschen.

3 Hast du etwas verpasst, bekommst du das über die Facebook-Gruppe schnell nachgeliefert.

4 Eine Gruppe ist geradezu perfekt dafür geschaffen, um sich zu organisieren („Was machen wir am Tag X?", „Was schenken wir Person Y?!", „Wann und wo gehen wir grillen?" etc.).

5 Alles ist auf eine Zielgruppe ausgerichtet.

Deine Gruppe muss sich nicht so kompliziert aufbauen. Eine einfachere, aber klare Struktur tut es auch. Wichtig ist jedenfalls nach außen klarzustellen, worum es in der Gruppe eigentlich geht. (©iStockphoto.com/ZU_09)

Eine Gruppe zu gründen ist ziemlich einfach. Im Gründungsformular gibt es nur zwei Pflichtfelder, die ausgefüllt werden müssen.

1 **Gruppenname.** Das ist sicher nicht ganz unwichtig, denn so stellt sich deine neue Gruppe nach außen dar. Mit einer ausgefallenen Namensgebung bestimmst du ein wichtiges Element der eventuell später folgenden Popularität.

2 **Die Beschreibung.** Was ist Sinn und Zweck, Ziel und Absicht deiner Gruppe? An zwei Stellen wird dieser Inhalt dann auch angezeigt: Einmal im Seitenmenü links und oben über den Reiter *Info*.

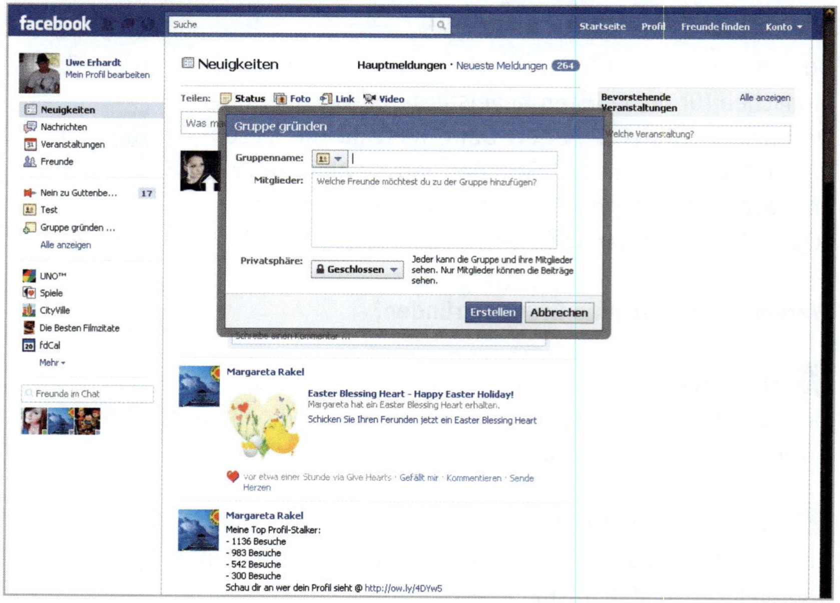

Das Formular zur Gründung. Einfacher geht's nicht. Hier kannst du schon mal die ersten Mitglieder und die Gruppenkategorie festlegen.

Der Gründungsakt

Die wahre Herausforderung für dich besteht darin, deine neue Gruppenseite mit Mitgliedern, guten Themen und Leben zu füllen. Mit dem ersten Schritt, dem Einstellen eines Profilbildes, setzt du gleich eine visuelle Duftmarke.

Wie beim persönlichen Profilbild sollte auch das Foto deiner Gruppe repräsentativen Charakter haben. Der Wiedererkennungswert darf nicht unterschätzt werden. Wenn du meine Tipps beherzigst, kannst du nicht falsch liegen:

Profilbild und Gruppenbeschreibung müssen zusammenpassen. Porscheliebhaber würden sicher nicht mit einen BMW im Gruppenbild erscheinen wollen. Stelle nur qualitativ einwandfreie Fotos ein. Halte dich an die technischen Vorgaben (siehe Seite 20). Das Motiv sollte deutlich zu erkennen sein.

So etwas geht als Gruppen-Profilfoto gar nicht. Das mag ja noch passen, wenn die Gruppe sich mit Spuk und Gespenstern befasst. Aber auch dafür gibt es passendere Bilder.

Belasse es bei einem Profilbild. Hast du ein schönes und zum Gruppenthema passendes Foto gefunden, dann ändere es nicht ständig. Beachte den Wiedererkennungswert. Statt eines Bildes kannst du auch ein Logo verwenden. Auch das steigert den Wiedererkennungswert.

Ein treffliches Logo für eine Schnäppchenjäger-Gruppe. Kannst du dir im Internet runterladen, zum Beispiel bei stockphoto.com. (©iStockphoto.com/zorani)

Im Gegensatz zum persönlichen Profilbild, das dich selbst zeigt, liegst du hier mit einem Gruppenbild nicht falsch. Bei einer Porscheliebhaber-Gruppe wäre denkbar, ein Gruppenbild einzustellen, auf dem sich die Gründungsmitglieder um einen Porsche GT II versammeln.

Ganz klar, eine Gruppe braucht tatkräftige Mitglieder. Schreib deinen Freunden eine Nachricht, in der du ihnen mitteilst, dass du eine brandneue Gruppe gegründet hast, und lade sie in die Gruppe ein. Um sofort über wenigstens ein paar Mitglieder zu verfügen, kannst du schon während der Gründungsphase ausgewählte Freunde hinzufügen. Wähle dafür am besten solche Kontakte aus, die dich bereits gut kennen.

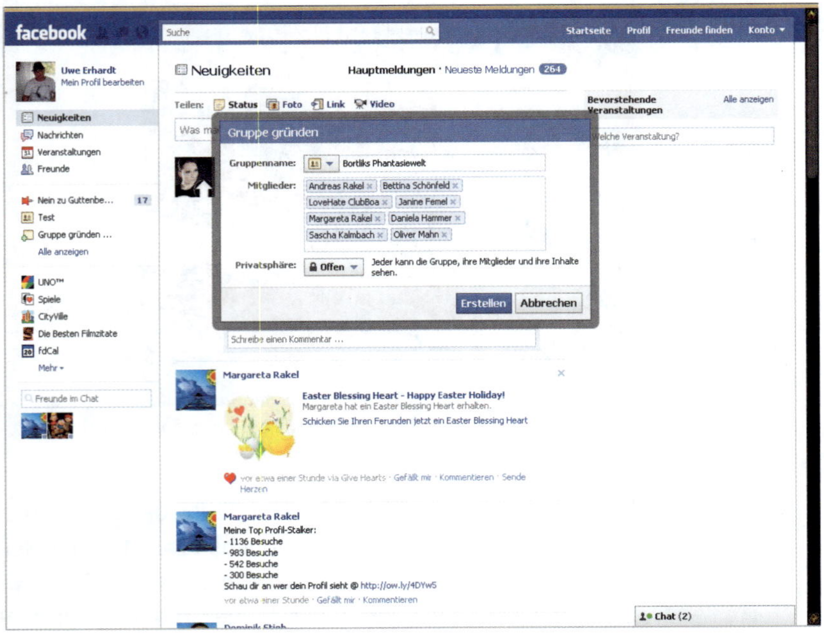

Durch das Hinzufügen der Namen deiner Freunde, machst du sie ganz ungefragt zu Mitgliedern.

Jetzt muss unter deinen Freunden alles durchorganisiert werden. Leite deine Gruppe wie einen kleinen Verein, wähle Vorstandsmitglieder und Administratoren, die dich bei deiner Arbeit unterstützen.

Facebook hat im Oktober 2010 die Gruppenseiten modifiziert. Neben den üblichen Posting-Möglichkeiten wie *Beitrag*, *Link*, *Foto*, *Video* und *Veranstaltung* besteht jetzt auch die Möglichkeit, eigene Dokumente zu erstellen und sie der Gemeinschaft zur weiteren Bearbeitung zur Verfügung zu stellen.

Die Dokumentenfunktion ist variabel einsetzbar. So ist sie zum Beispiel bestens dazu geeignet, als Blog innerhalb der Gruppe zu fungieren. Oder zum Einstellen und Diskutieren von Beiträgen zu einem bestimmten Thema durch alle Mitglieder. Eine weitere Möglichkeit besteht darin, alles Wissenswerte zum Gruppenthema in den Dokumenten zu sammeln. So entsteht mit der Zeit etwas, das man mit einem Lexikon vergleichen könnte. Sozusagen ein gruppenspezifisches Wikipedia. Deiner Fantasie sind hier jedenfalls keine Grenzen gesetzt.

Dabei musst du allerdings beachten, dass du leider (noch) keine vorhandenen Dokumente hochladen kannst – du musst sie hier erst selbst erstellen.

Für die Erstellung von Gruppendokumenten steht dir der schon bekannte Editor mit rudimentären Formatierungsmöglichkeiten zur Verfügung.

Viele Gespräche bedeuten viel Leben. Stelle also immer wieder neue Beiträge zur Diskussion ein, garniert mit Bildern, Videos und Dokumenten. Je mehr Leute sich daran beteiligen, desto besser. Schöner und praktischer Nebeneffekt dabei: Beiträge innerhalb der Gruppe werden automatisch auch auf die Pinnwände der Mitglieder gepostet. So kannst du sicher sein, dass sehr viele Leute mitkriegen, was in der Gruppe so abgeht (wenn du das möchtest).

Vorausgesetzt, die Themen treffen den Nerv der Menschen in der Facebook-Welt, wird die Mitgliederzahl deiner Gruppe auf diese Weise kontinuierlich zunehmen.

Persönliche Erlebnisberichte sorgen erfahrungsgemäß für die größte Resonanz. Besitzt du ein Smartphone (iPad oder Laptop), kannst du zum Beispiel Live-Berichte von einer Messe oder einer Sportveranstaltung posten. Gepaart mit angehängten Live-Videos oder Fotos darfst du mit einigem Feedback auf der Gruppenseite rechnen. Um die Spannung zu steigern, kündige die Live-Berichterstattung rechtzeitig an, eventuell mit Vorberichten.

Mir der Zeit wird meine Gruppenseite immer weiter wachsen. Die Ankündigung der Berichterstattung von der Leipziger Messe hat mir schon wieder zehn neue Mitglieder beschert.

Zunächst werden deine Gruppenmitglieder und natürlich auch du selbst mit Mails über jeden neuen Beitrag innerhalb der Gruppe regelrecht bombardiert. Deswegen ist es sinnvoll, gleich beim ersten Besuch über *Einstellungen bearbeiten* die E-Mail-Benachrichtigungen abzustellen. Ihr bekommt darüber sowieso über Facebook Benachrichtigungen.

Entferne das Häkchen bei Schicke E-Mail Benachrichtigungen an, um einer eventuellen E-Mail-Flut vorzubeugen.

Gruppen-Chat

Im Unterschied zum persönlichen Chat gibt es hier tatsächlich so etwas wie einen Gruppen-Chatroom. Beim persönlichen Chat öffnet sich für jeden Dialogpartner ein eigenes Fenster. Im Gruppen-Chat versammeln sich alle Mitglieder in einem Raum. Das entspricht viel mehr einem herkömmlichen Chat und macht innerhalb einer Gruppe absolut Sinn. Diese Funktion kannst du auch als Diskussionsforum nutzen.

Um den Gruppen-Chat zu nutzen, ist es notwendig, unter *Einstellungen bearbeiten* das Häkchen *Nachrichten vom Gruppenchat zustellen* zu aktivieren.

Soll der Gruppen-Chat für jeden sichtbar sein oder nicht? Kurz nach der Gründung ist es vielleicht sinnvoll, die Sichtbarkeit deiner Gruppe deutlich zu machen und auf diese Weise die Werbetrommel zu rühren. Es stehen dir die drei Optionen *Immer, Manchmal und Niemals* zur Verfügung. Wobei weder Facebook noch meine Freunde erklären konnten, was es mit *Manchmal* auf sich hat. Wie dem auch sei, für den Anfang stelle am besten *Immer* ein.

Richtiger Umgang mit Gruppenmitgliedern

Dort, wo viele Menschen zusammentreffen, treffen auch sehr viele unterschiedliche Meinungen, Weltanschauungen und Grundsatzinteressen aufeinander. Das gilt im virtuellen Leben genauso wie im Real Life. Ein kleines Regelwerk für den Umgang miteinander kann daher nicht schaden. Du kennst das bestimmt aus diversen Foren und Chats.

Hier ein Vorschlag, wie so ein kleines Regelwerk aussehen könnte (bitte unbedingt bis Punkt 10 lesen):

1 Der Administrator ist der Boss. Nachfolgend der „große Meister“ genannt. Der große Meister hat selbstverständlich immer Recht.

2 Wer ein Gruppenmitglied beleidigt, wird sofort ausgeschlossen und mit 20 Stockhieben bestraft. Keine Sorge – wir finden dich!

3 Unser Ziel ist der Weltfrieden. Wenn dir das nicht passt, stürmen wir dein Haus.

4 Alles was hier gepostet wird, geht automatisch in das geistige Eigentum des großen Meisters über.

5 Geduld ist die wichtigste Tugend. Es liegt im Ermessen des großen Meisters, wann er deine Fragen beantwortet und ob er das überhaupt für nötig erachtet.

6 Werbepostings gehen automatisch zum Absender zurück. Und zwar ausgedruckt und direkt überbracht von unserem hauseigenen Kurier. Du erkennst ihn an seinem ausgebeulten schwarzen Anzug und seiner stattlichen Größe (2,05 m bis 2,15 m, je nachdem wen wir schicken. Unsere Jungs sind ständig im Einsatz).

7 Der große Meister behält sich jegliche Zensur vor. Alles muss sich dem Kollektiv unterordnen. Der große Meister und das Kollektiv sind eins.

8 Wiederhole die Aussage unter Punkt 7 jeden Morgen vor dem Spiegel.

9 Welche Themen wichtig und welche unwichtig sind, legt der große Meister alleine fest. Vertraue ihm wie deinem Vater.

10 Die goldene Regel. Die neun vorhergehenden Regeln sind nichtig. Selbstverständlich sollst und musst du hier deine eigene Meinung äußern. Ausnahmen: Beleidigende, rassistische, sexistische, gewaltverherrlichende und hetzerische Aussagen sind nicht gestattet und werden mit Ausschluss und im besonders bösartigen Falle mit einer Anzeige betraft.

Du kannst für deine Gruppe eigene Regeln erstellen. Reichlich Anregung dafür findest du im Internet in diversen Foren und Chats wie bei GMX oder Web.de.

Regeln bestimmen die Richtung. Gehe den demokratischen Weg und lege zusammen mit den Gruppenmitgliedern die Regeln fest. (©iStockphoto.com/sundikov)

Vergebe Posten und Jobs innerhalb der Gruppe. Ernenne zum Beispiel Moderatoren für Dokumentenverwaltung, Forum und Pinnwand. Bitte einfach einen Freund darum, die Moderatorenfunktion zu übernehmen. Die Aufgabe des Moderators besteht im Wesentlichen darin, darauf zu achten, dass die Etikette und die Regeln eingehalten werden. Im Zweifelsfall muss der Moderator als Schlichter eingreifen. Selbstverständlich sollte der Inhaber dieser Position über ein umfangreiches Fachwissen des Gruppenthemas verfügen.

Behalte den Hut sicher auf. Eine Gruppe zu leiten macht sehr viel Spaß, bringt aber auch Verantwortung mit sich. Eine lebendige Gruppe zeichnet sich durch Wachstum und Veränderung aus. Animiere die Mitglieder zur Ideeneinreichung und ermutige sie zur aktiven Mitarbeit. Sei offen für Vorschläge.

Behalte den Hut auf. Aber verteile die Verantwortung auf mehrere Schultern. Du alleine kannst nicht alles bewerkstelligen. In einer Gruppe, die gut funktionieren soll, müssen Aufgaben verteilt werden. Wobei du die Übersicht behalten solltest. (©iStockphoto.com/lisafx)

Viele kleine Lichter ergeben ein großes helles Licht. Das geht nur durch emsige Zusammenarbeit der Gruppenmitglieder. (©iStockphoto.com/aluxum)

Dabei sein ist alles: Facebook-Events

Gruppen leben nicht vom Onlineauftritt allein. Sie beleben sich noch mehr durch Auftritte im „wahren“ Leben. Durch den direkten Kontakt lernen sich die Mitglieder besser kennen. Es entsteht eine höhere Effizienz in der gemeinsamen Arbeit, und Freundschaften werden vertieft. Veranstaltungen, im Neudeutschen und im Facebook-Jargon Events genannt, kannst du zusammen mit deinen Freunden über Facebook organisieren, planen und durchführen.

Veranstaltungen erstellen und organisieren, einladen und eingeladen werden

Bevor du in Facebook eine Veranstaltung erstellst, solltest du schon eine gewisse Vorstellung davon haben, was du mit Unterstützung deiner Freunde überhaupt auf die Beine stellen willst. Ganz abgesehen davon, dass Ort und Location verfügbar sein müssen. Keine Sorge, für deine Veranstaltung musst du nicht gleich die Mailänder Oper buchen – natürlich tut's auch dein Garten, deine Lieblingskneipe oder deine Schule. Was immer und wo immer es auch passt. All diese Vorbereitungen müssen von dir getroffen werden, bevor du über Facebook dafür wirbst. Zusammen mit deinen Freunden kann es richtig viel Spaß machen, so ein Event zu planen.

Jetzt aber: Bühne frei für eure Veranstaltung. (©iStockphoto.com/dwphotos)

Natürlich kannst du auch Spiele deines Lieblingsvereins, einen Marathon, eine Demo oder Konzerte als Facebook-Veranstaltung deklarieren und andere dazu einladen.

Das Erstellen und Organisieren einer Veranstaltung in Facebook ist kinderleicht:

1 Veranstaltung anlegen. Über die Veranstaltungskonsole, linker Hand auf deiner Schaltzentrale, erreichst du die Seite der Veranstaltungen. Oben rechts klickst du auf *Veranstaltung erstellen*.

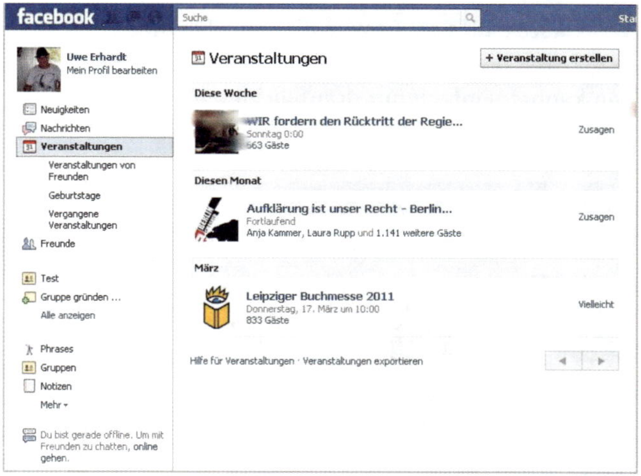

2 Veranstaltung erstellen. Ein Formular öffnet sich, indem du deine Veranstaltung präzisieren kannst. Auch hier ist es wieder möglich, deine Privatsphäre-Einstellungen nur für diesen Event individuell zu regeln. Je nachdem wie die Häkchen unter *Gäste auswählen* gesetzt sind, erhöht bzw. vermindert sich die Sichtbarkeit für andere in Facebook. Außerdem kannst du, wenn du möchtest, ein passendes Veranstaltungsfoto dazu einstellen.

3 **Gäste einladen.** Es wird dir deine Freundesliste angezeigt, über die du jetzt Gäste für das erstellte Event einladen kannst. Einfach nur draufklicken, und die Person ist markiert.

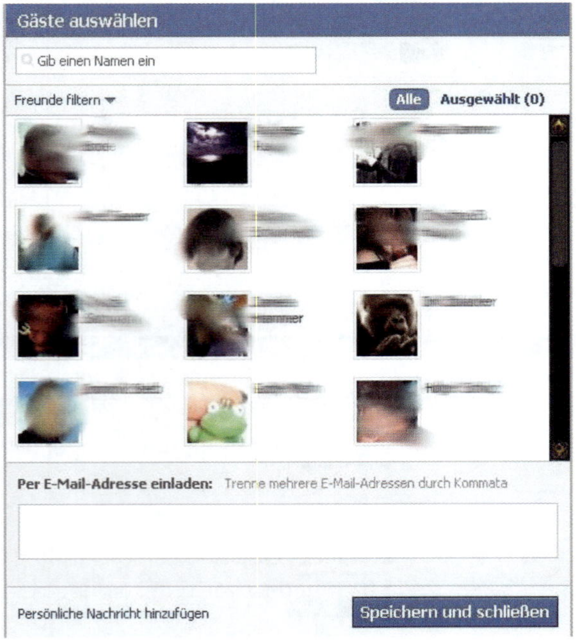

Vielleicht sind nicht alle an dieser Veranstaltung Interessierten Leute auch gleichzeitig Facebook-Mitglieder. Kein Problem: Lade auch diese Personen zu deiner Veranstaltung ein – und zwar per E-Mail. Nutze dazu die Funktion *Per E-Mail-Adresse einladen* und trage die Adressen ein.

4 **Einladung verschicken.** Mit einem Klick auf *Veranstaltung erstellen* ist dein Event fertiggestellt, und die Einladungen werden herausgeschickt. Nach und nach werden dann (hoffentlich) die Zusagen eintrudeln.

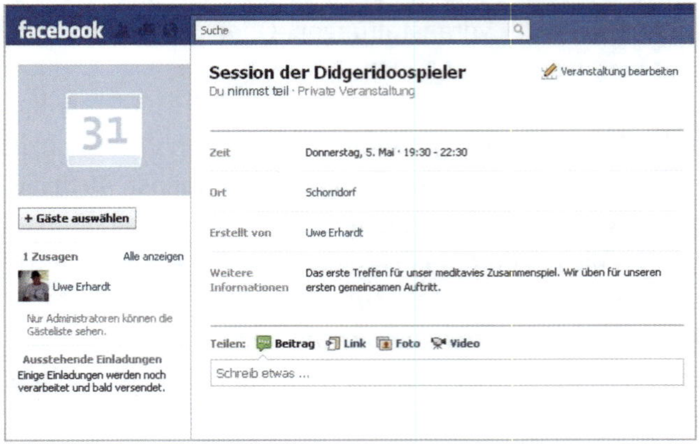

Für die eingeladenen Gäste sieht deine Veranstaltung in Facebook so aus.

Du wirst sicher auch häufig zu Events anderer Facebook-Mitglieder eingeladen werden. Eine solche Einladung zu einer Veranstaltung wird in deiner Schaltzentrale (Sidebars), unter dem Reiter *Veranstaltungen* oder oben in der blauen Facebook-Seite mit einem roten Schildchen mit Ziffer (je nachdem wie viele Einladungen vorliegen) angezeigt.

Mit einem Klick wird dir die Veranstaltung wie im Beispiel angezeigt. Als eingeladener Gast kannst du zwischen den Optionen *Ich nehme teil, Vielleicht* oder *Nein* wählen. Die Veranstaltung bleibt so lange gespeichert, bis sie beendet ist.

Falls du es dir noch anders überlegst, kannst du deinen Teilnahmestatus bis dahin jederzeit ändern.

Übrigens: Unter Veranstaltungen ist auch die Geburtstagsliste deiner Freunde gespeichert. Das macht Facebook ganz automatisch für dich.

Ein paar Tipps zum Erstellen einer Veranstaltung:

1. Der Ort bzw. die Location sollte deinen Gästen bekannt sein. Erstelle bei Bedarf einen Routenplan oder schicke einen Google Map-Link mit.

2. Ein kurzer, aber aussagefähiger Text für das Event genügt. Spare dir seitenlange Erklärungen für die Veranstaltung selbst auf.

3. Unterstütze das Ganze mit Bildern, die Lust darauf machen, dabei zu sein. Vermittele ruhig das Gefühl, bei einer Absage etwas zu verpassen (zum Beispiel mit Bildern von vergangenen, erfolgreichen Events).

4. Wenn Künstlerauftritte geplant sind, lade auch die entsprechenden Akteure rechtzeitig dazu ein (bei der von mir eingestellten Veranstaltung tritt ein hervorragender Didgeridoospieler auf).

5. Große Events solltest du nur planen und durchführen, wenn du viele Freunde hast und sicher sein kannst, dass die meisten Eingeladenen auch tatsächlich kommen.

6 Ergänzend zu Punkt 4 solltest du für Veranstaltungen größeren Stils auch ein größeres Publikum gewinnen. Wenn du die Allianz-Arena für das Hard'n-Heavy-Festival gebucht hast, solltest du auch ordentlich die Werbetrommel rühren. So sollte deine Veranstaltung für jeden sichtbar auf der Startseite erscheinen. Poste auf alle Pinnwände, in diversen Zielgruppen und auf Fanseiten.

7 Alles da? Vor dem Absenden kontrolliere noch mal alles auf Vollständigkeit: Ort, Datum, das Thema usw. Für deine Gäste und dich wird es ärgerlich, wenn ständig nachgebessert werden muss. Es wirkt zudem nicht besonders professionell. Ich behaupte, so bist du bestens gerüstet für deine erste eigene Veranstaltung.

(©iStockphoto.com/zimmytws)

Veranstaltungen finden und anmelden

Auf eigene Faust eine gute Veranstaltung zu finden ist Glückssache. Die besten Veranstaltungen sind immer noch die, zu denen du eingeladen wirst. Du kannst dich aber auch aktiv auf die Suche nach Veranstaltungen begeben, die in deinem Freundeskreis wahrscheinlich niemand ausrichten würde. Dafür gibt es in Facebook zum Glück die Suchfunktion. Mithilfe von ein paar Filtern kannst du den Suchbereich bequem eingrenzen.

Ausgehend von deiner Startseite folgst du einfach den hier aufgeführten Schritten:

1 Klicke auf *Veranstaltungen* in den Sidebars links. Du kommst wieder auf die Seite mit einer Übersicht der Veranstaltungen, die du selbst erstellt hast oder zu denen du eingeladen worden bist.

2 Gib in die Suchleiste einen Begriff ein, zu dem du eine Veranstaltung suchst. Zum Beispiel *Didgeridoo*. Jetzt werden alle Ergebnisse angezeigt, die irgendwie mit Didgeridoo zu tun haben: Gruppen, Personen, Fanseiten und auch Veranstaltungen.

3 Mit einem Klick auf *Veranstaltungen* links in der Schaltzentrale grenzt du die Suche ein – es werden nur noch die Events angezeigt. Suche diejenigen aus, bei denen du dabei sein willst. Klicke auf den Veranstaltungsnamen, um Details zu erfahren.

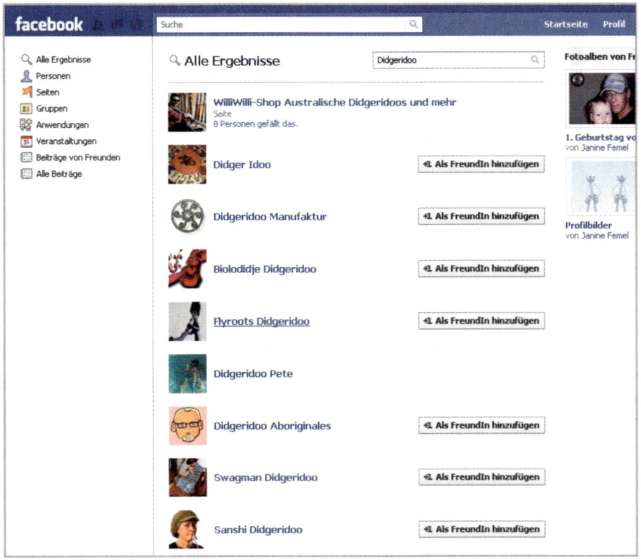

Erstaunlich, wie viel es zum Thema Didgeridoo in Facebook zu finden gibt. Dabei sind die Veranstaltungen alphabetisch sortiert

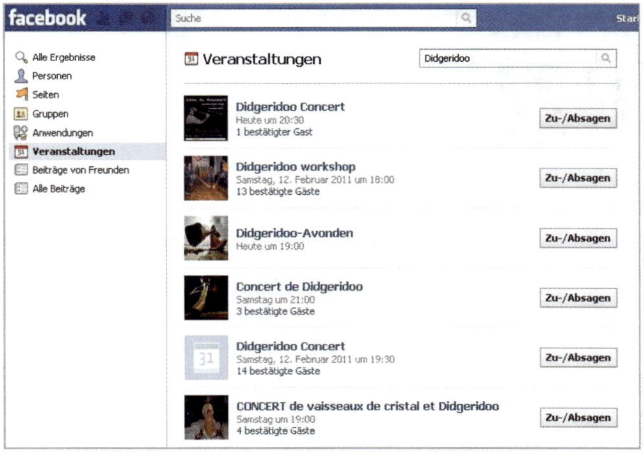

Ganz praktisch: Datum und Uhrzeit werden auf der Liste angezeigt. Du brauchst nur noch eine Veranstaltung in deiner Nähe zu finden.

Freunde zu Veranstaltungen von anderen einladen

Ähnlich wie zu deiner eigenen Veranstaltung kannst du Freunde auch zu einer von dir entdeckten Veranstaltung einladen. Hast du für einen Event zugesagt, erscheinen dein Profilbild und dein Name links auf dieser Veranstaltungsseite. Darüber steht der Button *Gäste einladen*. Du gehst jetzt genauso vor wie bei deiner eigenen Veranstaltung. Lade nach Belieben Gäste ein.

Mache dir keine Gedanken. Das ist eine öffentliche Veranstaltung und die Macher wollen so viel Teilnehmer wie möglich dabei haben. Deshalb lade so viele Freunde ein, wie du willst.

Netz oder nie: Networking auf Facebook

Unter Networking verstehe ich Aufbau, Pflege und Nutzung sozialer Beziehungen untereinander, vor allem im beruflichen Zusammenhang. Durch Zusammenarbeit und Austausch von Erfahrungen unterstützt man sich gegenseitig beim beruflichen Weiterkommen.

Früher traf man sich in Teeküchen, während Konferenzpausen oder beim Geschäftsessen, um diese Form der Zusammenarbeit zu zelebrieren. Inzwischen findet das zunehmend online statt und nicht mehr nur auf beruflicher Basis. Auch Privates und Freizeitthemen erobern sich ihren Platz im Onlinenetworking.

Im Grunde genommen stellt Facebook an sich schon ein riesiges Netzwerk dar.

Das Problem bei der Netzwerkfunktion in Facebook ist, dass es ganz auf den amerikanischen Markt ausgerichtet ist und Netzwerke innerhalb Europas noch nicht gut ausgebaut sind. Du kannst nur einem bereits bestehenden Netzwerk beitreten. Falls du deine Schule, deine Universität oder deinen Arbeitgeber nicht findest, existiert ein solches Netzwerk in Facebook bislang leider nicht. Bist du Mitarbeiter eines großen Konzerns wie Daimler oder Telekom, dann Willkommen im Netzwerk!

So trittst du einem Netzwerk bei:

1 Klicke in der blauen Facebook-Leiste auf *Konto* und wähle dann *Kontoeinstellungen.*

2 Klicke auf den Reiter *Netzwerke* und gib in der nachfolgenden Seite deine Schule oder deinen Arbeitgeber ein. Im Arbeitgeberbereich musst du dich durch deinen geschäftlichen E-Mail-Account legitimieren.

3 Hast du den passenden Eintag gefunden, klicke auf *Netzwerk beitreten*, und schon bist du drin.

Wie gesagt, du musst schon Glück haben, deine Schule oder deinen Arbeitgeber zu finden. Beides ist in Deutschland eher unwahrscheinlich. Macht aber nichts, weil du dafür alternativ eine eigene Seite erstellen kannst, wie du gleich im nächsten Kapitel erfahren wirst.

Höchste Site für Marken, Stars & Co.

Gerade ganz aktuell, während ich diese Zeilen schreibe, flatterte mir per E-Mail die Ankündigung ins Haus, dass Facebook das Layout seiner Fanseiten aktualisiert. Wie die im Einzelnen aussehen, dazu später mehr.

Erfahrene Facebook-User wissen, dass *Fanseite* ein irreführender Begriff ist. Unter *Fanseiten* versteht Facebook nicht nur die Seiten der Stars und Sternchen, sondern auch die von bekannten Marken, Produkten und Firmen, die in Facebook schon im großen Stil ihre eigenen Seiten betreiben. Kein Wunder: Bei inzwischen über 600 Millionen Nutzern weltweit sollte sich doch der eine oder andere neue Kunde finden lassen. Die Werbung, die hierfür betrieben wird, und die Aufmachung der Seiten stellen eine wichtige Finanzierungssäule für Facebook dar. Unternehmen geben bisweilen richtig viel Geld aus, um auf Facebook eine professionelle Performance abzuliefern.

Ob BMW oder Google, meine Heimatstadt Schorndorf oder der Handwerker Cleverle. Konzerne, Städte und auch kleinste Handwerkerbetriebe, Bob Becker, Barack Obama oder Tante Frida. Sie alle haben eins gemeinsam: eine Facebook-Fanseite.

(©iStockphoto.com/spxChrome)

Interessante Seiten finden und Fan werden

Um auf interessante Seiten zu kommen, musst du kein Facebook-Crack sein. Wie bei den Gruppen, erreichen dich die sehenswerten Seiten fast schon von selbst. Über deine Kontakte hier und eventuell auch in anderen Netzwerken wirst du mit Sicherheit auch auf die eine oder andere Facebook-Seite aufmerksam gemacht.

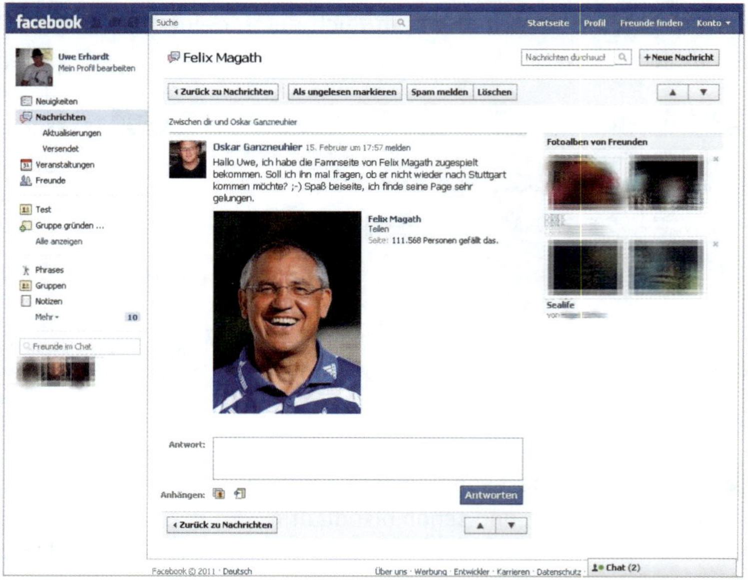

Über eine private Nachricht wurde mir die Seite von Felix Magath empfohlen (Ex-Trainer von Schalke 04).

Felix Magath hat die Zeichen der modernen Onlinezeit erkannt. Er weiß, wo und wie er die Fans erreicht. Und nicht nur die. Mit einem Klick auf seinen Namen lande ich direkt auf dieser Seite und wenn ich jetzt möchte, werde ich mit dem Einsatz des *Gefällt mir*-Buttons der 111.714 Fan von Felix Magaths Facebook-Seite. Im April 2011 freute sich Magath, zwischenzeitlich (mit seinen Facebook-Fans) zum VFL Wolfsburg gewechselt, bereits über 188.642 Personen, denen sein Facebook-Treiben gefällt.

Mit solchen Seiten beweist sich ein weiteres Mal die Relevanz von Facebook für unsere moderne Kommunikationsgesellschaft. Wie schon gesagt haben aber nicht nur Promis Fanseiten. Hat dir jemand zugeflüstert, dass deine süße Nachbarin, von der du schon lange mehr erfahren wolltest, dich aber nie zu fragen getraut hast, oder dein smarter, gut aussehender Kollege auch so eine Seite betreibt, und dir sogar den Namen nannte, dann findest du sie über die Facebook-Suchfunktion. Das ist für dich ja schon Routine, nicht wahr?

Gib in der blauen Facebook-Leiste im *Suchen*-Feld einen beliebigen Begriff oder Namen ein, z. B. Angelina Jolie, Lady Gaga oder Lukas Podolski, und es werden dir sogleich unzählige Ergebnisse angeboten, aus denen du das Passende aussuchen kannst.

Das halte ich für einen ausgemacht guten Service für Fußballfans, mittlerweile für die Anhänger des VFL Wolfsburg …

Auf diese Weise findest du die Facebook-Seiten von Prominenten. Viele dieser Seiten werden übrigens von den Fans eingestellt und gepflegt.

Angela Merkel ist mit über 80.000 Fans (Stand: April 2011) auch auf Facebook präsent, überlässt die Pflege ihres Auftritts aber offensichtlich fleißigen CDU-Mitarbeitern.

Deutsche Prominente mit eigener Facebook-Seite, wie seit kurzem auch Felix Magath, sind noch in der Minderheit – Tendenz allerdings steigend. In den USA sieht das etwas anders aus. Selbst US-Präsident Obama hat beispielsweise eine eigene Facebook-Seite. Er behauptet, dort relativ häufig aktiv zu sein.

Ob von Fans bzw. Mitarbeitern gepflegt oder nicht: Auf diesen Fanseiten erfährst du alles Wissenswerte und den neuesten Klatsch über deinen Star. Die Fans gestalten die Seiten meist sehr liebevoll und penibel.

Als Ergänzung zu Felix Magath möchte ich noch ein weiteres Prominenten-Beispiel vorstellen, an dem du sehen kannst, welche Rolle Facebook heutzutage für die Selbstvermarktung spielt. Werfen wir doch mal einen Blick auf die Fanseite der bekannten Deutsch-Rapper „Die Fantastischen Vier". Gänzlich was anderes als Felix Magath.

Die Fans der Band pushen jeden Auftritt, machen auf neue Songs aufmerksam, führen Interviews mit Thomas D und der ganzen Band, liefern Hintergrundinformationen oder sammeln Votings für die Verleihung des Echo für das beste Musikvideo. Die Facebook-Fanseite haut exklusiv die brandheißen News raus.

Exklusiv für alle Fans: Wissenswertes und Aktuelles zu den Fantastischen Vier. Über die Buttons unterhalb des Bandnamens findet der Fan alle relevanten Daten und Informationen über seine Lieblingsband.

Wie ich schon in der Einleitung erwähnt habe, gibt es diese *Fanseiten* auch für Marken und Unternehmen. Mal abgesehen davon, dass ein Felix Magath im gewissen Sinne auch eine Marke darstellt. Aber egal ob Marken, Unternehmen, Stars oder Sternchen: Als Mitglied bzw. Fan einer solchen Seite ziehst auch du einen Nutzen daraus.

Seiten richtig nutzen und vernetzen

Eine gute und lebendige Seite bietet schnelle, aktuelle und seriöse Informationen. Die beiden Prominenten-Beispiele haben dies bestätigt. Aber nicht nur die Stars haben etwas zu erzählen. Unternehmen und Marken wollen sich dir ebenfalls im privat anmutenden Facebook-Ambiente mitteilen. Viele Firmen stellen gerne ihre neuesten Aktivitäten vor.

Sehr häufig kommt es sogar vor, dass Firmen Facebook für ihre Stellenausschreibungen nutzen. Das allein wäre schon ein Grund, sich in Facebook mit den Fanseiten von Unternehmen zu beschäftigen, für die du schon immer mal arbeiten wolltest.

Unter Marken werden normalerweise neue Produkte vorgestellt. Wobei Marken und Unternehmen oft fließend ineinander übergehen, da Produkte in der Regel von Firmen hergestellt werden. Da aber Marken allein schon für sich sprechen, existieren darüber auch spezielle Seiten in Facebook. Siehe den Klassiker Coca-Cola.

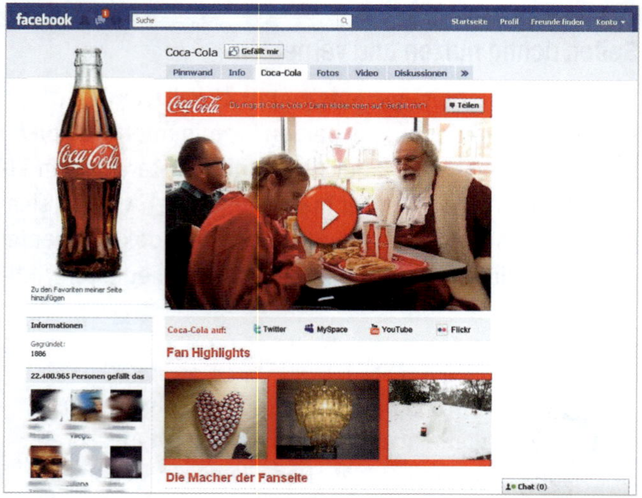

Die deutsche Fanseite von Coca-Cola hat über 22 Millionen Anhänger. Durch das Anklicken des Gefällt mir*-Buttons bin ich nun Anhänger der Coca-Cola-Seite.*

Natürlich hat auch diese Buchreihe eine eigene Facebook-Fanseite: http://www.facebook.com/iKnowBuecher.

Unternehmen wie die Deutsche Telekom nutzen Facebook ebenfalls, um ihre neuen Produkte vorzustellen. Gerade für Telekommunikationsunternehmen ist das *die* geeignete Plattform. Das Feedback der Kunden folgt auf dem Fuß. Neue Produkte werden vorgestellt, ihre Vorteile aufgezeigt, technische Details erklärt usw. Und das Beste für dich als Kunde: Du musst dich nicht nur allein auf Werbeaussagen des Unternehmens verlassen. Über die angehängten Kommentare auf der Startseite bekommst du direkt schon erste Erfahrungsberichte über das neueste Smartphone oder einen brandneuen Tarif.

Auch auf der Facebook-Fanseite der Telekom finden rege Diskussionen der Nutzer statt.

Hast du selbst schon Erfahrungen gesammelt, kannst du dich gleich an das Thema anhängen und deinen Beitrag abgeben. Dazu musst du aber natürlich Fan der Seite bzw. der Telekom sein.

Sehr häufig bieten Kommentare mehr Informationsgehalt als Produktbeschreibungen. Über den *Teilen*-Button kannst du die Information auch auf deiner Pinnwand veröffentlichen und mit einem Kommentar versehen, um die Neuerung oder auch Verschlechterung eines Produkts der Öffentlichkeit mitzuteilen. Auf den Seiten von Unternehmen und Marken gelten dieselben Regeln und Prinzipien wie auf den persönlichen Profilauftritten jedes anderen Facebook-Mitglieds. Du kannst auf der Telekom-Pinnwand kommentieren, verlinken, empfehlen, schimpfen, loben, toben und sagen, was eben zum Thema gesagt werden muss. Aber denk dran: immer sachlich bleiben.

Am Sinnvollsten ist es, nachdem du eine wirklich gute Fanseite gefunden hast, deine Freunde zu animieren, ebenfalls Anhänger dieses Unternehmens, Produkts oder Stars zu werden. So wie ich auf die Seite Felix Magaths aufmerksam gemacht wurde.

Um deinen Freunden mitzuteilen, wen oder was du besonders magst, scrolle auf der Fanseite links nach ganz unten und klicke auf *Teilen*. Schon erscheint in deiner Statusleiste öffentlich für alle berechtigten Facebooker der Hinweis, dass dir XY gefällt.

Auch wieder gut versteckt: Der Teilen-Link. Inzwischen kennen wir uns aber gut aus und finden einfach alles.

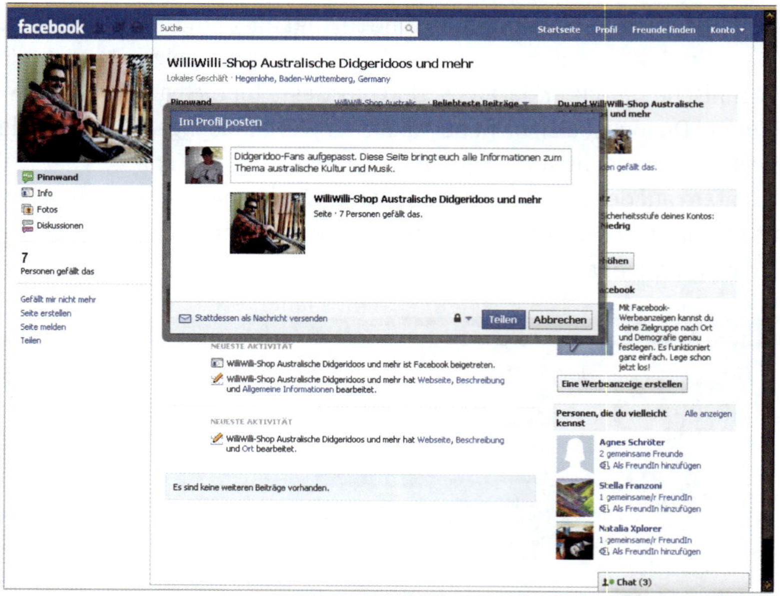

Du kannst das auch als Nachricht versenden, indem du auf Stattdessen als Nachricht versenden *gehst und deine Freunde mit einer persönlichen Mail über diese Unternehmensseite informierst.*

Über das sich per Klick auf *Teilen* öffnende Fenster regst du deine Freunde oder die ganze Facebook-Gemeinde dazu an, sich diese Seite mal anzusehen und eventuell auch Fan zu werden.

So richtig Spaß macht so eine Fanseite erst, wenn es die eigene ist. Mit ein wenig Selbstbewusstsein und einem interessanten Thema lässt sich sehr gut eine eigene Seite erstellen.

Eigene Seiten erstellen, gestalten und vernetzen

Eine Frage, die häufig gestellt wird: Was ist der Unterschied zwischen einer Gruppe und einer Fanseite?

Nun, Facebook definiert Gruppen als Zusammenschluss von Usern, die unter einem Thema oder einer Idee zusammenarbeiten, um sich in einem geschlossenen Kreis auszutauschen.

Im Kontrast dazu befassen sich Fanseiten mit der Präsentation von Unternehmen, Organisationen, Prominenten, Bands und Themen, um Informationen auf offizielle und öffentliche Weise den Personen mitzuteilen, die sich mit ihnen verbinden. Eine Seite ist einem persönlichen Profil sehr ähnlich, wobei die Fanseite sich gegenüber der Gruppe dadurch auszeichnet, dass eine höhere Popularität allein schon durch die größere Reichweite entsteht.

Darüber hinaus können zusätzliche Apps, wie zum Beispiel ein Musik-Player installiert werden, was in einer Gruppe nicht möglich ist.

Top 10: Die besten Gründe für die Erstellung einer Facebook-Fanseite

1. **Millionen potenzielle Fans**
   Über 13 Millionen deutsche Nutzer erwarten dich
2. **Direkte Interaktion**
   Nutze das Fan-Know-how und beziehe Fans ein
3. **Große Zielgruppe**
   Hier erreichst du bald mehr Menschen als im TV
4. **Fans zu Besuchern**
   Mache Facebook-Fans zu Besuchern deiner Website
5. **Eigendynamik**
   Seite ist schnell aufgebaut und wächst immer weiter
6. **Keine Limits**
   Stelle beliebig viele Fotos und Videos ein
7. **Erfolgskontrolle**
   Facebook führt wöchentliche Statistiken
8. **Veranstaltungen pushen**
   Deine Events erreichen ein größeres Publikum
9. **Fans ohne Ende**
   Keine Beschränkung bei der Anzahl deiner Fans
10. **Alles umsonst**
    Deine Fanseite kostet dich rein gar nichts

Du brauchst eine Idee und einen Plan

Wie baust du deine eigene Seite am besten auf? Meines Erachtens steht am Anfang ein Gedanke oder eine Grundidee, dem folgt der Plan sowie der Bau und fortfolgend der Ausbau deiner Facebook-Fanseite. Unterscheiden musst du zwischen einer Unternehmens- oder Firmen-Fanseite, einer Fanseite und deiner eigenen Themenseite (ich nenn das jetzt mal so). Dabei musst du wieder unterscheiden zwischen dem Erstellen einer eigenen Fanseite und einer Seite, die du für Dritte erstellst. Und auch da gibt's wieder einen Break: Wenn du zum Beispiel für deinen Sportverein eine Seite kreierst, ist das was ganz anderes, als müsstest du im Auftrag deines Chefs eine Seite für eure Firma erstellen. Dann gehst du natürlich ganz anders ran als bei irgendeiner Spaßseite.

Es ist wie beim Häuslebau. Wenn ich nicht vorher genau weiß, wie mein Haus aussehen soll, und ich einfach drauflos hämmere, klopfe und schraube, sieht das Ergebnis womöglich so aus wie eine Ruine. Deshalb: Erst mal genau überlegen, alles gut durchdenken und dann ran an deine erste eigene Fanseite. Die Bauarbeiten laufen, wie fast alles in Facebook, schnell, einfach, reibungs- und schnörkellos.

Der Tempel von Apollo in Korinth ... so war der auch nicht geplant. (©iStockphoto.com/BDphoto)

Exemplarisch: Aufbau einer Harry-Potter-Fanseite

Zur Veranschaulichung lade ich dich ein, mich während der Bauphase meiner ersten eigenen Fanseite zu begleiten. Wundere dich aber nicht, wenn die sehr schnell vorüber ist und der Bau steht. Das geht in Facebook ratzfatz. Die wahre Kunst ist, die Seite mit Inhalten und Leben zu füllen und sie am Leben zu halten.

Ich habe mich entschieden, eine Fanseite für den Kino- und Filmfan zu erstellen. Dieses Thema eignet sich allerbestens für eine Fanseite, schon allein wegen der zahlreichen Fotos und Videos, die man hier einstellen kann. Ich habe den Film „Harry Potter und die Heiligtümer des Todes Teil 2" ausgewählt. Der letzte Teil kommt im Sommer 2011 in unsere Kinos. Alles rund um den Film, also alles über die Dreharbeiten, Hintergründe, Interviews, Regisseur usw. soll auf diese Fanseite gepackt werden.

Zwei Wege führen zu deiner eigenen Seite: der komplizierte über den Hilfebereich und der einfache über irgendeine beliebige Fanseite. Ich nehme natürlich den einfachen Weg. Dabei spielt es keine Rolle, ob du schon Anhänger einer Fanseite bist oder nicht.

1 Über die Suchfunktion gibst du einfach den Namen eines Prominenten ein. Zum Beispiel Brad Pitt. Mit einer Wahrscheinlichkeit von über 99 % wird dir ein aus Wikipedia generierter Eintrag angeboten, der als Seite eingestellt ist. (Wenn du bereits Fan einer Seite bist, brauchst du nur diese Seite zu besuchen, um den gleichen Effekt zu erreichen.)

2 Über den Link *Seite erstellen* in der linken Leiste ganz unten erreichst du das Grundformular zur Erstellung einer Fanpage.

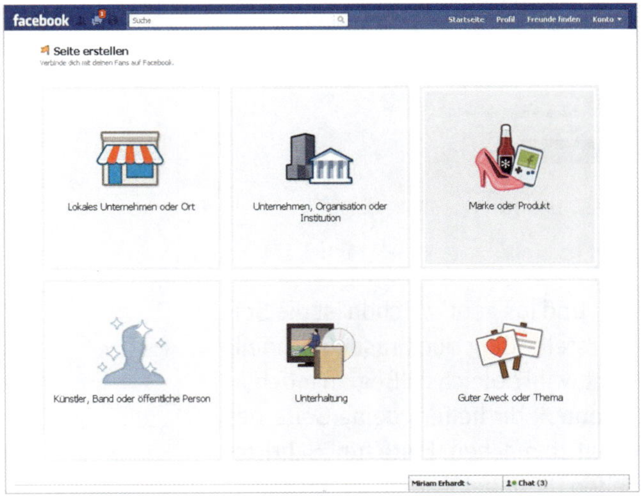

Facebook bietet eine Auswahl aus sechs Kategorien an. Beim Anklicken öffnet sich ein Unterfenster, in dem sich unterschiedliche Kategorien befinden, aus denen du auswählen kannst.

3 In meinem Beispiel wähle ich *Unterhaltung* sowie das Unterthema *Film* und benenne die Seite „Harry Potter und die Heiligtümer des Todes, Teil 2".

4 Und los geht's. Schon ist die Seite erstellt. Ging doch rasend schnell, nicht wahr? Gleich zu Beginn möchte Facebook dir helfen, deine Seite bekannt zu machen. Erste fünf Schritte helfen dir dabei, wie du im nächsten Screenshot siehst.

Das allein reicht aber noch lange nicht aus. Über den Button *Seite bearbeiten* füllst du deine Seite erst so richtig mit Leben. Das Ganze läuft genauso ab wie bei deiner Profilerstellung mit ein paar zusätzlichen Möglichkeiten und Erweiterungen. Lass uns diese kurz Schritt für Schritt durchgehen.

Die Schritte 1 bis 5 machen deine Seite in der Öffentlichkeit bekannt. Bevor du das tust, erfülle sie aber erst mal mit Leben.

1 Du kannst jetzt ein Bild hochladen oder auch erst nach Erstellung der Seite, wie nachfolgend beschrieben.

2 Um gleich ein paar Fans „einzufangen“, lade deine Freunde ein:

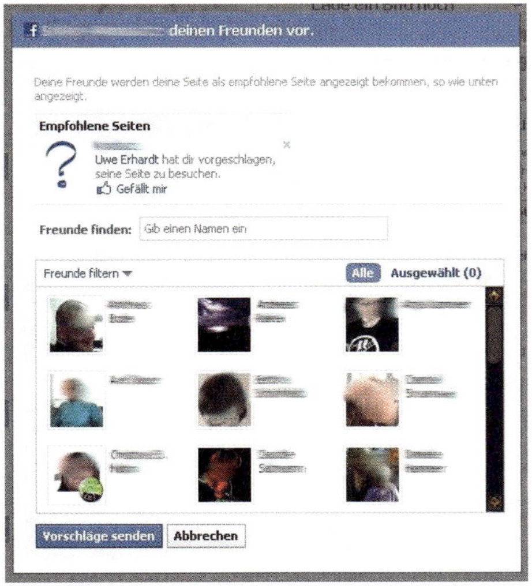

Entweder klickst du jeden deiner Freunde einzeln an oder du machst es dir leichter und nutzt das Feld FREUNDE FINDEN. *Schon bei Eingabe des Anfangsbuchstabens werden dir alle Freunde mit dem entsprechenden Buchstaben aufgeführt.*

3 Erzähle deinen Fans davon. Wenn du das möchtest zeigt dir Facebook, wie man eine Kontaktdatei erstellt und hochlädt:

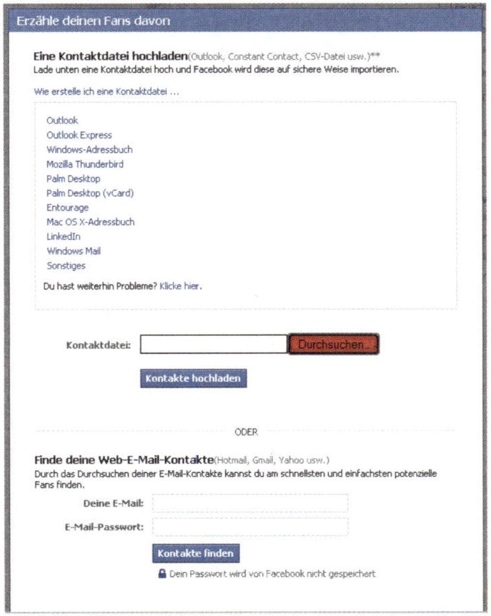

Sinnvoll, wenn du Menschen auf deine Seite einladen möchtest, die noch keine Facebook-Mitglieder sind.

4 Wenn du eine eigene Homepage betreibst, kannst du dir hier den *Gefällt mir*-Button auf deiner Website installieren, um dort auf deine Facebook-Seite aufmerksam zu machen.

5 Facebook behauptet hier, dass du dein Handy einrichten kannst. Das trifft allerdings nur auf die SMS-Funktion zu, die aber wiederum nur für O2-Nutzer verfügbar ist. Die Mail-Funktion besagt nur, dass du Fotos und Videos direkt per Mail in dein Profil hochladen kannst. Meines Erachtens völlig überflüssig.

Unter *Profile/Seite bearbeiten* kannst du eine Reihe von Einstellungen für deine Seite vornehmen. Am besten gehen wir diese kurz von oben nach unten durch.

Profilbild – wie bei deinem eigenen Profil wähle etwas Passendes. Im Falle von Harry Potter wäre das beispielsweise das Filmplakat.

Unter *Genehmigungen verwalten* konfigurierst du Einstellungen zur Sichtbarkeit der Seite, erlaubst den Nutzern, an die Pinnwand zu posten, Fotos und Videos hinzuzufügen oder nicht, Blockierlisten werden hier erstellt – und sogar eine Blockierliste für vulgäre Ausdrücke, wenn das notwendig sein sollte. Außerdem kannst du in diesem Bereich auch deine Seite wieder entfernen.

Allgemeine Informationen stellen das Herzstück dar. Hier solltest du genaue und wahrheitsgetreue Infos einstellen. Ein kleines Formular unterstützt dich dabei.

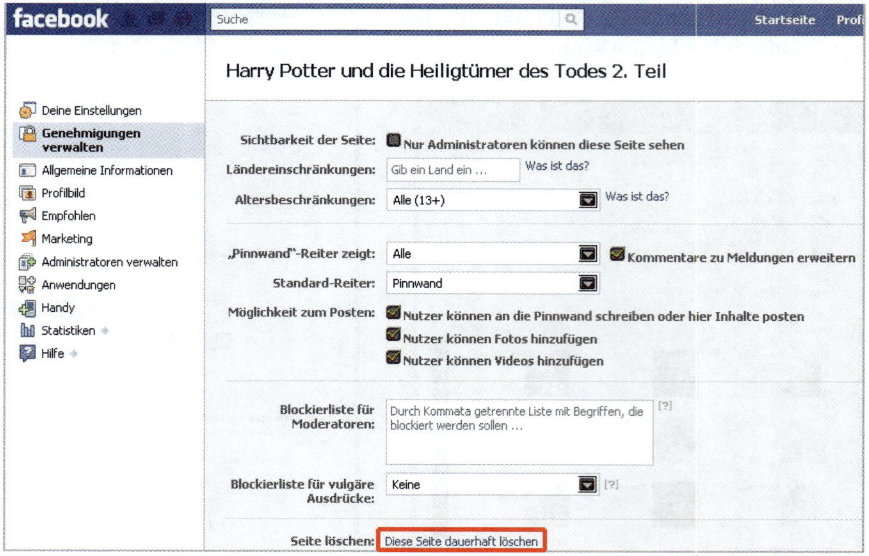

Wenn du deine Seite(n) irgendwann wieder loswerden willst, klicke einfach unten auf DIESE SEITE DAUERHAFT LÖSCHEN.

Mit *Empfohlen* kannst du schon eine erste Vernetzung knüpfen. Nämlich zu anderen Seitenbetreibern. Sehr sinnvoll, um deine Seite schnell anwachsen zu lassen.

Marketing – das Wort verrät es – ist deine Werbeplattform. Hierüber werden dir verschiedene PR-Varianten angeboten. Die Variante *Auf Facebook werben* ist allerdings nicht kostenfrei, für eine Firmenseite aber sehr zu empfehlen.

Administratoren verwalten. Verteile die Verantwortung auf mehreren Schultern, indem du Administratoren ernennst.

Anwendungen: Hier kannst du dir einige nützliche Anwendungen herunterladen, die deine Seite aufwerten.

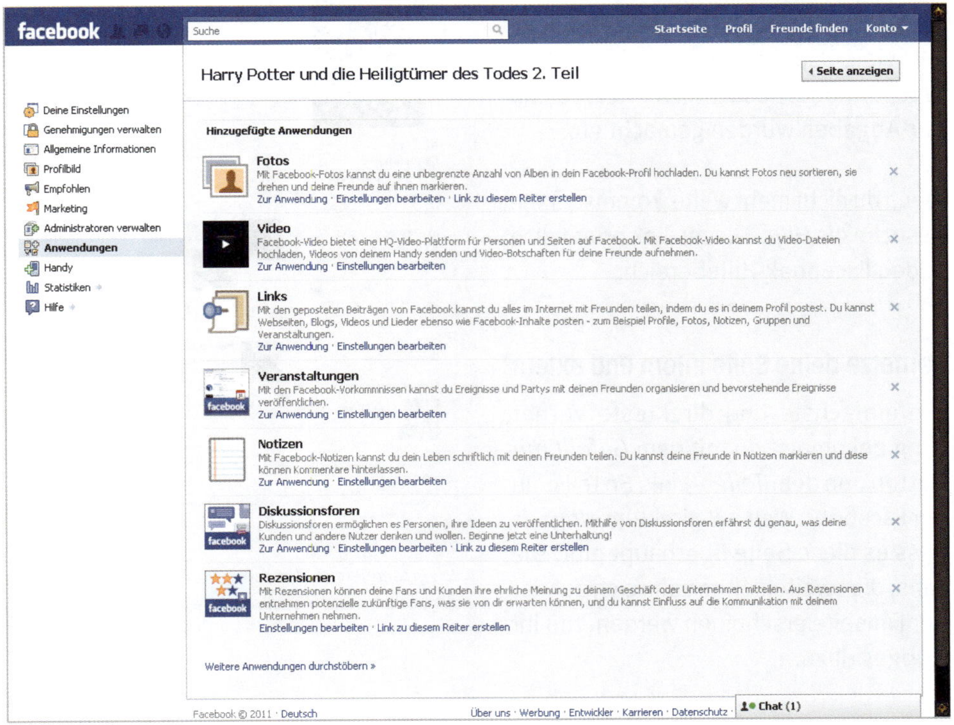

Wie in einem Tante-Emma-Laden, bekommst du hier alles, was du zur Verschönerung und Ausgestaltung deiner Seite benötigst. Und das ganz umsonst!

Dein *Handy* kannst du als Werkzeug für deine Seite einbeziehen.

Statistiken: Hier rufst du die Statistik ab. Wie viele User haben deine Seite in der Woche/Monat besucht. Wie viele *Gefällt mir*-Abgaben wurden gemacht etc.

Wenn du nicht mehr weiterkommst, dann besuche die *Hilfe*. Dieser Link bringt dich in den Facebook-Hilfebereich.

Vernetze deine Seite intern und extern

Die einfachste und direkteste Vernetzung bekommst du mit dem *Gefällt mir*-Button und dem *Teilen*-Link. So teilst du der Facebook-Welt auf direktem Weg mit, dass es diese Seite überhaupt gibt. Die Fans, die zweifelsohne zahlreich auf deiner Fanseite erscheinen werden, tun ihr Übriges dazu.

Ich präsentiere die Fanseite „Harry Potter und die Heiligtümer des Todes 2. Teil": Mit Fans, Diskussionen, Bildern und Videos wird die Seite immer weiter wachsen und bestimmt sehr bekannt werden.

Die neuen Updates der Fanseiten

Wie eingangs schon erwähnt, hat Facebook die Fanseiten aktualisiert. Fast alle Neuerungen habe ich bereits vorgestellt. Deswegen hier die Änderungen nur in Stichworten.

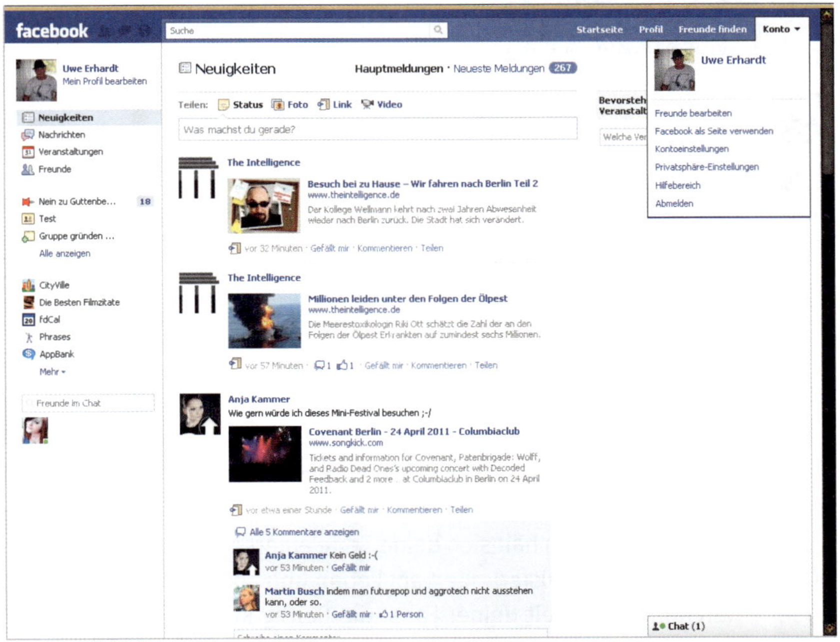

Unter dem Bereich Konto (oben rechts) wird jetzt Facebook als Seite verwenden angeboten.

- Navigiert wird jetzt wie in den Profilen und Gruppen über das Seitenmenü links.
- Die Pinnwand-Beiträge werden in der Reihenfolge ihrer Beliebtheit angezeigt.
- Genau wie das neue Profil-Layout auch hat die Fanseite jetzt eine Fotozeile oben auf der Pinnwand.
- Als Seitenbetreiber erhältst du jetzt auch Benachrichtigungen, die deine Seite betreffen, direkt über dein Benachrichtigungs-Icon auf der Startseite.
- Mit der Funktion *Empfohlen* vernetzt du dich und deine Seite mit anderen Seitenbetreibern.
- Eine tolle Neuerung: Du kannst jetzt innerhalb deines Logins zwischen deiner Identität als Person und deiner Identität als Seite hin- und herwechseln.

Hast du eine oder mehrere Seiten kannst du per Knopfdruck auf Wechseln *zwischen den Identitäten hin- und herspringen.*

Es ist natürlich ein Unterschied, ob du eine Firmenfanseite betreibst oder „nur“ eine Hobbyseite à la „Harry Potter“. Doch in beiden Fällen hält sich deine Seite einerseits durch regelmäßige Aktualisierungen am Leben und andererseits durch die Mitarbeit deiner Fans, die fleißig Kommentare schreiben, sich an Diskussionen beteiligen und vielleicht auch Kritisches dazu beitragen. Fehler sind verzeihlich, solange sie nicht wiederholt werden. Es kann nie schaden, Kritik anzunehmen und gegebenenfalls auch darauf einzugehen. Auf diese Weise erhöht sich die Qualität deiner Seite mehr und mehr.

Fast die ganze Welt ist Facebook-Fan

Eine Wahnsinnszahl veröffentlichte die Wirtschaftswoche im November 2010: Zusammengerechnet würde alle Facebook-Fanpages auf über 5,3 Milliarden Fans kommen! Eine Zahl, die fast so groß ist wie die gesamte Weltbevölkerung. Für Firmen, Dienstleistungsunternehmen und auch Marken, ein Grund mehr eine eigene Fanseite zu betreiben und Werbung in Facebook zu schalten. Dax-Konzerne wie BMW oder Adidas können schon Millionen von Fans vorweisen.

Das Thema Fanseiten in Facebook ist unerschöpflich und bietet genügend Stoff, um ein Buch damit zu füllen. An dieser Stelle im Einzelnen auf die vielen Nutzungsmöglichkeiten von Fanseiten einzugehen, würde den Rahmen dieses Buches sprengen. Vor allem im Bereich der Unternehmensseiten steckt enorm großes Potenzial. Wer sich eingehend und tiefer mit diesem Thema beschäftigen möchte, dem rat ich an, mit viel Geduld und großem Forschergeist an dieses Thema ranzugehen und sich über das World Wide Web und einschlägige Fachliteratur ein entsprechendes Fachwissen anzueignen. Schaden kann's jedenfalls nicht.

6. Brot & Spiele auf Facebook

Der Spaß auf Facebook geht weiter. Hier hast du die Qual der Wahl. Rund 350.000 Spiele und Anwendungen soll es in (oder auf) Facebook geben. Allerdings ist diese Zahl nicht bestätigt und beruht auf Schätzungen. Die Auswahl ist jedenfalls riesig, und deine Freunde werden schon dafür sorgen, dass du dich mit der einen oder anderen Anwendung beschäftigen wirst. Darüber hinaus kannst und wirst du Spiele entdecken, die dich fesseln, begeistern und bezaubern. Vorsicht: sehr hoher Suchtfaktor!

Der Spaß beschränkt sich nicht nur auf Spiele für den Einzelnen. Sehr oft ist die Interaktion gefragt, wie du nachfolgend feststellen wirst. (©iStockphoto.com/aabejon)

Anwendungen finden und nutzen

Facebook definiert Anwendungen (neudeutsch Apps) als Erlebnisbereicherung in Form von ansprechenden Spielen und nützlichen Funktionen, die deinen Social-Media-Auftritt verbessern sollen. In der Tat stellt Facebook eine riesige Auswahl von Anwendungen zur Verfügung, die dich sowohl bei deinem persönlichen Auftritt als auch bei der Arbeit für deine Interessensgruppe oder deine Fanseite unterstützen. Dabei steht vor allem der Spaß im Vordergrund.

Ich erlaube mir, die Facebook-Anwendungen in zwei Kategorien einzuteilen. In die erste Kategorie kommen die nützlichen und sinnvollen Applikationen, in die andere, nicht weniger wertvolle Kategorie, sollen die Spaß- und Fun-Apps untergebracht werden.

Die besten Facebook-Anwendungen

Welche die besten Anwendungen sind, ist eine Frage des persönlichen Geschmacks und der Frage deiner individuellen Nutzung. Auf den folgenden Seiten stelle ich dir eine persönliche Auswahl nützlicher und witziger Anwendungen vor, die keinen Anspruch auf Vollständigkeit erhebt.

Einige Standardanwendungen kennst du ja schon: Veranstaltungen, Gruppen, Notizen, Fotos und Videos. Du kannst sie getrost als wichtig und sehr nützlich betrachten. Sie gehören also in die erste Kategorie. In deiner Schaltzentrale links auf der Startseite befindet sich die Funktion *Anwendungen*. Dahinter verbergen sich deine bisher von dir genutzten Anwendungen und auch die deiner Freunde: In der Regel, zumindest in meinem Fall, befinden sich dort mehrheitlich die Spaß- und Fun-Apps.

Über Empfehlungen deiner Freunde bekommst du, sofern du sie annimmst, mehr Anwendungen in die Hand. Die erste App, die ich bekam, waren die *Phrases*. Die Phrases sind sicher nicht notwendig für dein Facebook-Dasein und gehören in die zweite Kategorie. Weil sie aber so viel Spaß bereiten, gehören sie unbedingt in dieses Kapitel „Brot und Spiele“.

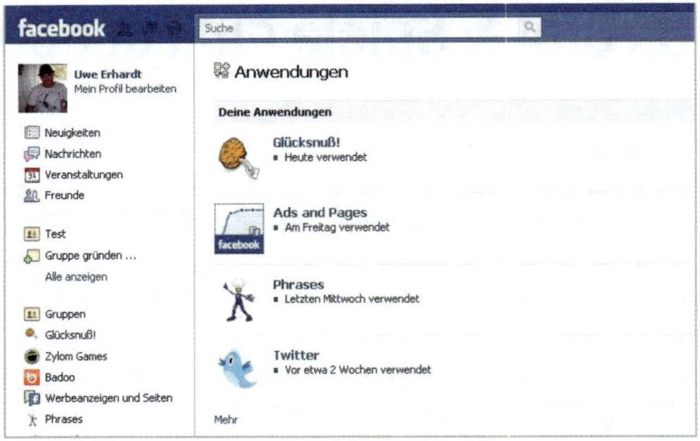

Klick auf Mehr, und die die komplette Liste deiner Anwendungen wird angezeigt. In der Bildmitte oben siehst du deine heruntergeladenen Apps und darunter eine Liste der Anwendungen deiner Freunde.

Spiele und Anwendungen generieren Statusmeldungen auf deiner Profilseite bzw. der deiner Freunde. Sehr häufig entsteht aus solch einer Meldung fast lawinengleich eine unendlich lange Kette von Kommentaren, die wieder neue und witzige Anwendungen wie Phrases mit sich bringen. Denke daran, dass natürlich auf diese Weise alle deine Facebook-Freunde mitbekommen, was du so treibst.

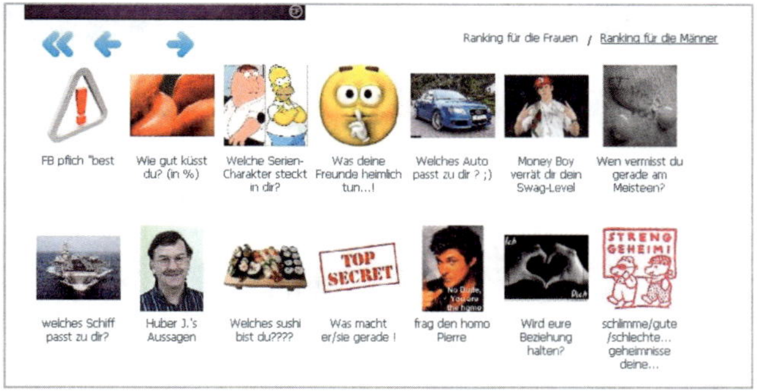

Unzählige dieser unsinnigen Spaßsprüche findest du hier. Such dir einen aus und veröffentliche ihn auf der Pinnwand deiner Startseite.

Ab jetzt muss ich meinen wahren Charakter nicht mehr verstecken.

Damit du verstehst, was ich unter Spaß- und Fun-Apps verstehe, zeigt der nebenstehende Screenshot eine Auswahl dieser Phrases-App. Natürlich hat Facebook weit mehr zu bieten als die von deinen Freunden genutzten Anwendungen. Wenn du dir eine Übersicht der verfügbaren Apps verschaffen willst oder auf der Suche nach einer bestimmten Anwendung bist, bietet dir Facebook allen erdenklichen Suchkomfort:

1. Öffne die Anwendungen auf deiner Startseite.

2. Scrolle runter bis unterhalb der Anwendungslisten deiner Freunde und klicke auf den Link *Anwendungsverzeichnis*.

3. Über dieses Verzeichnis kannst du jetzt in Ruhe die für dich passenden Anwendungen aussuchen.

In diesem Anwendungsverzeichnis findest du Unmengen von Anwendungen beider Kategorien für jeden Geschmack und zu fast jedem Thema. Von einer App mit den gesammelten Weisheiten von Stromberg über eine Atomkraft-App, die deinem Profilbild einen knallgelben Sticker hinzufügt, bis hin zur Stammbaum-Anwendung.

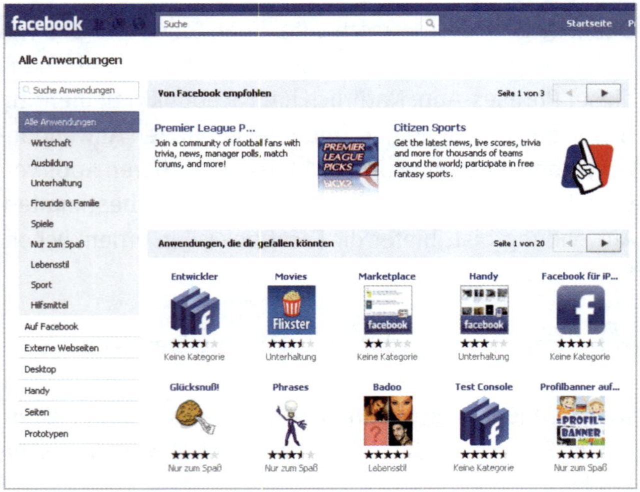

Facebook empfiehlt dir zehn ANWENDUNGEN, DIE DIR GEFALLEN KÖNNTEN. Über die Unterverzeichnisse linker Hand grenzt du die Suche themenspezifisch ein. Das Herunterladen ist ein Kinderspiel.

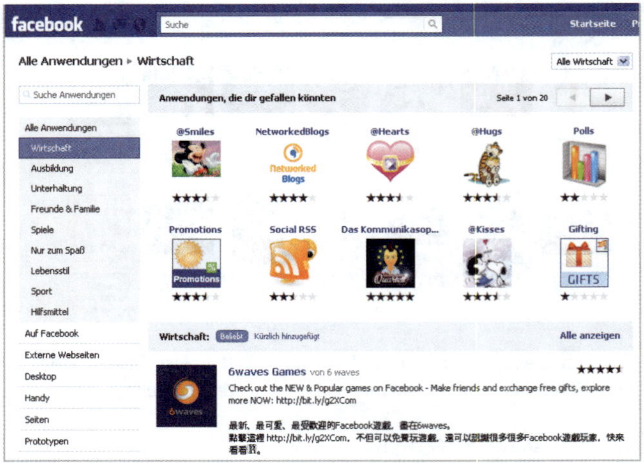

In jeder Unterkategorie empfiehlt dir Facebook genau zehn Anwendungen. Darunter werden in einer Liste weitere Apps vorgestellt, die du nach Beliebtheit oder Aktualität sortieren kannst.

Darüber hinaus findest du nützliche Apps für deinen PC, dein Handy oder iPhone. Und in fast allen Fällen sind die auch noch gratis. Alles, was das Onlineherz begehrt, ob Familie oder Single, alt oder jung, hier sollte wohl für jeden etwas dabei sein.

Wirklich gute Anwendungen zu finden ist nicht so einfach. Aufgrund der riesigen Anzahl verfügbarer Apps gleicht das der Suche nach der Stecknadel im Heuhaufen. Gute Kontakte erweisen sich dabei als wertvoll: Verlasse dich auf deine Freunde. Es ist immer jemand da, der dir weiterhelfen kann.

Top 10: Die besten Facebook-Apps aller Kategorien

1. **Birthday Calendar**
   Nie mehr Geburtstage von Freunden vergessen
2. **Speziell Für Dich**
   Grußkartenversand für jede Gelegenheit
3. **Das Wahrheitsspiel**
   Beantworte skurrile Fragen über deine Freunde
4. **Quiz Monster**
   Teste dein Wissen und stelle dich den Fragen
5. **Glücksnuss**
   Welches Glück trifft dich heute?
6. **Sellaround**
   Verkaufe Produkte über Widgets
7. **Familiy Tree**
   Pflanze deinen eigenen Familienstammbaum
8. **Werbeanzeigen und Seiten**
   Rühre die Werbetrommel für deine Fanseite
9. **Pet Society**
   Beschaffe dir virtuelle Haustiere
10. **Städte-Reisen**
    Markiere Orte, die du schon besucht hast

Persönliche Favoriten des Autors (Stand: April 2011) • Aktuelle Top 10: www.iknow.de

Da es für einigermaßen begabte Computerfreaks nicht allzu schwer ist, eine eigene Anwendung zu entwickeln und in Facebook einzustellen, stolperst du mit Sicherheit auch ab und zu über Schrott und Müll. Andererseits bietet sich hier eine Plattform zur Verwirklichung der eigenen kreativen Ideen. Im Hilfebereich unter dem Reiter *Konto* kannst du dir eine Anleitung besorgen, die es dir ermöglicht, eigene Anwendungen zu kreieren. Ich selbst bin dafür eher untalentiert, aber immer auf der Suche nach etwas Neuem. Deshalb liefere ich dir eine Anleitung dazu am Ende des nächsten Kapitels.

Anwendungen hinzufügen und nutzen

Die passenden Anwendungen sind ja jetzt gefunden und so kann der Spaß eigentlich losgehen. Deine Freunde werden, sofern du das möchtest, in deine Aktivitäten mit einbezogen. Alles, was du mit den Anwendungen anstellst, wird für deine Freunde auf deren Pinnwand sichtbar gemacht. Ich stehe auf solchen Unfug wie Phrases oder das Wahrheitsspiel. Wie aber installiert man solche Anwendungen eigentlich?

Eine nützliche Anwendung wertet deinen PC auf. Aber so richtig Freude bringen doch der Unsinn und Spaß, den du mit deinen Freunden haben kannst. Mit witzigen Apps erhöhst du den Spaßfaktor. (©iStockphoto.com/ayzek)

Es gibt die unglaublichsten und verrücktesten Dinger in Facebook, die unter dem Begriff „Anwendungen“ eingeordnet sind. Ich nenne nur mal ein paar Namen: „Leertaste“, „Zitrone“, „The Button“ oder „Tasten zertrümmern“. Dabei geht's wirklich nur um völligen Unsinn. Zum Beispiel darum, wie oft du in einer Minute die Leertaste anschlagen kannst.

Um den Spaß nutzen zu können, musst du ihn erst mal in deinem Profil installieren. Meist wird einer deiner Kontakte dich zum Gebrauch einer Anwendung bringen. Ich nenne das gerne „anfixen“, denn wer einmal damit angefangen hat, der hört so schnell nicht wieder damit auf. Die Phrases sind ein schlagender Beweis für den hohen Suchtfaktor einer solchen Anwendung.

So geht das ganz einfach:

1 Klicke auf das kleine Fischmonster Kater links unten, und die Anwendung Quiz Monster wird geöffnet, um deinen für heute besten Freund zu beglücken.

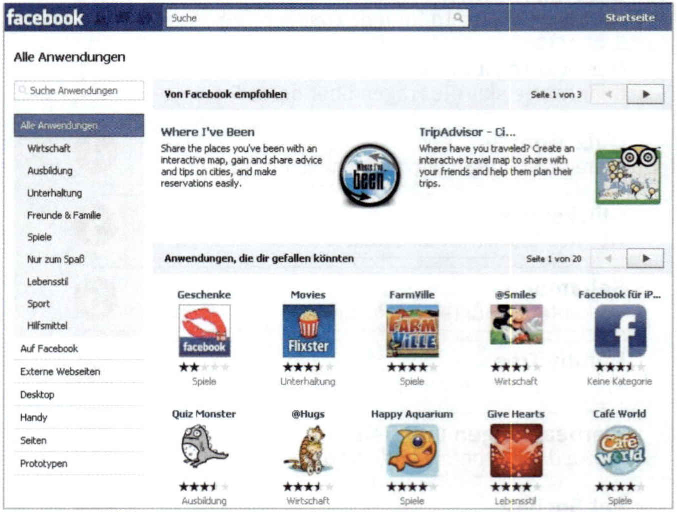

Für jede Anwendung existiert auch eine Fanseite. Im nächsten Schritt kommst du auf diese Seite, um die Anwendung herunterzuladen.

2 Über die Fanseite des kleinen Quizmonsters gelangst du zu deiner Anwendung. Um die Anwendung zu nutzen, musst du beim nächsten Schritt deine Erlaubnis erteilen. Ist das getan, kann der Spaß losgehen.

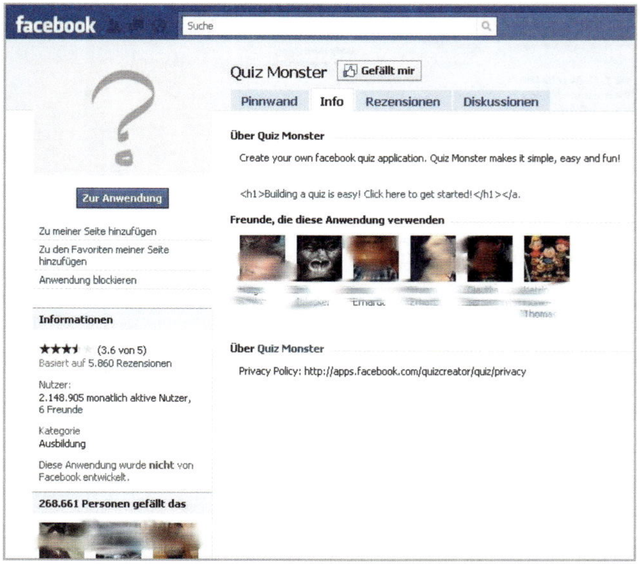

Im Beispiel unserer Anwendung Quiz Monster wähle jetzt einen Themenbereich aus, und los geht's.

3 Mit dem Quiz Monster kannst du ganz einfach auch deine eigenen Rätsel kreieren und mit deinen Freunden im Social Network teilen. Ich will aber erst mal wissen, wie schlau ich wirklich bin, und starte die Abfrage.

Das Ergebnis wird natürlich sofort veröffentlicht. Damit entfachst du wahrscheinlich einen Wettbewerb um den Highscore in deinem Freundeskreis. Das ist Facebook ...

Um sie zu nutzen, musst du der Anwendung selbst, wie im zweiten Schritt beschrieben, auch deine Genehmigung erteilen. Zum einen möchte sie auf deine Daten zurückgreifen, und zum anderen hat sie je nach Sinn und Zweck weitere Wünsche, die du erfüllen musst, wenn du diese App installieren willst. Das ist aber der einzige „Preis" den du bezahlen musst.

Mit jedem Herunterladen einer Anwendung wird ein neues Icon auf deiner Schaltzentrale in der Sidebar hinzugefügt. Über dieses neue Steuerungselement kannst du die Anwendung jederzeit direkt aufrufen und damit interagieren.

Warum soll ich diese Apps überhaupt verwenden? Diese Frage drängt sich zwangsläufig auf, lässt sich aber einfach beantworten: Weil du dich hier in einem Social Network befindest, innerhalb einer offenen Community. So mancher hitzigen Diskussion nimmst du die Schärfe, wenn du eine Phrase oder einen freundlichen Kartengruß einstreust. Viele hitzige Gemüter wurden so schon beruhigt, und ein Gespräch fand wieder zu seiner angestammten Sachlichkeit zurück.

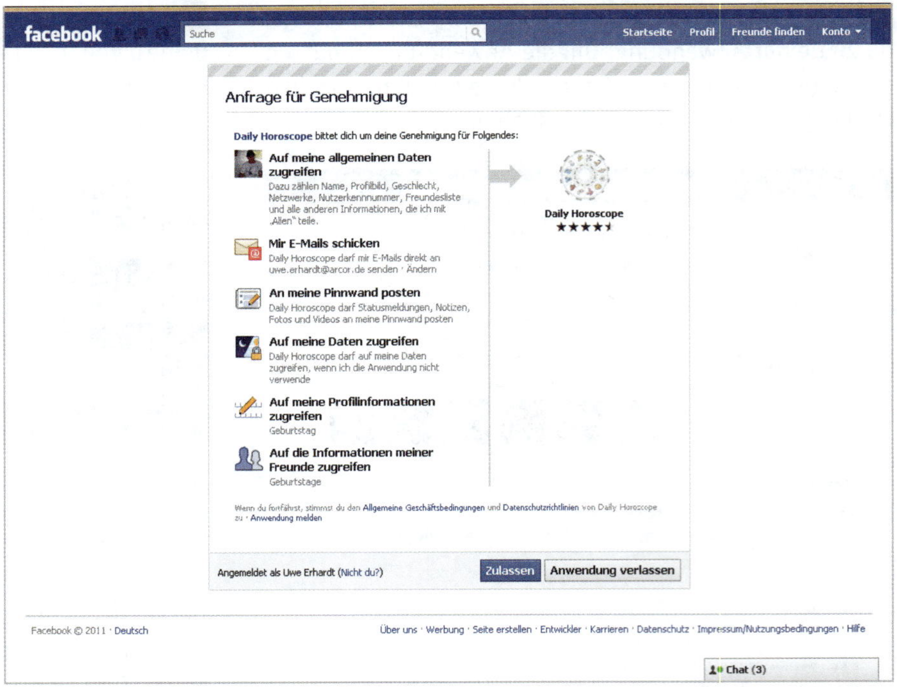

Sobald diese Hürde genommen ist, kannst du deine Anwendung jederzeit nutzen. Erfahre mehr über die Anwendung auf der entsprechenden Seite, bevor du deine Zustimmung gibst.

Vielleicht hattest du auch einen kleinen Zwist mit deiner besten Freundin, und obwohl ihr euch eigentlich nicht mehr böse seid, wagt keiner den ersten Versöhnungsschritt?

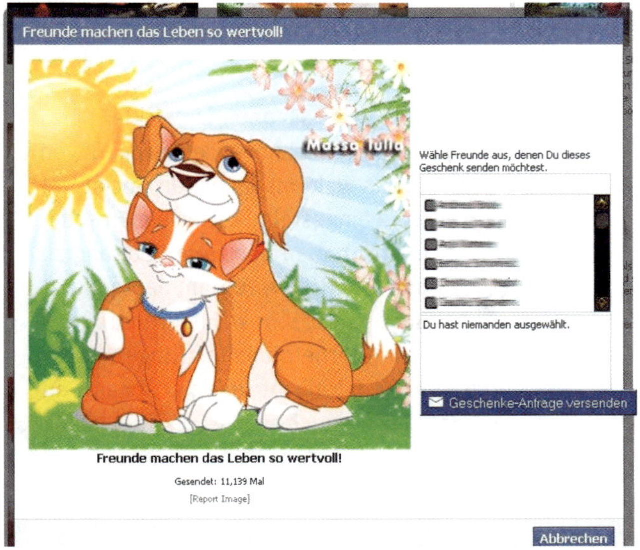

Wer würde so einen Gruß nicht beantworten wollen?

Erstelle eigene Anwendungen

Facebook macht es selbst einem Laien leicht, seine eigene Anwendung zu kreieren. Bist du ein witziger Typ und hast eine komödiantische Ader? Um dich in Facebook zu verwirklichen und anderen die Möglichkeit zu geben, mit deinen Späßen bei Freunden hausieren zu gehen, bietet dir Facebook die Möglichkeit, das alles in einer Anwendung zu komprimieren. Übrigens gilt das nicht nur für die Komödianten unter uns. Je nach Gusto kann hier jeder seiner Kreativität freien Lauf lassen.

Zur besseren Veranschaulichung dieser Thematik wähle ich noch einmal das Thema Phrases.

Auf der linken Seite unter Anwendungen klickst du auf Phrases und die Anwendung wird angezeigt. Per Klick auf Meine eigene Anwendung erstellen öffnet sich ein Formular.

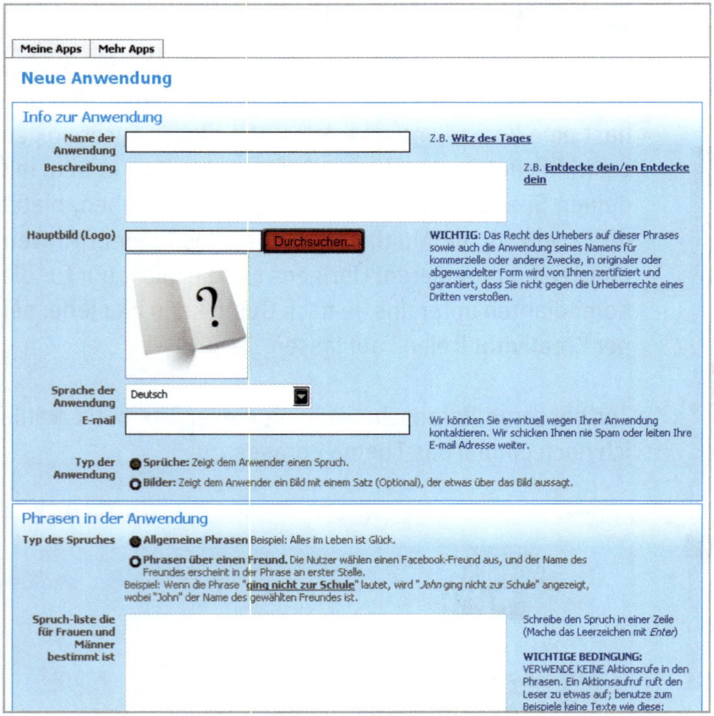

Dort trägst du jetzt deinen Spruch und /oder ein passendes Foto ein und veröffentlichst es.

Andere Dienste in mein Profil einbinden

Du kannst Facebook auch als eine Zentrale für das gesamte Web benutzen. Denn es ist ohne Weiteres möglich, andere Dienste wie zum Beispiel YouTube in dein Profil einzubinden.

Nicht nur Facebook-Entwickler allein haben allerlei sinnvolle Anwendungen in das weltumspannende Social Network eingestellt. Auch viele Programmierer haben den freien Zugang zu den Entwicklerprogrammen genutzt, um den Facebook-Nutzern ihre eigenen Internetdienstleistungen anbieten zu können. Ich möchte das hier nur am Rande erwähnen, um auch auf die Entfaltungsmöglichkeiten für PC-Cracks hinzuweisen.

Mit Verknüpfungen zu anderen Diensten und deren Einbindung erweiterst du deine Kommunikationsschaltzentrale Facebook auch qualitativ.

(©iStockphoto.com/alexsl)

20 Seiten Suchergebnisse sind ein bisschen viel. Die Sternchen rechts neben den Anwendungen geben dir verlässliche Hinweise darauf, ob eine Anwendung gut oder schlecht ist. Die gesuchte Anwendung befindet sich hier ganz oben auf Seite 2.

1 In deiner Schaltzentrale klickst du auf *Anwendungen.*

2 Scrolle nach unten auf das Anwendungsverzeichnis.

3 Gib in das Suchfeld oben *YouTube* ein.

4 Du erreichst die Anwendungsseite und klickst dann auf *Zur Anwendung.*

5 Bevor du diesen YouTube-Dienst einbinden kannst, musst du deine Zustimmung wie bei jeder anderen Anwendung auch erteilen.

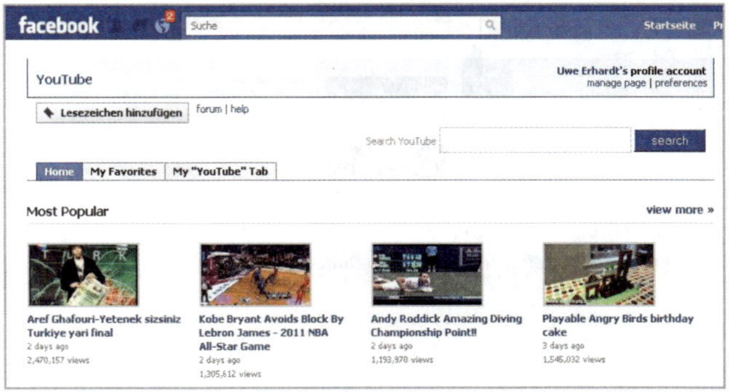

Du bist jetzt Besitzer eines eigenen YouTube-Dienstes mit allen nützlichen Funktionen wie Suche, Favoritengruppen und einer eigenen Videothek.

In deiner Schaltzentrale auf der Startseite wurde jetzt ein neues Icon generiert. Von hier aus erreichst du nun bequem jederzeit deine YouTube-Anwendung.

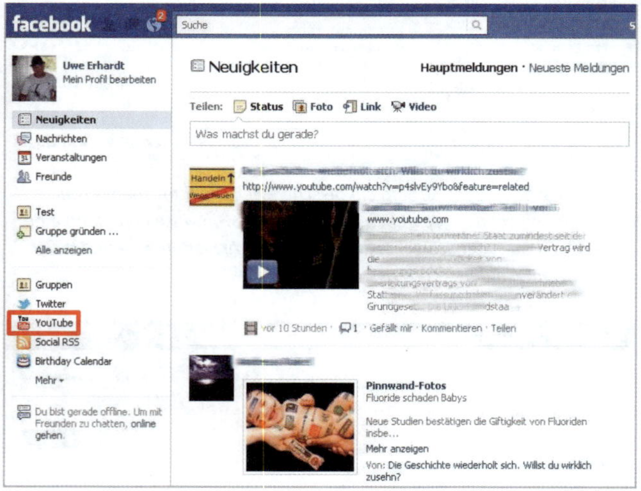

Unter dem Gruppen-Icon werden immer deine aktuellsten Anwendungen aufgelistet. Die Sidebar fungiert als Schaltzentrale.

Weil es so viele und so schöne gibt, möchte ich dir eine weitere kleine Auswahl nützlicher Facebook-Apps präsentieren.

Picnic – die Onlinebildbearbeitung. Eine Freude für jeden leidenschaftlichen Hobbyfotografen.

Selbst der unbegabteste Fotograf wertet seine Bilder mit Picnic zur höchsten Klasse auf.

Poll – Umfragen starten. Tipp für Seiten- und Gruppenbetreiber!

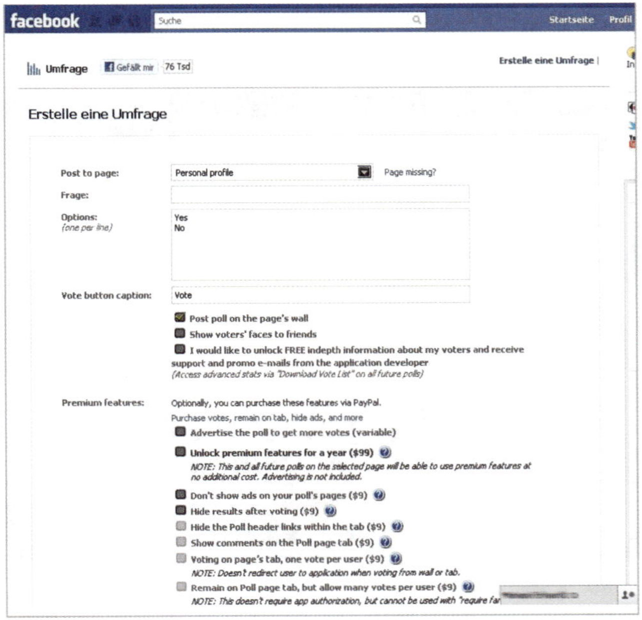

Das Schöne daran: Du kannst diese Umfrage weit hinaus, sogar außerhalb der Facebook-Welt tragen. Wertet deine Fanseite ungemein auf.

Die besten Filmzitate – Ein Muss für den Filmfan!

Interaktion ist gefragt: Stelle selbst Zitate ein.

Für die Organisatoren unter uns ist der nächste Tipp ein ganz heißer: Ich selbst nutze dieses App für Veranstaltungen, die ich organisiere und verwalte. Seitdem entgeht mir nichts mehr und ich kann Änderungen ganz aktuell an die Teilnehmer per E-Mail versenden.

FdCal – Dieses Tool eignet sich hervorragend zur Synchronisierung von Facebook-Veranstaltungen mit externen Programmen.

Ganz einfach: Über den Download wird deine Veranstaltung in deinen Outlook-Google, iCal- oder Sunbird-Kalender importiert.

Die Fußballfans sollen auch nicht zu kurz kommen. Meine Empfehlung: Ladet euch dieses Tool herunter!

Mein Klub – Alles über deinen Lieblingsverein.

Selbstverständlich kannst du dir deinen Klub aussuchen. Alle Klubs der drei Profiligen sind hier zu finden. Diese Seiten sind meist sogar besser als die offiziellen Vereins-Homepages. Außerdem finden sich dort einige sehr lustige Features, wie „Meinen Klub anfeuern" oder ein Tippspiel.

Die hier vorgestellten Anwendungen würden allein schon ausreichen, um mein Spaß- und Interaktionsbedürfnis zu befriedigen. Dabei sind die Spiele noch gar nicht berücksichtigt. Und die haben's wirklich in sich. Zuvor aber noch ein paar Worte zum wichtigsten Kommunikationspartner von Facebook: Twitter!

Twitter mit Facebook-Profil verbinden

Twitter hat sich in den letzten Jahren mit ähnlichen Wachstumsraten wie Facebook zu einem der größten sozialen Netzwerke im Internet entwickelt. Weltweit schicken sich rund 200 Millionen Menschen jede Minute Tausende Kurznachrichten mit einer Länge von maximal 140 Zeichen („Tweets“ genannt) zu jedem denkbaren Thema.

Dabei geht es nicht nur um Alltagsbanalitäten, sondern zunehmend auch um politische und wirtschaftliche Ereignisse, Katastrophen u. v. m. Meldungen zur Notlandung eines Flugzeugs im Hudson oder zur Bundespräsidentenwahl gelangten zuerst via Twitter an die Öffentlichkeit. Und bei den Freiheitsbewegungen in Nordafrika spielte der sogenannte Microblogging-Dienst eine ähnlich wichtige Rolle wie Facebook.

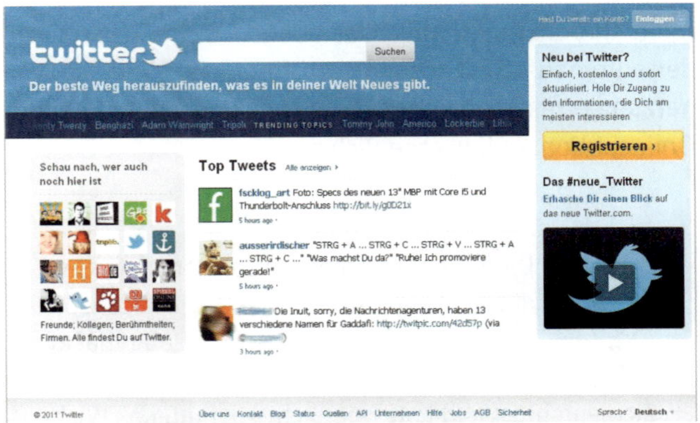

Unter www.twitter.com kannst du dir auch ohne Anmeldung/Registrierung einen Eindruck davon verschaffen, was in der Twitter-Welt los ist.

Die eingestellten Tweets ähneln der Form der Statusmeldungen in Facebook. Was läge den Usern beider Social Networks also näher, als ihre Konten miteinander zu verbinden, sodass Tweets automatisch auch auf Facebook gepostet werden und umgekehrt? Sehr viele tun das schon, darunter Prominente wie Barack Obama.

Bei einer Verknüpfung von Facebook zu Twitter erscheinen alle deine Statusmeldungen aus deinen Fanseiten als Tweets in Twitter.

Andersherum funktioniert das ebenso. Deine Tweets werden automatisch in Facebook veröffentlicht. Mit dieser Vernetzung erreichst du noch mehr Fans und weitest deinen Onlineaktionsradius erheblich aus.

Da Tweets maximal 140 Zeichen umfassen dürfen, kann es sein, dass deine Facebook-Statusmeldungen via Twitter abgehackt oder verkrüppelt verbreitet werden. Fasse dich entsprechend kurz oder achte darauf, das Wichtigste in den ersten 140 Zeichen unterzubringen.

In beide Richtungen posten geht leider nur über Facebook-Fanseiten. Von deinem persönlichen Profil aus geht's nur in eine Richtung – nämlich von Twitter zu Facebook.

Twitter und Facebook verbinden in vier Schritten

1 Gib in die Suchenzeile (blaue Facebook-Leiste) *Twitter* ein. Gleich zuoberst wird dir die Anwendung angezeigt. Mit einem Klick kommst du auf die Twitter-Seite.

2 Drücke den Button *Zur Anwendung*. Wie bei jeder Anwendung wirst du auch hier wieder um deine Zustimmung gebeten.

3 Mit *Erlauben* verbindest du deine beiden Konten und kannst jetzt über Twitter oder Facebook loslegen und diese Neuerung am besten gleich deinen Freunden mitteilen.

4 Noch einen letzten Schritt musst du gehen. Teile Facebook mit, ob du außer deinem Profil auch noch eine Fanseite verknüpfen willst.

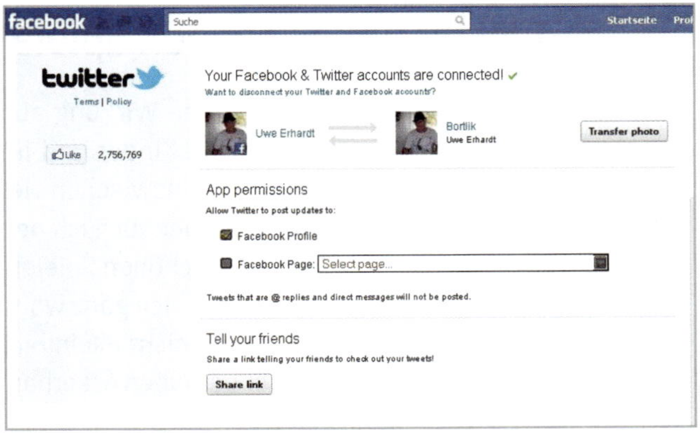

Während des Verbindungsaufbaus kannst du dein Facebook-Profilfoto gleich zu Twitter transferieren. So trittst du in beiden Communitys auch äußerlich als dieselbe Person auf.

Wie ich oben schon angemerkt habe, weitest du deinen Onlineauftritt mit einer Vernetzung zu Twitter erheblich aus. Als Fanseitenbetreiber bringt das erhebliche Vorteile und könnte so manchen Twitter-User dazu bewegen, deiner Seite einen Besuch abzustatten. Für die Betreiber von Unternehmensseiten bietet sich mit einer Verknüpfung zu Twitter eine zusätzliche, kostenfreie Werbemöglichkeit an.

Anwendungen wieder entfernen

Irgendwann hast du vielleicht so viele Anwendungen heruntergeladen, dass du schon den Überblick verloren hast und jetzt merkst, dass du viele davon gar nicht mehr benötigst. Allein wegen der besseren Übersichtlichkeit solltest du überflüssige Anwendungen entfernen. Außerdem macht das dein Profil wieder ein bisschen schneller.

Am schnellsten und einfachsten geht die Löschung nutzloser bzw. nicht mehr benötigter Anwendungen über die *Privatsphäre-Einstellungen* in deinem *Konto*.

1 Wähle den Befehl *Bearbeite deine Einstellungen für Anwendungen*.

2 Danach auf *Einstellungen bearbeiten* klicken, und eine Liste mit deinen Anwendungen wird aufgeklappt.

3 Mit einem weiteren Klick auf das *X* löschst du die Anwendung sofort. Alternativ wählst du *Einstellungen bearbeiten*, um dir das Ganze noch einmal anzusehen.

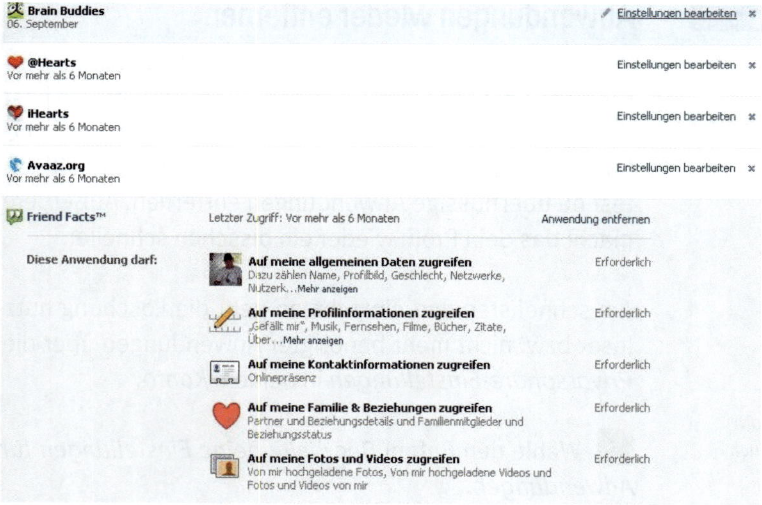

Über diese Maske kannst du bei manchen Anwendungen auch Einstellungen vornehmen. Bei YouTube ist es zum Beispiel möglich, hier die Genehmigungen zu verändern.

»Social Games«: Sind browserbasierte Casual Games (Gelegenheitsspiele), die in soziale Netzwerke wie Facebook integriert wurden und sich mit Freunden zusammen spielen lassen. Im Vergleich zu herkömmlichen Videospielen sind Social Games so gestaltet, dass auch Menschen, die vorher noch nie Computerspiele gespielt haben, sehr schnell einen Einstieg finden.

Just for fun: Facebook-Spiele

Spiele üben eine faszinierende Wirkung auf uns Menschen aus. Vor allem Kinder und Jugendliche sind verzückt vom inzwischen riesigen Onlinespieleangebot. Aber auch ich neige dazu, mich sehr leicht von schönen Spielen verführen zu lassen. Ich fühle mich ganz wohl dabei, weil ich weiß, dass ich nicht allein bin. Abermillionen Online-User betreiben Ackerbau und Viehzucht, schlagen sich als Bandenmitglied durch, bauen ganze Städte, gründen Familien und wohnen in virtuellen Schlössern. Man nennt diese Spiele auch Social Games.

In einem Social Network wie Facebook musst du auch nicht erst noch Mitspieler suchen, denn die sind ja im Prinzip alle schon da. Du musst sie nur dazu bringen mitzuspielen. Das machst du am besten so wie beim klassischen Spielabend zu Hause: Lade deine Facebook-Freunde zum gemeinsamen Spielen ein. Entweder du schlägst über die Statusmeldungen auf den Pinnwänden deiner Freunde Spieltermine vor. Oder – und das ist so gut wie bei jedem Spiel möglich – während du selbst aktiv in einem Spiel steckst, werden sich immer wieder Gelegenheiten anbieten, deine Freunde direkt ins Spiel einzuladen.

In CityVille arbeiten wir alle zusammen. Gleich zu Beginn des Spiels kannst du einen Freund bitten, dir aktiv beim Aufbau deiner Stadt zu helfen.

Onlinespiele sind in sozialen Netzwerken wie StudiVZ und Facebook der große Renner. Nicht wenige User haben sich vor allem aus diesem Grund angemeldet. Das lockt natürlich auch jede Menge Game-Designer auf die Plattform, die ihre Spiele gleich mitbringen oder neue Spiele entwickeln und der Community bereitstellen. Facebook verfügt über ein solch gewaltiges Angebot von Spielen, dass Zocker wie ich glauben, im Spiele-Himmel angekommen zu sein.

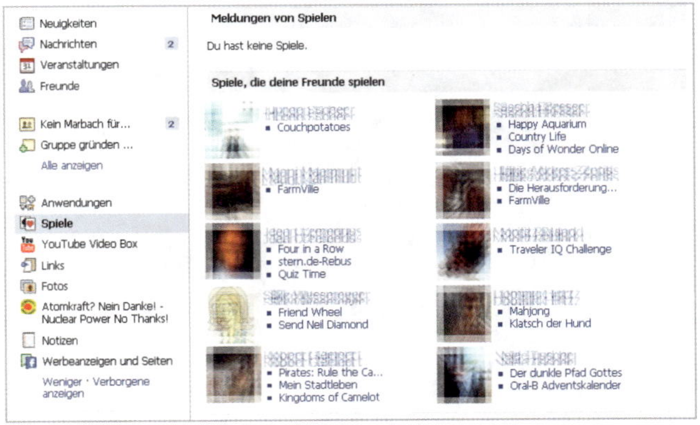

Zur ersten Orientierung empfiehlt sich ein Blick darauf, was deine Facebook-Freunde so spielen.

Wenn du viel spielst, lege dir am besten einen zweiten Facebook-Account für Games zu! Sonst wirst du (da erfolgreich absolvierte Spiele meist an deiner Pinnwand gepostet werden) noch für spielsüchtig gehalten.

Wenn du dich der Faszination Games nicht entziehen kannst, dann begleite mich auf einen kurzen Rundgang durch die Spiele-Welt von Facebook.

Soviel Spaß wie diese Kinder wirst auch du mit Facebook-Spielen haben. Vorausgesetzt, du findest die richtigen. Bei der riesigen Auswahl sollte das aber kein Problem sein. (©iStockphoto.com/BanksPhotos)

Die besten Facebook-Spiele im Überblick

So ganz leicht fiel mir die Auswahl nicht. Trotzdem konnte ich mich nach einigen Spieltests relativ schnell auf eine Top 10 festlegen. Von einigen Spielen werde ich noch mehr erzählen.

Top 10: Die besten Facebook-Games aller Kategorien

1. **FarmVille** – Der Facebook-Klassiker. Echtzeit-Farmsimulation
2. **Mafia Wars** – Erledige Jobs und steige zum Paten auf
3. **Brain Buddies** – Geschick, Konzentration und Wissen erforderlich
4. **Zoo World** – Zeige dein Können als Zoo-Direktor
5. **Treasure Island** – Suche und finde wertvolle Schätze
6. **Bubble Island** – Ballere so viele Ballons ab wie möglich
7. **Texas HoldEm Poker** – Für nervenstarke, abgebrühte Zocker
8. **Cafe World** – Gründe und erweitere dein eigenes Café
9. **CityVille** – Ein wahrhaft kreativer Städtebausimulator
10. **Pirates – Rule the Caribiean** – Komm an Bord und baue eine Flotte!

Persönliche Favoriten des Autors (Stand: April 2011) • Aktuelle Top 10: www.iknow.de

FarmVille – das Leben auf dem Bauernhof

Bei Facebook ist das Bauernhofspiel Farmville in kürzester Zeit zu einem Massenphänomen geworden. Verbraucherschützer warnen vor der Datensammelwut des Anbieters.

Der große Klassiker und immer noch der Renner in Facebook. Du bewirtschaftest ein Stück Land und baust es immer weiter aus. Zur Auswahl stehen unterschiedliches Saatgut, Bäume und Tiere. Mit zusätzlichen Gadgets. erleichterst du deine Arbeit. Freunde, die auch FarmVille spielen, helfen dir mit Geschenken und Unterstützung bei der Bewirtschaftung deiner Farm.

Brain Buddies – Denksport als Pausenfüller

Das Spiel richtet sich eindeutig an Gelegenheitsspieler. Eine Partie des kniffligen Knobel- und Denkspiels nimmt nur wenige Minuten in Anspruch, wodurch sich das Social Game hervorragend als motivierender Pausenfüller eignet.

Pro Runde gilt es vier Spiele zu bestreiten. Je eins aus den Bereichen Logik, Rechnen, Gedächtnis und Optik. Das Ergebnis wird gespeichert und in einem Ranking mit deinen Freunden veröffentlicht. Geschick und Konzentration sind hier gefragt. Wenn du gut bist, werden immer mehr Spiele freigeschaltet. Eine sehr gute Gedächtnis- und Konzentrationsübung.

Treasure Isle – Farmville in der Karibik

Das neue Spiel von Zynga ist im Prinzip eine Kopie von Farmville in karibischer Umgebung. Dein Ziel ist es, so viele Inseln wie möglich zu bepflanzen und dabei fleißig Treasure-Coins einzusammeln.

In diesem Flash-Spiel gehst du auf Schatzsuche. Mit einer Schaufel bewaffnet gräbst du ganze Inseln um. Dadurch findest du immer mehr Gegenstände, die du zu Geld machen kannst. Das investierst du wieder in die Verschönerung deiner Heimatinsel. Gartenarbeit gehört auch dazu, denn um deine leeren Energiespeicher wieder zu füllen, musst du dich mit Obst versorgen. Durch Geschenke von Freunden erhältst du seltene Schätze oder Extraproviant.

CityVille – wir bauen eine Metropole

Klick, klick, klick. Pling, pling, pling. Im Sekundentakt wird der Spieler geräuschvoll für seine Mausklicks belohnt, während er in einer öden Landschaft eine riesige Metropole errichtet.

Wem das Landleben auf FarmVille zu ruhig und beschaulich wurde, der ist hier bestens aufgehoben. Schritt für Schritt baust du deine eigene Stadt auf. Deiner Kreativität sind inhaltlich und gestalterisch keine Grenzen gesetzt. CityVille hat dem bis dahin beliebtesten Spiel FarmVille schnell den Rang abgelaufen.

> Wer Landwirtschaft und Läden gut aufeinander abstimmt, hat schon bald genügend Münzen, um die Stadt nach und nach auszubauen. CityVille spielt man am besten zweimal täglich für fünf Minuten – viel mehr geht ohnehin nicht, ohne den Geldbeutel zu zücken.

Alle hier vorgestellten Spiele haben einen hohen Suchtfaktor. Hast du einmal angefangen, kommst du nur schwer wieder davon weg. Spaß und Freude kann man nie genug bekommen.

Bei Brain Buddies packt mich der Ehrgeiz, in der nächsten Runde meine Punktzahl zu übertreffen und meine Freunde im Ranking zu überholen. Wie gerne poste ich das dann an meiner Pinnwand.

Ähnlich ergeht es mir bei FarmVille und CityVille. Es bereitet riesigen Spaß zuzusehen, wie unter meiner Hand die Farm fruchtbar erblüht oder meine Stadt sich zur Metropole entwickelt und mehr und mehr zu meiner Traumstadt gedeiht.

In vielen Spielen arbeitest du eng mit deinen Freunden zusammen. Das Weiterkommen im Spiel hängt unter anderem maßgeblich von der Unterstützung und Interaktion deiner Freunde ab. Mit Geschenken und nützlichen Tipps helft ihr euch gegenseitig weiter.

> Bei fast allen Spielen existieren interaktive Features. Facebook bedeutet eben Gemeinschaft und Zusammenarbeit, nicht nur innerhalb der Gruppen und Fanseiten.

Für die Kleinen: familientaugliche Facebook-Spiele

Einige der bereits vorgestellten Spiele sowie viele andere eignen sich bestens für Kinder:

- **FarmVille.** Weil es nicht nur einfach bunt ist, sondern weil es auch Kreativität und organisatorisches Denken abverlangt. In der Rolle eines Landwirts müssen die Spieler Felder bestellen, Bäume pflanzen und Tiere versorgen. Besonders Kreative machen aus ihrer Farm sogar ein Kunstobjekt, mit ausgefallen Höfen oder 3-D-Landschaften.
- **Happy Aquarium.** Falls der Filius irgendwann nach dem Zoobesuch auf die Idee käme, ein eigenes Aquarium zu halten: Happy Aquarium ist dafür das geeignete Trainingsgelände.
- **Treasure Island.** Kinder werden bei der Schatzsuche mit Eifer dabei sein und uns Erwachsenen zeigen, wie man mit Hacke und Schaufel umzugehen hat.
- **Zoo World.** Kinder lieben Tiere. Und hier sind sie sogar Planer, Erbauer und Direktor ihres eigenen Zoos. Wirtschaftliches Denken ist hierbei auch gefragt. Die Finanzierung des Zoos läuft in erster Linie über die Eintrittsgelder. Der Zoo kann jederzeit verändert werden. Aber Vorsicht, wenn's zu teuer wird, kommt bald keiner mehr.
- **Brain Buddies.** Schult die Konzentration. Zwingt zur Ruhe, Konzentration und Genauigkeit. Gerade richtig für unruhige Kinder um „runterzukommen".
- **Uno.** Das berühmte Kartenspiel. Verabrede dich mit Freunden zum Live-Spiel. Oder trete gegen x-beliebige andere Facebook-Uno-Zocker an.

Live und in Echtzeit. Bei Uno spielst du gegen echte Menschen und manchmal auch gegen Roboter.

- **Bubble Island.** Harmloser Ballerspaß mit Luftballons. Garantiert gewaltfrei.
- **Happy Pets.** Noch mal Tiere. Als virtueller Haustierhalter musst du dich um deine beiden Katzen sehr sorgfältig kümmern, damit sie sich bestens entwickeln und dir viel Freude bereiten.

Mit viel Liebe und emsiger Pflege wächst dein kleiner Haustierzoo in ungeahnte Dimensionen. Zu den anfänglich beiden Katzen gesellen sich, weil sie sich bei dir so wohlfühlen, immer mehr heimische und exotische Tiere.

Außer den hier gezeigten Spielen findest du über das Spieleverzeichnis Tausende weitere. Die Auswahl ist sehr groß und du wirst nicht nur einmal die Qual der Wahl haben.

Eine sehr schöne Hilfestellung zu den Spielen bietet die Facebook-Seite FBGamer. Ein ganz heißer Tipp für den Spielefreund. Hier findest du Bewertungen, Tipps und Tricks zu fast allen gängigen Facebook-Spielen. Neue Games werden getestet, vorgestellt und bewertet. Damit stellt FBGamer eine weitere Möglichkeit der Spielefindung vor.

Darüber hinaus betreiben die Macher von FBGamer noch eine eigene Website, die noch ausführlicher über Facebook-Spiele berichtet.

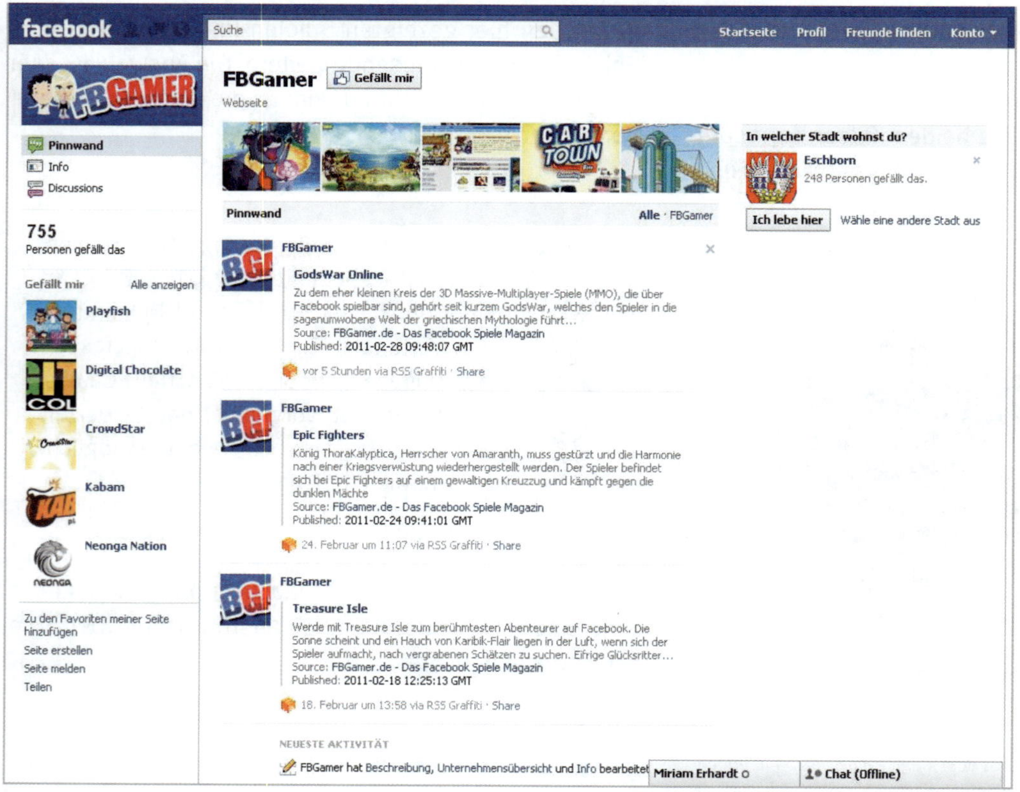

FBGamer hat die einzelnen Spiele direkt zu ihrer Homepage www.FBGamer.de verlinkt. Dort findest du sehr genau erklärte Spielanleitungen sowie Tipps und Hilfen, wenn du mal nicht mehr weiterweißt.

Stichwortverzeichnis

A

B

C

D

E